THE BOSTON CONSULTING GROUP
BCG戦略コンセプト
競争優位の原理

水越豊 著
ボストン コンサルティング グループ

まえがき——Nothing is written

　ボストン コンサルティング グループ（BCG）は経営戦略に特化した世界最初のコンサルティング・ファームとして1963年に設立された。この年は、アメリカではケネディ大統領が暗殺され、日本では、吉展ちゃん事件、三井三池炭鉱爆発、国鉄鶴見線事故などで騒然とする一方、翌年に東京オリンピックを控え、高度経済成長の階段を急ピッチで上り始めていた年でもあった。

　映画界では、デビッド・リーン監督の『アラビアのロレンス』がこの年のアカデミー賞作品賞を受賞した。第1次大戦中に近東地域でトルコ軍と戦った連合軍側のゲリラ戦指導者を描いた戦争スペクタクルである。この映画の最大の見せ場は、ピーター・オトゥール扮するロレンス中尉が反乱軍を率いて、ネフード砂漠を横断して背後からトルコ軍の補給基地をたたくシーンである。ロレンスは、ネフード砂漠を困難の末に横断したものの、協力してくれたハリト族の青年を砂漠に取り残してきてしまったことに気づく。青年を救出すべく砂漠へ引き返そうとするロレンスを、アラブ人のリーダーがこう言って制止しようとする。"It's written."（彼が砂漠に取り残されて命を落とすことは、コーランに書いてあるんだ）。しかし、ロレンスはこれを無視し、敢然と砂漠に馬を走らせ、無事に青年を連れて帰ってくるのであった。そして、彼は制止した男に向かってこう言う。"Nothing is written."（書いてあるもの＝決まっていることなんか何もないんだ）

　経済の不振が長期化し、経営環境の厳しさが増している昨今、企業の経営者に求められているのは、"It's written"とめぐり合わせの悪さや運のなさを嘆くことではなく、独創的な施策を講じて事態を打開することである。まさに、"Nothing is written"の精神を発揮して知恵の限りを尽くさなければならないのである。先行企業を追随したり成功モデルを見習うことのみから解を得ようとする"me too"経営ではなく、自分の頭で独自の攻め口を編み出していく

"only me"戦略の確立こそが、企業が競争市場で勝ち残るための不可欠の条件である。こうした"only me"戦略の構築にあたり、深い示唆、多角的な視点、議論の触媒、さまざまなオプションの可能性を付与してくれるのが、戦略コンセプトである。戦略仮説を構築するための基本公式ともいえるものである。

我々BCGは、2003年で設立40周年を迎えることができた。この間、あらゆる国のあらゆる業種のクライアント企業に対し、戦略構築のサポートをさせていただいてきた。どのクライアント企業も独自の特性を持ち、置かれた環境は異なる。当然、我々に与えられたミッションもプロジェクトごとに異なり、そのたびに、クライアント企業の課題解決に格闘してきた。それは我々の過去の経験や知識を基に、目の前の問題に全力で取り組んできた歴史ともいえる。これらソリューションを提供する連続のなかから生まれてきたのが、BCG戦略コンセプトである。

個々のクライアント企業のそれぞれの問題に対するソリューションには同じものが2つとないものの、これらのコンセプトは、長年のコンサルティング経験を通して培われた、問題解決の視点と科学的な分析の蓄積から生まれたフレームワークである。古くは40年前に誕生したPPM（プロダクト・ポートフォリオ・マネジメント）などのコンセプトから、新しくは情報技術が経営にインパクトを与えた1990年代に生まれたものまでさまざまである。これらに共通しているのは、時代や環境変化や業態を超えても、一貫して戦略立案に有用な考え方を提示していることである。

BCGではこれまでに数々のコンセプトを打ち出してきたが、それらを1冊の書籍にまとめて広く経営に携わる方々の参考になるようなかたちで提供してこなかったことを反省し、本書を企画した。数あるコンセプトのなかから、戦略経営の全体像をまず描き、最終的には3つの視点から、6つのコンセプトを紹介することにした。これら6つのコンセプトが必ずしも戦略の検証項目を網羅しているわけではないが、戦略思考のフレームワークは整っていると自負している。言わば、我々の提供するプロフェッショナル・サービスの知的アーキテクチャーを紹介するものである。

本書を読んで、自社の戦略構築の一助としていただければ幸いである。

本書の出版にあたっては、実に多くの方々にお世話になった。まず田中順子氏、ダイヤモンド社の岩佐文夫氏にたいへんご尽力いただいた。このお2人のお力添えなくして、本書はできあがらなかった。経営の現場で多くの示唆をいただいた顧客企業の方々、コンサルティングの基礎を一から叩き込んでくださった堀紘一氏、井上猛氏、相葉宏二氏、三浦俊樹氏をはじめとする諸先輩には、本書のベースとなる多くのことを教えて頂いた。筆者に本書を書くことを強く勧めてくれたBCG日本代表・内田和成氏、BCGヴァイスプレジデント御立尚資氏をはじめ、多くのBCGの同僚たちからは、多大な知恵やアイデアを提供してもらった。同じくBCGナレッジグループの満喜とも子さんには編集とりまとめで、秘書の坂本朋子さん、田中暁子さんには、執筆が遅れがちになる筆者のスケジュール調整等で支援していただいた。また過去のBCGコンセプトの集大成を目指して、多くのBCGの先輩同僚たちの社内外の著作物・講演資料等も参考にさせてもらった。
　お世話になった多くの方々に心より感謝を申し上げたい。

2003年11月

　　　　　　　　　　　　　　　　　ボストン コンサルティング グループ
　　　　　　　　　　　　　　　　　　　　　ヴァイスプレジデント
　　　　　　　　　　　　　　　　　　　　　　水越　豊

BCG戦略コンセプト
競争優位の原理

目次

まえがき──Nothing is Written

第1章
競争優位の6つの視点
21世紀における競争戦略
Competitive Advantage in the 21st Century

3

1　戦略と競争優位………4
2　競争優位の6つの視点………11
3　21世紀の競争優位………17

第2章
株主価値
バリュー・マネジメント
Value Management

21

1　バリュー・マネジメントとは何か………22
2　TBRの算出法………39
3　バリュー・ポートフォリオの活用法………42
4　バリュー・マネジメントによる現場改革………48

第3章
顧客価値
セグメント・ワン
Segment of One

55

1　戦略的セグメンテーションとは何か………… 56
2　セグメント・ワン………… 63
3　セグメント・ワンの事例………… 69
4　ワン・トゥ・ワン・マーケティング、CRMとの関係………… 75
5　セグメンテーションによる戦略構築………… 77

第4章
バリューチェーン
デコンストラクション
Deconstruction

93

1　バリューチェーンの競争………… 94
2　デコンストラクションとは何か………… 97
3　デコンストラクションの事例………… 104
4　デコンストラクションによる戦略構築………… 116

第5章
事業構造　133
プロダクト・ポートフォリオ・マネジメント（PPM）
Product Portfolio Management

1　事業構造のポートフォリオ………… 134
2　PPM（プロダクト・ポートフォリオ・マネジメント）とは何か………… 134
3　PPMの事例………… 145
4　「負け犬」をめぐる議論………… 151
5　PPMとSBU（戦略事業単位）………… 155
6　PPMとキャッシュフロー………… 159
7　事業構造と本社の役割………… 165

第6章
コスト優位　171
エクスペリアンス・カーブ
Experience Curve

1　競争要因としてのコスト………… 172
2　エクスペリアンス・カーブとは何か………… 173

3　コスト構造が変化する法則………… 179
4　コストにおける規模の効果と経験の効果………… 183
5　エクスペリアンス・カーブのつくり方………… 185
6　エクスペリアンス・カーブによる戦略構築………… 187

第7章
時間優位
タイムベース競争
Time-Based Competition

201

1　競争要因としての時間………… 202
2　タイムベース競争とは何か………… 205
3　タイムベース競争の事例………… 216
4　タイムベース競争による戦略構築………… 222
5　意思決定スピードと競争優位………… 227

参考文献………… 241

BCG戦略コンセプト
競争優位の原理

第 **1** 章

競争優位の6つの視点
21世紀における競争戦略

Competitive Advantage in the 21st Century

1……戦略と競争優位

●──「それなり」経営から「ならでは」経営へ

　これまでの日本の経営戦略は、「それなり」戦略であったといえよう。要するに、戦略はそれなりに他社並みのものをつくって、あとは現場改善の積み重ねでうまくいっていた。こうした「それなり」経営が成り立つには条件が2つある。1つは市場が成長していくこと。市場が成長すれば、その市場の成長に乗って企業も成長できる。

　もう1つは、規制等により並立が可能な環境であることである。実際に、これまで日本では電機メーカーだけで何社もあるし、都市銀行も10行以上もあるという状態でやってこられた。最近になってそれが成り立たなくなって合併や統合が進んでいるのだが、そもそも日本では並立してうまくやっていくことが前提とされてきた。金融業の護送船団方式などはその最たる例であろう。そして、そうした金融機関が「メインバンク」等として、親密企業群を支えてきたのであった。これも、市場が成長していたからにほかならない。つまり、成長が約束されていれば、どの企業も規模の経済をどんどん追求できるので、「それなり」経営で済んでしまうのである。

　しかし、成長はもう20年も前に止まってしまっている。もはや規模の追求だけでは勝てない。政府ももう守りきれなくなっている。そこで、企業は「それなり」経営から「ならでは」経営への脱皮を求められている。わが社ならではの強みを打ち出していかなければ、競争から脱落してしまう時代に突入したのである。そうなると、多数の企業が並列できる環境ではなくなる。突出して1番か2番にならないかぎり、落ちこぼれてしまう。いま、さかんに「勝ち組」とか「負け組」といわれるのは、こうした状況を指している。

　かつては「産業の米」といわれた鉄鋼業でさえ、もはや業界トップとナンバー2しか生き残れないといわれている。鉄鋼業は1974年に史上最高の粗鋼生産量となって以来、この30年間、国内需要は伸びていない。にもかかわらず、鉄鋼メーカーは、いまだに日本を代表する大企業であり、人材のレベルも給与レ

ベルも日本ではトップクラスであり続けてきた。しかし、30年間ずっと衰退産業でありながら6社並列（JFE誕生で5社になったが）を続けてきた鉄鋼業界も、もう横並びは通用しなくなってきている。ビッグ2とそれ以外の収益格差は明らかで、下位企業は生き残りに必死で塗炭の苦しみを味わっている。戦略なき並列はもはや過去のこととなってしまったのだ。

並列が可能だった「それなり」経営の時代は、落ちこぼれないことが大事であった。奇をてらったことに手を出して落ちこぼれたりすることのないよう、みな「それなり」に落ちこぼれない策を講じていたのである。

しかし、「ならでは」経営では、他より突出することが求められる。オリンピックの出場権獲得競争のように、ある大会で入賞を目指すのではなく優勝しなければならないのだ。1人しかオリンピックに出場できないとなれば、1位になるしかなく、2位もビリも出場できないことにおいては同じように「負け」である。10位以内に入ればよいというレースと、とにかく金メダルを取らなければならないレースとでは、自ずと戦い方も違う。優勝を狙う選手は、どこかでスパートしてトップ集団から飛び出したり、敵を挑発するような走り方をするなど、イチかバチかの勝負に出る瞬間がある。いま、企業もこれと同じような環境のなかでどうにか落ちこぼれないよう、しのぎを削っているのだ。そこでは、これまではリスクと考えられていたことにもあえて挑戦して、イチかバチかであっても圧倒的優位に立つための勝負に出なければならない。生き残れないとなれば、やるしかないのである。

そう考えたときに、いかにして競争相手に対して圧倒的優位を確立するか、作戦を立てなければならない。この作戦、あるいは作戦を表す海図こそ、まさに戦略と呼ばれるものである。

「それなり」経営の時代は、横並びをしていればよかったので競争優位のための戦略は必要なかった。むしろ、競争戦略を持たないことがある意味では戦略であった。したがって、戦略をとことんまで追求する姿勢がこれまでの日本企業に希薄だったのは、合理性があったと言うこともできる。ところが、ここに来てすべての企業が突出した企業になることを標榜し、本気で取り組まなければならなくなった。

もちろん、尖った企業になろうとか、他社にはない優位性を確立しようとい

ったことは、もう何十年も前から日本企業もスローガンとしては掲げている。実際に、企業のホームページの「わが社の基本戦略」を見ても、多くの企業でそうしたスローガンが高らかに謳われている。どの企業も似たり寄ったりのスローガンで、企業名を伏せて「これはどこの会社でしょうか」と見せられても、正解するのはきわめて難しい。それはスローガンが単なる掛け声だったことを意味している。

● ── これが戦略的思考だ

では、「それなり」経営を脱し、「ならでは」経営に転換するとは、どのようなことになるだろうか。一言で言えば、差別化を追求した方向性を打ち出すことである。具体的に言うと、何かに特化することや、従来のやり方や同業他社のやり方とは一変した、新たな取り組みを始めることである。同じような競争力のあった企業が、1つの現象に対する見方の違いによって、その後のパフォーマンスに大きな差が出た例は実に多い。

富士写真フイルム（以下、富士フイルム）とコダックは、世界のフィルムビジネスを2分する両雄だったが、デジタルカメラという新しい技術に対する戦略的な取り組みが、その後の両社のパフォーマンスを決定づけてしまった。コダックは、デジタルカメラ技術を敵とみなし、一切これとは一線を隔して、どちらかと言えば戦う戦略に出た。一方富士フイルムは、これは新しい技術の流れであると判断し、いち早く新技術をリードしていく戦略に出た。両社は、正反対の戦略的決断を下し、まったく違ったことを行った。結果、富士フイルムはコダックに圧勝することとなる。世界の市場を2分する両雄がいまや株価も大きく差が開いている。富士フイルムの勝利は、戦略とはかように重要なものであり、勝者も戦略を誤ると一瞬にして崩れてしまうことを物語っている。カメラ業界においては、コダックに限らず、デジタルカメラに乗り遅れて敗退した企業は多い。

「それなり」経営から脱却できず業績悪化に苦しんでいる日本企業に目を転じてみよう。銀行、建設、小売りなどがその典型である。これらの業種は、規制や既得権で競争を制限されていたことから、他社を圧倒する「ならでは」を追求してこなかったのだ。同じ業界でも明暗を分けたのが電機メーカーである。

ソニー、シャープといった自社ならではの製品・サービスを追求し、独自のブランド力をつけた企業は、現在でも世界で戦う力を蓄えている。その一方で、富士通、NECなどの業績が芳しくないのは、かつての電電ファミリーの体質から抜けられないからであろう。基本的にはNTTの方針通りのことをやっていれば「それなり」に成長できた過去の時代には、差別化戦略は必要なかった。大ユーザーの庇護のもと、ひたすら技術レベルの向上に力を注いでいればよかった。そういう技術革新の分野では努力をしたが、それが差別化戦略には結びつかないのである。こうした体質が、環境の激変への対応を致命的なまでに遅らせてしまった。

「ならでは」経営を実践しているところは、どこも他社とは一線を画した事業展開をしている。

航空会社のサウスウエスト航空はまさにその好例である。座席指定がなく、飛行機は1種しか持たないのでオペレーション・コストが極端に低減されている。機内食の代わりにピーナッツを配るなどサービスレベルも見直して、その分料金を大幅に下げている。こうした徹底した差別化戦略によって、同社は航空業界そのものの低迷にもかかわらず伸び続けている。

アメリカの航空業界が疲弊した原因の1つは、ビジネスクラスの客をどう確保するか、すなわちハイエンドユーザーの囲い込みに各社血道を上げたことにある。それが航空業界での勝ち残りの王道であると、当時は各社ともに思い込んでいたのである。そして、みんな同じような戦略で競争をした結果、業界そのものの活力が失われてしまった。それに対してサウスウエスト航空は徹底的なローコスト戦略を打ち出して、他社がうらやむほどの高収益企業になっていった。

日本では、同じような戦略で他社を圧倒したのがホテル・チェーンの東横インホテルである。同ホテルは、ターゲット顧客を出張族に絞り込み、それらに対して徹底した価値提供を追求している。まずは価格の安さである。出張族から見ると、会社の出張規定料金をできるだけ下回ればありがたい。かといって、仕事の疲れが溜まるようなサービスでは困る。そこで同ホテルでは、低価格であると同時に、ビジネス客の睡眠に対しては徹底的にこだわった。ベッドのサイズはどの部屋でもセミダブル以上であり、客室間の壁は分厚くし、隣の部屋

の音が気にならないようにしている。その一方で、余分なサービスは徹底して排除している。そもそも出張族は夜、接待などで遅く帰ってくることを前提に、客室内のデスク等は必要最低限である。また、ホテル内にはロビー等の設備も小さくし、朝食はパンやおにぎりを無料で出している。このような徹底したローコスト・オペレーションが宿泊費の低さを実現し、かつ出張族のみのニーズにこだわっているのだ。現在、70％以上のホテルが赤字といわれる業界にあって、同ホテルは毎年のように利益を増やしている。この成功の元は、サウスウエスト航空と同じように、顧客ターゲットを絞りこむ割りきりといえよう。

●──戦略コンセプトはフレームワーク

戦略コンセプトとは、自社の「ならでは」の強みを考え抜くフレームワークである。したがって、考え方のフレームワークとしての原理原則を備えてはいるが、そのフレームワークを通じて出てくる答えは千差万別である。

たとえば、戦略的セグメンテーションというフレームワークは、「ターゲットをはっきりさせましょう」という考え方の基本的な原理を提供するが、いま自分の会社がどのセグメントにフォーカスするのか、あるいはそのセグメントにはフォーカスしないほうがいいのかといった判断は、市場環境や経済合理性、自社の強み、弱みによって異なってくる。しかし、そのフレームワークで見たときに、多くの場合、どこかのセグメントにフォーカスして、このような攻め方をするべきだといったことは見えてくるはずであり、そうした考え方を提供してくれるのが戦略コンセプトの役割である。

このように戦略コンセプトは考え方のフレームワークであるとともに、考えを突き詰めていくと、必ず選択することを迫る。選択することはすなわち何かを切り捨てることになり、それは非常に勇気のいることである。これまでの日本企業は切り捨てることをリスキーな行為と考えてきたが、前述のように今日のような厳しい環境下では、選択しないことがリスクになる。戦略とは選択することであり、同時に捨てることでもあるのだ。

ただし、よく気をつけなければならないのは、戦略的フレームワークで考えるとき、出てくるものと出てこないものがあることだ。戦略とは選択することであるといっても、戦略的フレームワークから、これは絶対にうまくいくとい

う答えが必ず出てくるかというと、こうした打ち出の小槌的な答えは決して出てこない。また、このやり方でやると何％は成功するといった予言師的な答えも出てこない。そこから導き出されるものは、こういうやり方だと成功する確率がきわめて高い、あるいは失敗する確率がきわめて高いという要件である。それから、もう1つはフレームワークを通じて考えると、どうやったらより成功する確率が上がるかがわかる。しかし、どちらも絶対的な唯一の正解というわけではまったくない。

たとえばAとBというターゲットのどちらを狙ったらいいのかを考えるとき、さまざまな分析からBの方が成功する確率が高い、という答えが出る。そしてBを選択したところ、結果として本当はAのほうがよかったということも往々にしてありうる。つまり、企業経営という行為において、どれだけ考えても、何をやっても、それで100％成功するわけではないと考えるべきだろう。

この辺は、経営戦略論も、バッティング理論と同じである。それはこうすると100％ヒットを打てると保証するものではなく、こうやったほうが打てる確率は高いということを示すものである。しかしながら、その理論を踏襲して一生懸命練習を重ねる人と、無手勝流でその場限りの打ち方を続ける人とでは、打てる確率は大きく差が開いていく。

それと同様に、戦略的フレームワークで徹底的に考え抜く企業とそうでない企業では、パフォーマンスに大きな差が生じる。このことは、失敗した人たちが決まって口にする「最初からよく考えたら、こうやってうまくいかないのは見えていたはずなのに」という後悔の言葉にもよく表れている。現実の経営の世界には、こうした失敗が実に多い。このとき、「あのときは、考えてもわからなかった」と思うのと、「あのときもうちょっと考えればわかったはず」と思う間には大きな差がある。圧倒的に多いのは後者であり、前者の場合は後悔に値しないこともある。

戦略的フレームワークから見えるもう一つのことは、違う視点から物事を見ることでいままで見えなかったことや新しい展望が見えてきて、まったく違うアイデアが生まれてくる可能性があることである。ここで出てくるアイデアとは、いままでには考えられなかった選択肢の出現を意味する。ここにも、戦略コンセプトのフレームワークとしての有効性がある。

さらに言えば、最初からフレームワークを使って考えることは、仮に失敗してしまったときでも、失敗の本質がどこにあったのかをつかみやすいという効果もある。

◉——戦略と企業の意思

 すべての企業には、固有の強み、置かれている状況、マーケットでの位置づけ、独自のブランド、そして歴史、文化がある。これらは企業の個性となって、すべての企業活動に影響を与える。企業の個性とは、企業の意思であり、主観であり、価値観である。個々の企業がすべてこうした個性を持っている限り、同じフレームワークで考えても出てくる答えは企業によって違ってくるのは当然である。

 考えに考え抜いた結果、残った選択肢のなかから最終的に何をやるかを決めるのは、フレームワークを飛び出た世界なのだ。特に、何をしたいとか、こうなりたいとか、私がこうしてみせるといった確固たる意思を持った経営者および企業にとっては、選択肢は理屈からだけ与えられるものではない。たしかに、戦略的フレームワークは合理的な範囲で選択肢を絞り込み、それぞれのトレードオフの要件を明確に示してくれるが、その先の意思決定はまさに意思(ウィル)によって行われる。戦略コンセプトとコンサルタントがいれば企業経営ができるわけではない。それらをうまく活用し、最後には企業としての意思、経営者としての意思、何のためにやるのか、リスクをどう担保するのか、どれぐらいのスピードでそれを進めるかを決断し、方向を示すのは企業経営者自身である。すなわち、戦略コンセプトというフレームワークの有効性を最大化するためには、自社の置かれた環境や自社の意思を深く見つめることが同時に求められるのだ。

 経営はアートであるとよくいわれるのは、つまり経営戦略がアートであるという意味である。こうして唯一無二の答えが導き出せない世界である以上、経営者にもアートの部分が求められる。戦略から成功を生み出すためには、スキルとアートとウィルのどれが欠けてもいけないのである。

 そのスキルとアートとウィルを駆使して考え抜くことが、戦略構築のプロセスといえよう。それは、これだけ考え抜いたのだから大丈夫だという自己への

納得性を究極まで高めていく過程でもある。その考え抜くレベルが高いほど、経営者は決断の不安から解放される。経営者はだれもが不安である。だれにも「これでいいですか？」と聞くことはできない。聞く相手は自分自身しかいない。自分はもうこれ以上考えられないところまで考え抜いているか、自分はベストを尽くしているか、の自問自答である。

本書は、そうした日夜考え抜くことを自らに課し、悔いのない意思決定を目指すすべての経営者とビジネスパーソンに、考え抜くためのツールとして読んでいただきたい。

2……競争優位の6つの視点

●──日本企業が突きつけられている問い

いま、日本企業が競争優位を築くために突きつけられている問いは大きく3つある。

❶だれに対してどのような価値を提供して勝つのか（価値創造）
❷どのような儲けの仕組みを構築するのか（事業構造）

まずはこの2つが大きなポイントである。そのうえで、ある強みを獲得し競争優位に立った企業は、第3の問いを突きつけられる。

❸どのように勝ちパターンを永続させるのか（競争要因）

どの企業も、この3つの問いに対して明確な意識を持ち、実行しなければならない。そのときに考えるべきは、第1の問いに対しては、すなわち価値創造の仕組みである。第2の問いに対しては、儲けの仕組みとなる事業構造のあり方である。第3の問いに対しては、競争要因の明確化とその持続である。本書では、これら3つのポイントについて、6つのコンセプトの基本的原理と具体

的な戦略構築の手法を述べている。

　これら3つの問いを吟味すると、企業の競争優位は、価値創造と事業構造を経て、最終的には競争要因によって支えられることとなる。せっかく築いた優位性も維持できなければ真の強みとはなっていかないからだ。

　企業が強みを持続させるのは、常に自らを違った角度から見直すことである。要するに、ある競争要因で優位に立っても、同じパターンだけで勝ち続ける企業はいまだ存在しない。なぜなら、成功した企業は、瞬く間にその成功要因を盗まれ、真似され、さらにそれを上回るやり方で戦いを挑まれるからである。例外として、規制で守られている業界のもともとの強者、あるいはある特定のリソースを握ってしまっている企業などが考えられるが、こうした成功企業は稀である。

　経営の世界では、競争に勝った企業は、もう勝ったその日から成功の復讐にさらされる。競争優位を持続するとは、すなわち成功の復讐をいかに回避するかに集約される。そのために具体的にやらなければならないことは、自らの強みについて常に違う角度から見直してみることである。

　本論に入る前に、以下で、上記3つの問いに対する本書の6つの視点について、それぞれの重要性と今日的意義を述べておこう。

●──価値創造をめぐる2つの視点

　ステークホルダーの価値創造といったとき、顧客価値、従業員価値、株主価値などさまざまだが、本書では、特に株主価値と顧客価値の2つのテーマを掘り下げ、それらの価値創造のために考え出されたBCGコンセプトを紹介する。

　だれに対して価値創造するのか。この考えを追求していくと、この価値創造の優位性こそが他社に対しての優位性となるのである。企業の目的は他社に勝つことではなく、ステークホルダーに価値を提供することだが、この2つはコインの裏表の関係であり、どちらかを追求することは、どちらも実現することにつながる。

①株主価値：バリュー・マネジメント

　本書の最初にあげるのは、株主への価値創造である。これについては第2章

で詳しく説明するが、日本企業が従来あまり意識してこなかった分野である。間接金融が資金調達の中心であった日本企業は、株主からのプレッシャーにさらされてこなかった。そして資本コストはあまり気にせず、製品市場でのシェアアップに邁進してきた。しかし、海外からの投資家が増え、国際的な資本市場での競争が激化するなか、本来の企業の所有者である株主の価値を重視する必要性はますます高まっている。株主価値経営とは具体的には株価や企業価値の創出となるが、実際のビジネス活動が、このような指標と直結したものとならなければならない。この考え方と実践手法がバリュー・マネジメントである。

②顧客価値：セグメント・ワン

　企業の利益の源泉は、顧客からの収益である。顧客に価値を提供できず、顧客を引きつけることのできない企業は、収益を上げられるはずもなく、株主価値も創造できない。株主価値を高める実践活動が、顧客価値の創造である。

　顧客価値への対応についてよく見てみると、日本企業にとって「顧客満足度を上げる」とは、「お客様は神様」という考え方にもとづいて、すべてのお客様を大事にすることであった。しかし、右肩上がりの経済成長期にはこれでよかったが、いまの時代に、顧客満足度を上げた結果が、利益にストレートにどう結びつくかという考察がなされないまま、成長期と同じようにすべての顧客価値を上げようとしていたのでは、あっという間に競争力を失ってしまう。また、画一的な商品・サービスをすべての顧客に提供することは、顧客に対しても「妥協」を強いることになる。

　従来、製品、サービスの品質の高さを背景に、日本企業は大変優れているといわれてきた顧客価値の創造に、あえて異を唱えたい。今後の日本経済を考えたとき、顧客価値の最大化のあり方や、攻め方については、根本的に見直していくべきであろう。

　まず、日本企業はこれから、戦略的セグメンテーションによって顧客層ごとに違うアプローチをとることを始めなければならない。儲かるセグメント、あるいは儲けるセグメント、儲からないセグメント、儲からないけれども他の意味で価値のあるセグメントを明確に意識し、それぞれに対する戦い方を練り、実行すべきである。

●──事業構造をめぐる2つの視点

　先にも述べた通り、戦略とは独自の儲けの仕組みを構築することである。他社と同じようなやり方をしていては競争優位は生まれない。これまでのビジネスの仕組みを変え、新たな事業構造を構築することこそ、戦略経営の中心課題である。

　この点について、1990年代はとりわけ新しい経営手法が数多く紹介された。CRM、CALS、SCM、ナレッジ・マネジメント、アジル経営、などである。しかし、これらは、あくまでも手法にすぎない。これらの考え方を導入したからといっても、競争優位が保証されるわけではなく、実際に多くの企業がとり入れながら、大きな競争優位を築いた企業はほとんどなかった。つまり「道具オリエンテッド」の戦略では限界があるのだ。とりわけ情報システムは従来の仕組みを大きく変えるため、ITを導入すればうまくいくといった幻想を、多くの企業経営者が抱いてしまった。これらの道具をうまく使いこなし業績の向上を担保するのは、ビジネスモデルをどうするか、事業ポートフォリオをどう考えるかといった、経営の基本である。これらの経営の基本をなおざりにして、いたずらに新しい経営手法やツールを導入したところで、大きな成果は得られない。

　企業は「どのような儲けの仕組みを構築するのか」という問いを突き詰めていくと、外部での戦い方とそれを支える内部体制の両面でシナリオを描かなくてはならない。サッカーでも卓越した戦術がゲームを支配する一方で、その戦術体制を実現する選手やスタッフが揃って初めて戦略として機能する。企業の場合、外部との戦い方すなわちバリューチェーンの構築と、内部の戦闘体制すなわち事業構造の組み方である。そこで、本書では、競争優位を築き持続させるためのバリューチェーンと事業構造についてデコンストラクションと、ポートフォリオ・マネジメントの視点から探る。

③バリューチェーン：デコンストラクション

　同じ製品を製造している企業同士でも、事業の組み立て方が違うことで業績が大きく異なってくることがある。パソコンをすべて自社で製造する企業と、

注文とアフターサービスだけ自社で行い、実際の生産はアウトソーシングしている企業では、今日では後者のほうが圧倒的に収益を上げている。このような違いは、業種や時代に関係なく、絶えず見られる現象である。そして、どの業種がどのような構造にすべきかに答えはなく、絶えず変化していくのである。そのため、企業の儲けの仕組みであるバリューチェーンを絶えず見直し、新たなモデルへと進化させていく取り組みを継続しなければならない。このバリューチェーンの変革をする際の羅針盤となるのが、デコンストラクションの考え方である。従来のバリューチェーンも新しい価値の視点で見直すと、どこかにムダがあったり、逆に埋もれた利益の源泉が見つかることになる。このような分析から自社のビジネスの仕組みを変え、優位性を築くのがビジネスモデルの刷新に取り組むという挑戦課題である。

④事業構造：プロダクト・ポートフォリオ・マネジメント（PPM）

　ほとんどの企業は複数の事業を展開しているであろう。その発展の経緯はまちまちであろうが、当初の事業から新しい事業へと発展させた理由として、なにがしかの利益向上の糸口をつかんだからにほかならない。このようにして複数事業をもつ企業も、気がつくとお荷物となった事業を抱え、企業全体のパフォーマンスを落としてしまっているケースが多い。メーカーとしては業績が良かった企業も、関連事業として始めたエンタテインメント経営につまずき、身売りの対象となってしまった例などもある。

　新たな事業を始める際には、合理的な理由があったとしても、その妥当性は絶えず検証を続けなければならない。複数の事業を抱えると、限られた資源をどのように配分すべきかを考える必要に迫られる。これを過去の成り行きや、企業内の力関係に委ねてしまっては、外部の環境に適応できなくなってしまう。変化する環境に適応し、かつ企業内で納得が得られる、資源配分のコンセプトこそ、戦略経営を支えるのだ。プロダクト・ポートフォリオ・マネジメント（PPM）は、個々の事業の戦略的な方向づけを収斂させ、企業としての全体最適を達成させるための基本的なコンセプトである。すでに多くの企業で使われているPPMだが、とりわけ分社化や持ち株会社制などの、昨今の企業再編においても、きわめて効果的なコンセプトである。

● 競争要因

　企業の競争要因には、品質、コスト、時間、ブランドなど、さまざまなものがある。なかでもブランドなどは、日本企業が必ずしもこれまで取り組みが十分ではなく弱いとされており、今日どの企業も一生懸命取り組んでいるところである。その一方、コストや時間などの要因は、従来、日本企業は強いとされてきた。しかし、あえて本書では日本企業が従来強いとされてきたこの2つの競争要因について、新しい視点から見直し、本当に強いのかと異を唱えたい。いまや日本企業は、欧米企業に対して、コストや時間でも競争優位は限られたものとなってきた。一方で韓国や中国の企業を見ると、これまで日本企業が欧米企業に築いた競争優位をもって、日本企業に挑んできている。このような状況のなかで、見失いがちな競争要因を再定義することで、競争優位の持続を磐石なものとできるに違いない。

⑤コスト優位：エクスペリアンス・カーブ

　あらゆる企業にとって、最も根源的であり、最も難解な競争要因がコストである。コスト面で優位性を構築できれば、研究開発やマーケティングなどあらゆる分野でその優位性を活かすことができる。逆にどれだけ優れた事業戦略や事業構造を見出しても、そもそもコスト構造に問題を抱えていれば、優位性の構築はおぼつかない。

　コスト分析をする際の視点は、現在のコストを分析することと将来のコストを分析することの2つがある。とりわけ、後者の将来コストの分析は自社の戦略立案と競合分析を行う際に重要となる。現在、コスト差をつけられていたとしても、将来的にコスト優位が実現できることがわかれば、新たな戦略的展開が可能となる。逆に現在のコスト優位も将来失われることがわかれば、戦略の見直しを早急に実施することで次なる可能性が見出せるに違いない。このようにコスト分析をする場合、現時点のコスト差のみならず、動的なコスト構造を把握することが重要となる。

　そのような分析に役立つのがエクスペリアンス・カーブである。これは第6章で詳述するが、過去の企業行動の蓄積が将来のコスト構造を左右することが

明らかになっており、業種や時代が変わってもこの法則が成り立っている。このようなコスト構造の変化を分析することから、基本的な競争要因における自社の強み・弱みを分析することが可能になるのである。

⑥時間優位：タイムベース競争

　コスト面とともに、従来の日本企業の最大の強みはリードタイムの短さであった。自動車メーカーなどは、アメリカ市場でこの時間競争の強みを活かし、ビッグスリーに独占されていた市場に、一大シェアを築き、貿易摩擦の中心課題となるほどに至った。

　しかし、欧米企業の徹底したベンチマーキングやリエンジニアリングの努力の積み重ねの結果、この時間優位性は、今日では日本企業の圧倒的な優位性とは言い切れなくなっている。これまでの時間競争での日本企業の強みとは、あくまでも生産管理のプロセスにおけるものであった。しかし、事業活動全体で見ると、生産プロセスは、全体のプロセスの一部にしかすぎない。いくらこのプロセスの迅速化を果たしても、そもそも事業開始の意思決定が遅れたりすると、時間差での勝負はできなくなってしまう。このような意味で、この時間という競争優位を考えた場合、意思決定のプロセスに着目する必要があろう。本書で紹介するタイムベース競争の概念は、もともと生産プロセスでの実践から生まれたものである。第7章はこの考え方を再考するとともに、さらに発展させて意思決定の時間短縮にまで踏みこんで紹介する。

3……21世紀の競争優位

●──競争優位に奇策なし

　過去の競争優位が将来に通用しなくなってきたことは言うまでもない。とりわけ、環境変化のスピードが一段と進む21世紀において、競争優位の構築は困難になってきた。それは、成功したモデルでさえ、陳腐化するスピードが速くなり、また他社による追随が早まってきたからだ。このような時代においては、

逆に他社の成功事例を真似ることも、同様に意味をなさなくなってきた。重要なのは、自社独自の戦略仮説を構築し、その実践を徹底することである。

かつてコンピュータ業界の巨人といわれたIBMも、ダウンサイジングと分散コンピューティングの煽りを受け、大規模なリストラを余儀なくされた。一方で、技術力ではさして大きな優位性を持たなかったデルコンピュータ（以下デル）は、BTO（Built to Order）と呼ばれる受注生産方式を開発し独自のサプライチェーンを構築してパソコン市場を席捲した。このデルの戦略は、他の業種ににまで取り入れられるほどの成功事例となっているが、これでさえも、将来も続く成功モデルとは言いきれないであろう。IBMという巨象を倒したデルも、新しいプレーヤーの登場で、今日の座を明け渡さないとも限らない。一方で瀕死といわれたIBMも、自社の強みを再定義し、ソリューション・ビジネスという形態で、見事に巨人の面目を取り戻している。かように戦略による成功とは模倣の対象でも、絶対的なものでもないのである。

このように戦略の有効性に答えがないのならば、企業は何をすべきか。それは、戦略を放棄することでも、他社に委ねることでもない。競争優位の基本原理に則って、自社の戦略仮説を構築する能力を日々磨いていくことにほかならない。これは前述したように、戦略のフレームワークを基本ツールとして活用し、自社のアートとウィルをもって、環境変化に応じて、仮説構築という知の格闘を繰り返していくことである。そこから生まれた戦略は、ときに、世に一度も現れたことのないユニークさを備えていたとしても、それは奇策でもなく、仮説検証のプロセスを実践した自社の戦略格闘の結晶なのである。

戦略は差別化だといわれるが、その本質は奇策ではない。自社の置かれた状況、自社の強みなどを凝視し、検証して生まれた独自のアイデアが、差別化の本質なのである。その過程で、戦略フレームワークが有効なツールとなる。

●──トヨタ自動車に見る競争優位の持続

日本企業が過去、競争に勝ってきたその勝ちパターンは、中長期的なコスト低減を実現するダイナミックなコストマネジメントの優位性であり、加えて生産現場を中心とした徹底した時間競争力強化の実践であった。それらの競争優位が日本企業をここまで成長させてきたことは、歴史が証明するところである。

その日本企業がいまや、自分たちの強みを学んだ欧米企業や、日本を手本としてゼロからスタートしたアジアの企業から、成功の復讐を受け苦しんでいる。日本企業はここで再び、新たな覚悟で自らの強みを見直してみるべきなのである。原点に帰って考えてみることが必要なのだ。
　そもそも、ある競争要因における優位性の持続と言ったとき、多くの人は、永続的に優位を持続するやり方を築くことであると考えがちである。そういう必然的かつ普遍的な競争要因を見つけ出すことが、強みの持続である、と。しかし、このような強固な持続性を持った競争要因があると考えること自体が幻想である。実際のビジネスにおいて、そのような魔法の杖は存在しない。
　競争優位を持続するための唯一の道は、自社の強みを常に見直し、さらに深めていくことである。それは、いったん競争優位を築いた強みを徹底的に活かすことと言い換えてもよい。徹底的に活かしきれていないからこそ、成功の復讐にさらされるのである。
　戦略は成功したら終わりというものではない。成功の要因も徹底的に分析し、次なる成功要因につなげるふだんの努力こそが、戦略経営の基本的な姿勢となる。たとえば、トヨタ自動車は、決して目新しい戦略で現在の地位を築いたのではない。むしろ、地道なオペレーションの磨き上げが今日の競争力を築いたといえる。このような企業に対し「戦略とオペレーションは別物」と主張する論者もいるが、むしろ目新しい手法抜きに今日の地位を築いたところにこそ、戦略の奥義が潜んでいるといえよう。
　トヨタグループの幹部と会うたびに感じることは、彼らがみな徹底した危機感をもって経営に取り組んでいることである。「素晴らしいですね」というこちらの言葉に、諸手を上げて喜ぶ人はいない。みな異口同音に「いえ、まだまだです。課題だらけなんです」と言うのだ。少しばかりの謙遜の気持ちを差し引いたとしても、彼らは相当本気で自分たちはまだまだであると考え続けているのである。彼らは、成功の復讐の本当の怖さを知っているのだ。世界中の企業が手本とするような圧倒的な強みを持ちつつもなお、その強みにさらに磨きをかけ、あるいはパターンを変えながら勝ち続けているのがトヨタだ。その強さの根源には、こうした危機感と絶え間ない改善への志向がある。結果、最初は生産現場の統合管理のシステムが出発点であったカンバン方式が、いまや企

業活動のあらゆる面に拡大され、進化してきている。なぜ、他社がカンバン方式を簡単には真似できないか、その理由は、トヨタが最初にそれを発明したからではない。最初に発明し、その後ずっと深め続けてきたからなのである。トヨタが最初に一歩抜きん出たその差が、いまもって埋まっていないのは、いまだに同社がさらなる追求の手を止めていないからである。むしろ、その差が日々広がっているかのようにさえ感じられる。

　本書では、価値創造、事業構造、競争要因について6つの視点から、競争優位を構築するフレームワークを紹介する。これらは自社の強みと自社を取り囲む環境要因に照らし合わせて考えることで、真に戦略経営を実践する武器となる。本書で紹介するコンセプトは戦略仮説を構築するフレームワークと述べたが、それ自身も、長い時間軸のなかでは、1つの仮説にすぎない。時間の経過とともに、多くの企業の戦略実践の繰り返しから、このフレームワークも更新される可能性がある。本書もそういう意味では一時的な成功フレームワークの紹介にすぎないのかもしれないが、重要なのは、時間軸を見誤らないことである。一時的に成功を謳歌する手法も、本書のフレームワークに照らして分析することでその有効性が見えてくる。日々変化する経営環境にあって、タイムリーな施策を打つための短期的な目線と、一時的な時代の流れを超えた普遍的なフレームワークに照らして考える長期的な目線の両立が重要となる。本書は、その長期的な目線を確かなものとするための、多くの示唆を提供するものと自負している。

第2章

株主価値
バリュー・マネジメント

Value Management

1……バリュー・マネジメントとは何か

「株主価値」、「時価総額」などという言葉が日本のビジネスの世界で一般に使われるようになって久しいが、株主価値の考え方を消化し、実際の企業経営のなかで役立てているケースはまだ少ない。これはひとえに、「株主価値を重視する意味は何なのか」という企業経営のなかでの位置づけや、「具体的にどうやってそれを使っていけばよいのか」、という方法論があいまいなためである。

「株主価値」が重視されるようになってきたのは、株式会社として当然のプレッシャーがかかってきたという見方もできる。しかし、これは日本企業が生き残りをかけた激しい競争環境にさらされるようになり、むしろ企業経営に「経済性の軸」を通して「価値創造」の観点から企業経済を見直すことを迫られているととらえるべきである。「経済合理性」を貫徹させて自らの企業活動をひもといたとき、多くの日本企業はこれまでとは違った切り口での「企業変革」の必要性に直面するだろう。

本章では、企業が株主価値経営を実践するための「バリュー・マネジメント」の概念を紹介する。「株主価値」ベースの経営などと言うと複雑に聞こえるが、その本質は単純である。経済合理性の観点から事業のポートフォリオを見直し、各事業の競争力を強化していく。その結果として企業収益が上がり、株価も上がる。企業はその実現を通じて顧客、従業員との新しい関係を構築していくことになる。その意味で株主価値は、日本企業再生のための新しいドライバーとなりうるコンセプトである。

●──良い会社の条件

株主価値の向上を考える前に、そもそも企業活動の目的は何かを定義する必要がある。

この問いに対する答えはむろん1つではない。企業経営はさまざまな目的に向かって行われているが、概観すると大きく4つのS（サティスファクション＝満足度）を最大化するミッションを負っていると考えることができる。4つのSとは、

❶株主の満足：IS（Investor Satisfaction）
❷顧客の満足：CS（Customer Satisfaction）
❸従業員の満足：ES（Employee Satisfaction）
❹社会の満足：SS（Social Satisfaction）

である。
　この４つが意味するのは、企業は異なる複数の市場で競争している、ということである。株主の満足を高めるとは、資本市場での資金の提供者である株主の価値を向上させることである。顧客の満足とはすなわち、製品市場の競争力を意味する。従業員の満足とは、市場に出す製品・サービスの担い手である社員に価値を認めてもらうことで、競争力の源泉にしようとするものである。そして、社会の満足とは、地域・国内の社会や文化ひいては国際社会の発展に貢献することにより社会全般の支持を得ることである。社会からの支持を得られない企業は、単に利益を上げているだけでは長い目で見ると存続の意義を見出しえない。
　つまり、これら４つのＳを極大化してうまくバランスをとることが、優れた企業の条件となる。
　とはいえ現実には、企業によって４つのＳ（満足）のどれに比重をかけているかはまちまちである。企業経営の目的として何に重点を置くかは、国によって大きく違ううえに、時代の流れや経済状況など、企業の置かれている環境に左右される。従来、よくいわれてきたのは、ドイツ、日本、韓国などの企業は、従業員満足（ES）を非常に重視し、株主満足（IS）はその背後に隠れてしまうような経営であり、一方、アメリカやイギリス、香港などの企業はそれとは対照的に株主満足を最重要視し、従業員満足に重きを置かない傾向が強かった、というものである。
　ドイツ、日本、韓国の企業がなぜ従業員満足を重視してきたのであろうか。これらの国では右肩上がりに経済が成長し、その成長神話のなかで企業はマーケット・シェアを拡大することに邁進してきた。市場がどんどん成長するので、シェアを拡大すれば必ず売上げ増に結びついたからである。このように成長が期待できる状況では、企業は従業員に投資し、長期にわたってその力を活用し

図表 2-1 企業価値に関するパラダイムのシフト

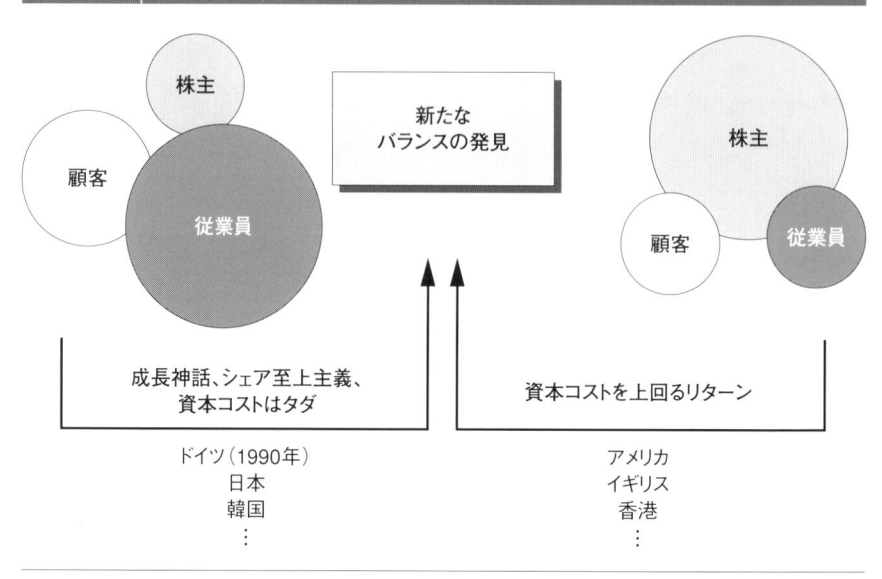

```
    株主                          株主
顧客                         顧客
  従業員      新たな              従業員
            バランスの発見
   ↑            ↑
成長神話、シェア至上主義、    資本コストを上回るリターン
    資本コストはタダ

  ドイツ（1990年）            アメリカ
    日本                    イギリス
    韓国                     香港
     ⋮                       ⋮
```

ようとするのだ。また、高度成長期においては確実に市場が拡大し利益の増加が見込めたため、株主にも大きな不満は生じず、このことが株主への配慮を相対的に低くさせてきた。

一方、アメリカやイギリス、香港などでは、伝統的に株主満足を重視する経営が行われてきた。従業員については、必要であれば雇えばいいし、必要がなくなれば解雇すればよいという認識が強かった。それは、とかく欧米の企業は、資金調達が直接金融中心であり株主からの厳しい視線にさらされ、資本コストを上回るリターンを上げることを求められてきたからである（図表２−１参照）。

ところが、時代の流れのなかで、従業員満足を大切にするいわゆる日本型経営も、株主満足を大切にするいわゆるアングロサクソン型経営も、ともに少しずつ４つのＳの比重を変えてきている。まずアングロサクソン型経営においては、顧客満足を高めることへの努力が行われるようになり、さらに従業員満足にも比重が移されるようになった。その背景には、日本型経営が従業員満足度を高めることにより、QC（品質管理）サークル、職務拡大、小集団活動などを通じて品質向上に成功したことがある。1980年代に日本企業に競争力を奪わ

れたアメリカ企業は、経営環境の変化に対応する1つの方法として、日本型経営の風土に根ざした労使関係のあり方や、終身雇用制度を軸にした従業員の「まる抱え」的な生活管理、労務管理のあり方を検討し、そうしたことをヒントにしながら、それまで敵対する存在であった従業員に対し、彼らの満足度を高めるマネジメントへとシフトしていったのである。これが他のステークホルダーの満足にもつながると考えたのだ。

　一方、日本型経営においては、従来あまり顧みられなかった株主満足を高める方向へと、急激な転換が行われつつある。そのあたりの事情について、少し詳しく見てみよう。

◉──「外のモノサシ」と「内のモノサシ」

　当然のことながら企業経営者は、自社のパフォーマンスの良し悪しについて、常に気にかけている。それは、あたかも自分の子供の成績が上がったり下がったりすることに一喜一憂する親のように、自分の会社の通知表が気になって仕方ないのだ。

　では、企業にとっての通知表とは何か。経営者はどんな成績や評価を見て一喜一憂するのであろうか。実は、日本企業にとっての通知表は時代とともに変遷してきている。

- 1980年代まで　　　　　　　売上げ
- 1990年初頭から半ばまで　　利益
- 1990年代後半以降　　　　　株価

　1980年代まではいわゆる日本経済が右肩上がりに成長した時代で、そのような時代には企業は「売上げ」で評価された。「わが社もついに1000億円企業の仲間入りを果たした」とか、「1兆円企業を目指す」などという経営者の言説が飛び交ったものだが、これらの数字は、まさに売上げを示している。この時代、市場の成長が著しいなかにあって経営者にとっては売上げを伸ばすことが最大の目標であった。新聞や雑誌で紹介される優良企業ランキングも売上高の大きい企業が上位にランクインし、世間一般の評価もそれらの企業が大企業、

一流企業であるとの認識であった。

　ところが、80年代後半からバブル期に入り日本経済も成熟期を迎えると、もはや市場は以前のように成長し続けることはなく、シェア拡大＝売上げ増という図式が成り立たなくなった。そこで90年代に入ると、企業は利益志向へと大きく舵をとっていった。「売上げ成長の時代は終わった、これからは利益成長を目指す」とか、「利益率で事業部を管理する」といったことが盛んにいわれたのもこの時期である。企業の通知表が、「売上げ」から「利益」へと変わったのである。

　そして90年代後半になり、グローバル経済が進展するなかで、日本の企業経営者もにわかに「株価」を気にし始める。

　日本企業が株価重視へシフトしている理由の第1は、資金の調達方法が間接金融から直接金融へとシフトしてきたことがあげられる。直接金融による資金調達においては、断るまでもなく株価によって調達の可能性が決まってくる。また、どのような条件で調達できるかについては、企業の格付けが大きく影響してくる。その企業に投資するとどれくらいのリターン、あるいはリスクが期待できるかがカギを握る。当然、経営者は自社の株価の動向から目が離せなくなる。

　加えて、投資活動のグローバル化によって、海外の機関投資家が日本企業の株を持つようにになったことも直接的な理由としてあげられる。グローバルなポートフォリオのなかに日本企業の株が組み込まれるようになったのである。

　そのようななかで、企業内でもIR活動などが脚光を浴び、いまや日本の大企業の幹部はほとんど例外なくニューヨークやロンドンを飛び回って現地のマーケットや投資家、株式アナリストたちへのディスクロージャー活動を展開している。こうした市場サイドの人々が自社をどう見ているかが、経営者にとっては非常に気になるようになってきたのである。企業価値を高められない企業は、やがて投資家に見放され、円滑な資金調達ができなくなる。経営陣は不適格の烙印を押され、交代を余儀なくされる。場合によっては、低い時価総額ゆえにM&Aの危機にもさらされる。そのような時代が日本にも訪れたのだ。日本の経営者も、もはや株価の動向に無配慮であったり、株主満足を高めることに無思慮であることは許されなくなった。

日本企業の通知表は、「売上げ」「利益」の時代を経て、「株価」によって表される時代となったのである。これは従業員や顧客の満足だけではなく、株主の満足を重視する経営へと転換する契機であった。

　ここで注目しなければならないのは、かつての通知表である「売上げ」や「利益」は企業の内部指標であったのに対して、いま企業が気にする通知表の「株価」は企業の外で決まる外部指標であるという点だ。ここで言う「内」とは企業自身で測定し管理できることであり、「外」は企業外で測定され企業自身がそれ自身を直接コントロールできない数字のことである。つまり、「内のモノサシ」から「外のモノサシ」へと通知表の評価の基準が変わったのである。先にも出てきた「1兆円企業を目指す」といった「内のモノサシ」による目標は、従業員の頑張り次第で実現することも可能だが、「株価を2倍にする」といった「外のモノサシ」による目標を掲げたところで、株価はあくまでも資本市場が下す評価であり企業がいくら力を入れても直接コントロールできない。そのため、企業内の人が自分たちが何をしたらよいのかがわかりにくい。あえて言えば、「外のモノサシ」を上げるために企業ができることは、「外のモノサシ」に影響を与えるであろう「内のモノサシ」を見出し、それを上げていくことしかない。

　ここで問題となってくるのは、株価や時価総額といった「外のモノサシ」は、売上げや利益、シェアといった企業内部の「内のモノサシ」と、どのように連動するのかである。両者が完全に一致し、企業内部でのさまざまな努力がそのまま株価の上昇に直結するのであれば経営者は悩まずに済む。しかし、現実にはそううまくはいかない。「外のモノサシ」と「内のモノサシ」の間には、大きな壁が立ちはだかっているのである。

　企業経営者はこのギャップを埋めるため、IR活動に精を出し、自社の業績や将来性をより効果的に説明して、投資家の期待感を高めようとする。しかしIRは言わば「お化粧」のようなものであり、企業自体を誤解なく伝えることはできるが、企業そのものの価値を創造するものではありえない。

　以上見てきたように、健全かつ戦略的な株価形成を実現するための経営が日本企業においても不可欠な競争戦略の要素となり、多くの経営者が株主価値の向上を経営目標に掲げながら、実際のマネジメントに苦悩している。「外のモ

ノサシ」と「内のモノサシ」をどうつないだらよいのか。この問題を解決しない限り、株主価値経営を標榜しても、絵に描いた餅にすぎない。バリュー・マネジメントは、まさにこの問題を解決すべく開発されたコンセプトである。それは、株主の評価するモノサシと内部のモノサシをつなぐ独自の指標を構築し、株主価値の視点を現場のマネジメントにまで落とし込む手法を提供するものである。

● ── 株主価値の指標TSR（Total Shareholder's Return）

　株主価値のマネジメントと言うと難しく聞こえるかもしれないが、その本質はいたって単純である。要は、経営者が株主に代わって、「投資」とそこからの「リターン」をマネジメントすることに他ならない。
　バリュー・マネジメントについて述べる前に、その前提となる「株主価値」とは、どのようなものかを押さえておこう。
　投資家の立場から見ると自分の資金を最も効率的に運用できる投資先を探している。投資先は、ベンチャー企業、銀行預金、国債など多岐にわたるが、これらの選択にはそこから得られるリターンと投資リスクが勘案されるのだ。投資先として企業の株式を検討する場合、その企業がどれだけの価値を創出すると期待できるかがポイントとなる。つまり企業は、投資家である株主に、投資先としての価値を創出しなければならないのだ。
　株主にとっての価値とは、一定の株式所有期間における、当初の株価と最終株価の差であるキャピタルゲイン（値上がり益）と、その期間中の配当（インカムゲイン）の合計である。株主満足を高めるとは、一言で言えばこの2つの要素からなる「株主に対するリターン」を最大化することにほかならない。
　この「株主に対するリターン」を最も正確に表す指標がTSR（Total Shareholder's Return）である。
　TSRはキャピタルゲインと配当の利回りを合計したもので、株主にとっての投資収益性そのものである。企業経営者にとっての1つのゴールは、このTSRを向上させることにあるといってよい（図表2−2参照）。
　ただし、これはあくまで外部から見た結果指標であり、経営者が経営の指標とすることは難しい。なぜなら、キャピタルゲインの元となる株価は、企業の

図表 2-2 │ TSR（Total Shareholder's Return）

購入株価／配当／売却時株価／キャピタルゲイン／時間

「Σ配当＋キャピタルゲイン」の利回り*
● 株主にとっての経済性

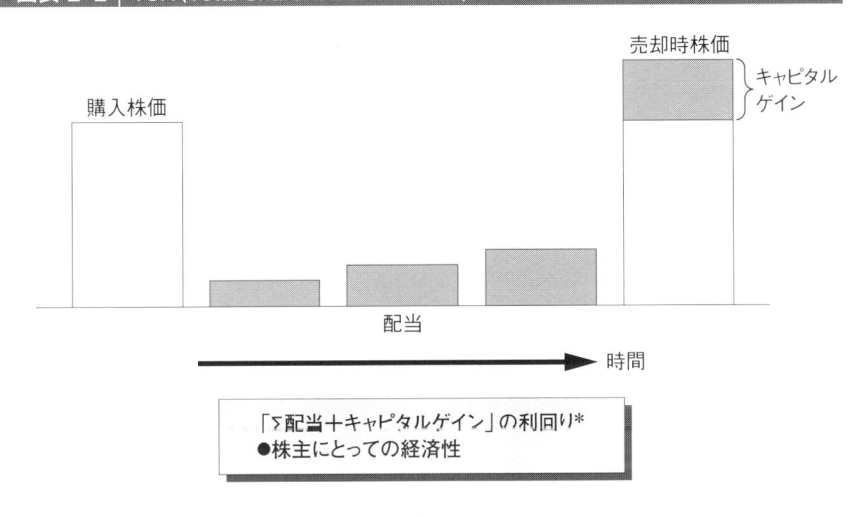

＊購入株価に対する配当＋キャピタルゲインのIRRで表す

業績、将来性などさまざまな要素を基に株式市場での投資家の期待によって決まるものだからである。外部の市場が決めるもので、株主満足を高めたいからといって企業が直接これらの指標に働きかけることはできない。では、「外のモノサシ」を上げるためには、どのような内部パフォーマンスを上げればよいのであろうか。

そのことを考えるにあたっては、まず、TSRがいったい何に影響されるのかを見極める必要がある。

TSRに影響を与える要素は、大きく分けて2つある。事業価値と配当原資である。事業価値がどれくらい増えているかを市場が評価した結果が株価や時価総額となり、配当原資がどれくらい出せるかによって配当が決まる。

内部指標にあてはめると、事業の価値は収益性と成長性によって見ることができる。また配当原資は、投資後のキャッシュフローがどれくらいあるかというフリー・キャッシュフローによって見ることができる。

事業価値の1つの指標である収益性とは、既存の資産の利益率を向上させることを意味する。もう1つの指標の成長性とは、資金を投資して事業を拡大さ

図表 2-3 │ TSRに影響を与える要素（ファンダメンタルズ）

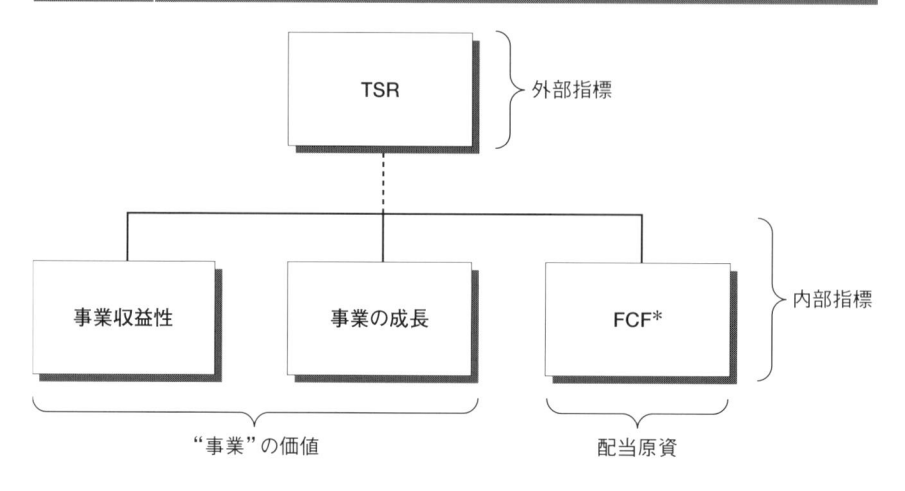

```
                    ┌─────┐
                    │ TSR │ ─── 外部指標
                    └─────┘
                       │
        ┌──────────────┼──────────────┐
   ┌────────┐    ┌────────┐    ┌────────┐
   │事業収益性│    │事業の成長│    │ FCF*  │  ─── 内部指標
   └────────┘    └────────┘    └────────┘
        └──────┬───────┘           │
         "事業"の価値            配当原資
```

*FCF＝Free Cash Flow（＝投資後キャッシュフロー）

せる可能性があることを意味する。もちろん、その資産からの見返りが資本コストを上回っていることが求められる。すなわち、資産や売上げの単純な成長ではなく、高い収益性を保ちつつ資産を伸ばすことが必要となるのだ（**図表2－3参照**）。

また、フリー・キャッシュフローとは、有利な投資機会に再投資を行なうが、そのような機会がないときは、低収益事業にずるずると投資し続けるのではなく、優位性のない事業からは資金を回収して株主に返還する節度を指す。

このように収益性が高く、資産の成長性を維持でき、有利な再投資のみを行うという節度を備えた事業は、企業価値を最大化することができるのである。

これを図式化すると、収益性と成長性の掛け算がキャッシュフローとなり、投資リターンの向上分と、優良事業資産の成長分が、株主への配当とキャピタルゲインとなって還元されることになる。したがって、企業経営者による株主価値拡大のための打ち手は、投資リターンの改善と、投資による優良事業資産の拡大であり、これらを戦略のなかにきちんと位置づけて実現していくことが、株主価値の拡大につながるのである（**図表2－4参照**）。

図表 2-4　株主価値向上における、収益性と成長の2つの視点

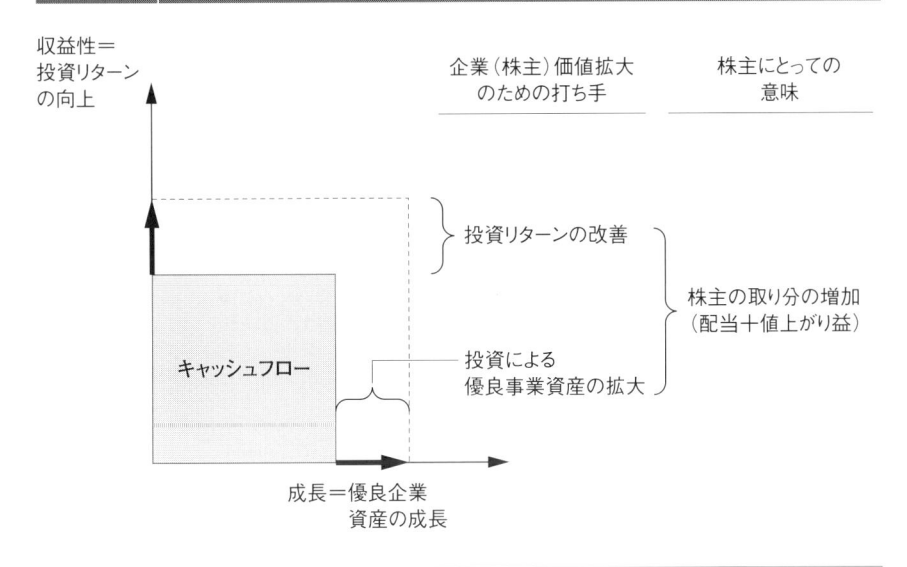

収益性＝
投資リターン
の向上

キャッシュフロー

成長＝優良企業
資産の成長

企業（株主）価値拡大
のための打ち手

- 投資リターンの改善
- 投資による
  優良事業資産の拡大

株主にとっての
意味

- 株主の取り分の増加
  （配当＋値上がり益）

　さて、ではこうした投資リターンの改善や投資による優良事業資産の拡大とは、具体的にはどのようなモノサシで測定できるのだろうか。近年、ROI、ROE、EVA®、NPV、EPS……といった、実に多様な指標が開発され、「内のモノサシ」として提唱されている。これらはいずれも、株主価値と直結する内部のパフォーマンス指標ではあるが、現場のマネジメントにまで落とし込むには限界がある。組織の末端にまで株主価値の向上につながる目標を明確化するためには、株主価値指標から出発して、現場のマネジメントまで密接につながる指標のリンクが必要になる。このモノサシの構造を示すと**図表２－５**のようになる。

　これまで述べてきたように、まずは大きく外部指標と内部指標の２つがある。外部指標は前述の通り株主から見た価値指標であり、具体的なモノサシとしては時価総額、TSRがある。一方の内部指標は３つに分かれる。第１が経営トップから見た各事業の投資収益性を表す「パフォーマンス指標」、そしてパフォーマンスの改善のためにオペレーション上最も大きな影響を与えるレバーが「バリュー・ドライバー」である。さらに「バリュー・ドライバー」に直結し

図表 2-5 モノサシの構造

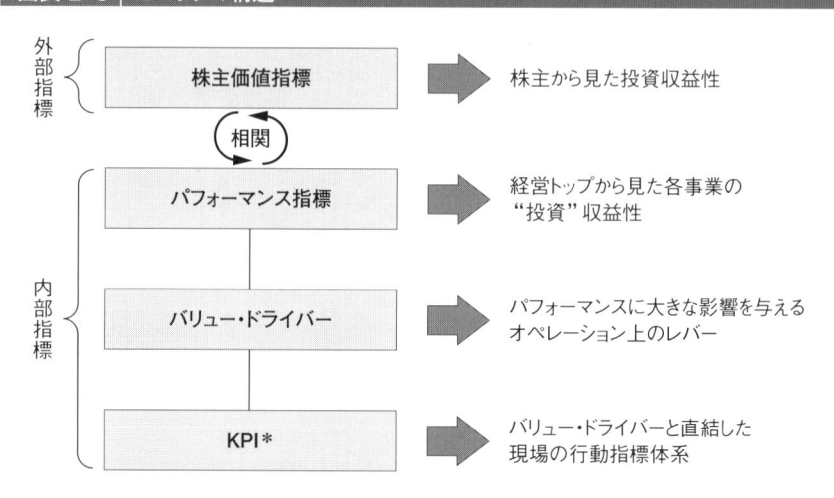

- 外部指標
  - **株主価値指標** → 株主から見た投資収益性
- （相関）
- 内部指標
  - **パフォーマンス指標** → 経営トップから見た各事業の"投資"収益性
  - **バリュー・ドライバー** → パフォーマンスに大きな影響を与えるオペレーション上のレバー
  - **KPI*** → バリュー・ドライバーと直結した現場の行動指標体系

*KPI＝Key Perfomance Index

図表 2-6 モノサシの例

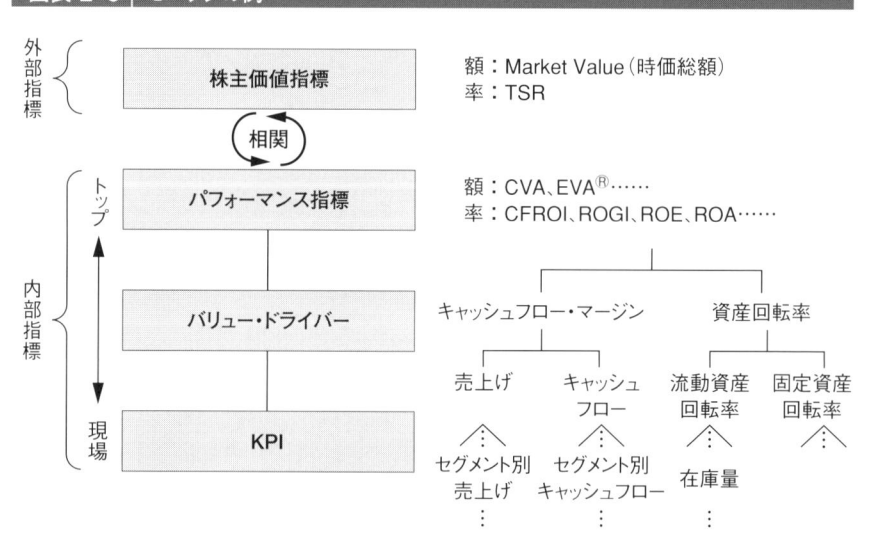

- 外部指標
  - **株主価値指標**
    - 額：Market Value（時価総額）
    - 率：TSR
- （相関）
- 内部指標（トップ⇔現場）
  - **パフォーマンス指標**
    - 額：CVA、EVA®……
    - 率：CFROI、ROGI、ROE、ROA……
  - **バリュー・ドライバー**
    - キャッシュフロー・マージン
      - 売上げ
      - キャッシュフロー
    - 資産回転率
      - 流動資産回転率
      - 固定資産回転率
  - **KPI**
    - セグメント別売上げ ⋮
    - セグメント別キャッシュフロー ⋮
    - 在庫量 ⋮
    - ⋮

た現場の行動指標体系が「KPI（Key Performance Index：主要業績管理指標）」となる。

このなかで、当然のことながらパフォーマンス指標は外部指標である株主価値指標と強い相関を持つ。先にあげたCVA、EVA®、あるいはCFROI、ROE、ROA……などさまざまなものがある。また、バリュー・ドライバーになると、たとえばパフォーマンス指標のCFROIを因数分解すると「キャッシュフロー・マージン」と「資産回転率」となり、キャッシュフロー・マージンは「売上げ」と「キャッシュフロー」の掛け合わせによって成り立つ。さらに、バリュー・ドライバーの売上げやキャッシュフローのKPIはセグメント別売上げやセグメント別キャッシュフローとなり、資産回転率のほうは在庫回転率や在庫量などのKPIとなる（**図表2-6参照**）。

「外のモノサシ」であるTSRを最大化するために、これらの3段階の「内のモノサシ」をどのようにマネジメントするかの具体的な手法が、バリュー・マネジメントである。

◉──バリュー・マネジメントの基本原理

●「外」と「内」のモノサシを「つなぐ指標」

バリュー・マネジメントには、大きく2つのポイントがある。第1のポイントは、「外のモノサシ」と「内のモノサシ」をうまくつなぐために、TBR（Total Business Return）という指標を用いることである。TBRは企業の株式購入時と売却検討時の2時点間に創出された価値全体を変化率として表したものであり、計算の元になっているのはCFROIという会計上の指標をキャッシュフローに変換し、その実質利回りを出すことにより算出される、キャッシュフロー・ベースの投資収益率である。

この指標については後で詳述するが、TBRはTSRとの相関が非常に高い内部指標として評価が高い。

●「内」のモノサシ、ヨコのマネジメント・タテのマネジメント

バリュー・マネジメントのもう1つのポイントは、TBRによって「外のモノサシ」と「内のモノサシ」をつないだ後、「内のモノサシ」をどのようにマ

図表 2-7 | BCGバリュー・マネジメント・アプローチ

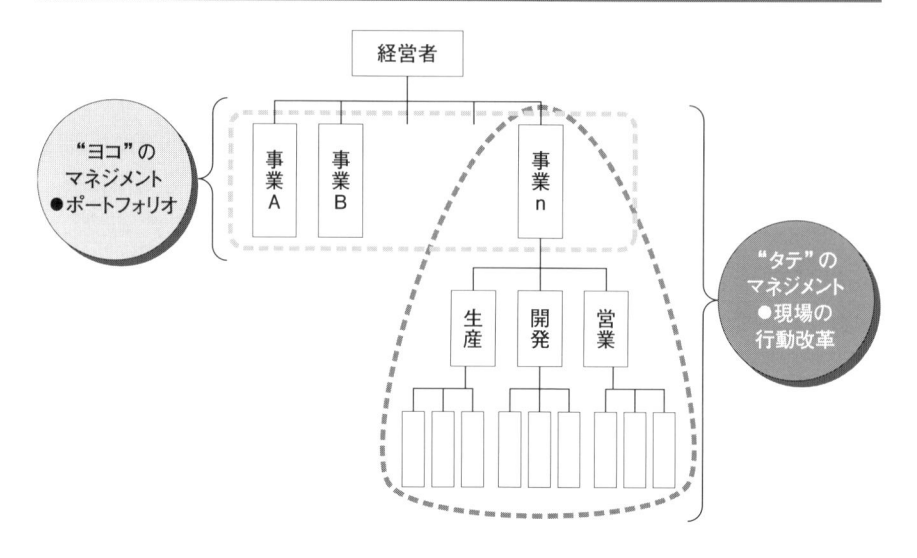

```
                    経営者
        ┌────────┬────────┬────────┐
       事業A    事業B    ...    事業n
                              ┌────┬────┬────┐
                              生産  開発  営業
```

"ヨコ"の
マネジメント
● ポートフォリオ

"タテ"の
マネジメント
● 現場の
行動改革

ネジメントするかという問題である。バリュー・マネジメントのアプローチには、ヨコのマネジメントとタテのマネジメントが存在する。

ヨコのマネジメントとは、事業ポートフォリオを株主価値を最大化するという観点からいかに再構築するかである。タテのマネジメントとは、固有の事業においてその事業の価値をブレイクダウンして現場の行動に直結する指標にまで落とし込み、実際に改革をいかにマネジメントするかである（図表2－7参照）。

● 価値創造の視点でポートフォリオを見直す

ヨコのマネジメントでは、各事業が実際にどれだけ価値を生んでいるか、あるいは破壊しているか、それを明確にする必要がある。

企業が各事業を評価する際、売上げ（規模）と利益率（収益性）の掛け算で利益額を算出し、利益額が多い事業すなわち稼ぎの大きい事業を花形事業としている例が多い。しかし、実は花形だと思っていた事業がしばしば企業価値を最も破壊しているケースがある（図表2－8参照）。

たとえば、いま現在売上げが大きく利益率が高い事業が、必ずしもTBRが

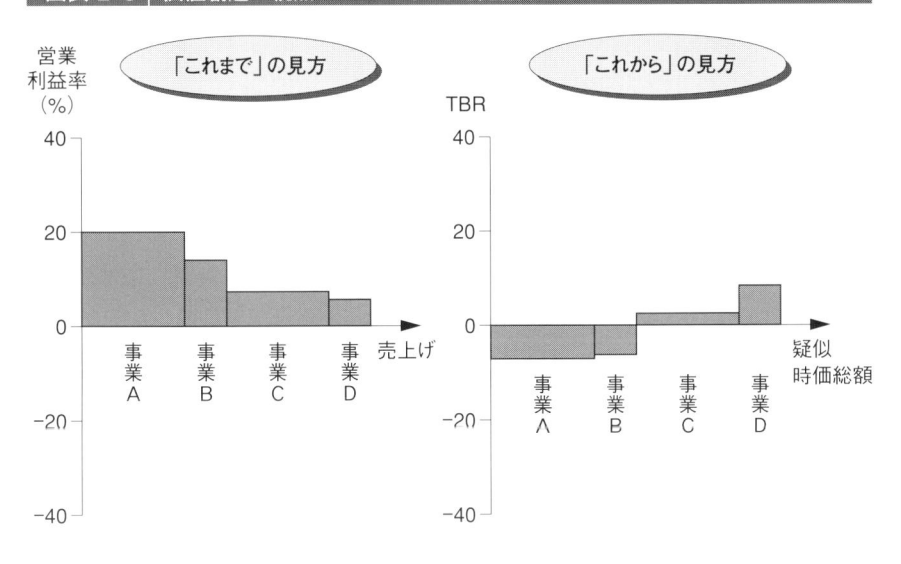

図表 2-8 | 価値創造の視点でポートフォリオを見直す

「これまで」の見方：縦軸 営業利益率（％）、横軸 売上げ。事業A：約20％、事業B：約14％、事業C：約7％、事業D：約6％。

「これから」の見方：縦軸 TBR、横軸 疑似時価総額。事業A：約-7、事業B：約-6、事業C：約2、事業D：約8。

高いわけではない。売上げは大きいが、市場そのものがどんどんしぼんでいるようなビジネスで、しかも研究開発への投資もなく将来性が見えない事業はたくさんある。そのような事業はコストも低いために、儲かることは儲かるのだが、将来の事業としては魅力はない。そういった視点で事業ポートフォリオを見直そうということである。

また、ヨコのマネジメントにおいては、各事業の真の価値を測定し、企業価値創出の視点から事業ごとのミッションを決定しなければならない。事業の価値を判断するには、事業価値の絶対値と変化率の両方の観点から見なければならない。

また、「戦略とのフィット」という面から事業を評価することも重要である。BCGでは、この両面からの検討を進めていく枠組みとして「バリュー・ポートフォリオ」を開発している。

バリュー・ポートフォリオは、縦軸にビジョンとの整合性、横軸に企業価値への貢献すなわちTBR（CFROIを用いることもある）を表すマトリックスである。全社戦略との整合性があり、しかもTBRも高い「本命事業」には資源配

分を優先して成長を促進し、戦略との整合性は高いがTBRが低い「課題事業」は事業構造を変革して貢献度を上げ、できるだけ本命事業のほうに持っていく。一方、戦略とは乖離があっても企業価値に貢献している「機会事業」は、とりあえず保有しておいて資金源とするか、場合によっては売却の候補とし、戦略にもフィットせず資金源としての価値もない「見切り事業」は資金投入を制約しつつ、撤退への道を探る。

これがバリュー・ポートフォリオの概要だが、こうしたマトリックスを議論の土台として使い、それぞれの事業の位置づけや課題を洗い出し、今後どのような経営上のアクションを起こすべきかを議論し、意思決定していくのがヨコのマネジメントである。

なお、バリュー・ポートフォリオの概念と具体的活用法は本章の3項で詳述する。

● バリュー・ドライバーを発見し、個別事業の価値創造力を強化する

まずタテのマネジメントを見ることである。

タテのマネジメントとは、TBRを高めるうえでキーとなるバリュー・ドライバーを発見し、さらにそれを現場の行動指標にまで落とし込み、KPIとして指標体系をくみ上げることである。その際、留意すべきなのは、指標の絞り込みである。現場に5個も10個も指標を与えるべきではない。最も効果の高い指標を1～3個選び、それをマネジメントすることの意味を徹底的に理解させたうえで現場に落とし込んでいく。

たとえば、ある消費財ビジネスの事業Aと事業Bの2つの事業において、いろいろなコスト項目をどのように、マネジメントすると事業価値に影響があるかを分析したところ、**図表2-9**のような結果を得た。

事業Aは比較的競争相手が多く、次々と新製品が出てくるような事業である。消費者もどの製品を選ぶのか選択基準が難しく、企業の勝者と敗者がコロコロ変わる。このような事業では、販売促進費や広告宣伝費をいかにマネジメントするかによって事業価値に大きな変化が起こる。これに対して事業Bは、古くからある事業で、ブランドイメージなどもかなり固定化しており、消費者も容易には切り替わらないようなビジネスである。このような事業では、販促費や

図表 2-9　事業価値に影響を与える要素をピンポイントで押さえるバリュー・ドライバーの例

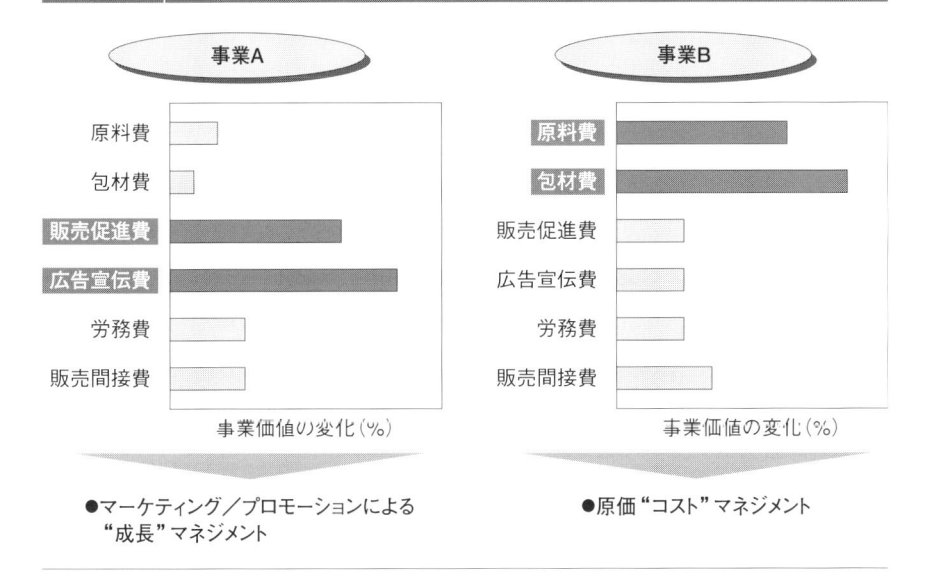

事業A

- 原料費
- 包材費
- **販売促進費**
- **広告宣伝費**
- 労務費
- 販売間接費

事業価値の変化（％）

●マーケティング／プロモーションによる"成長"マネジメント

事業B

- **原料費**
- **包材費**
- 販売促進費
- 広告宣伝費
- 労務費
- 販売間接費

事業価値の変化（％）

●原価"コスト"マネジメント

広告宣伝費よりむしろ、原材料をいかに抑えるか、あるいは梱包などに使う包材費をどう抑えるかが事業価値を高めるためのポイントとなってくる。

　これらの結果から、事業Aにおいてはマーケティングやプロモーションによる成長戦略がバリュー・ドライバーとなり、事業Bにおいてはコスト削減戦略がバリュー・ドライバーとなる。このように事業によってバリュー・ドライバーは違うわけだが、具体的にはそれが現場の行動指標であるKPIにどのように落とし込まれるかを、次に見てみよう。

　事業Aにおける広告費マネジメントでは、消費者認知度をどこまで高めるか、インターネットによる拡販を考える場合は、ネット売上高とネット上の広告宣伝費をどのようにマネジメントするかがKPIとなってくる。また、商品の移り変わりが激しいビジネスなので、新製品投入マネジメントなどもバリュー・ドライバーとなり、競合と比べて6カ月以上製造する新製品がどれくらいあるかどうかといったことも、調査する必要があろう。販促費マネジメントでは、ネット売上高、販促経費比率、エンド機会の回数などをKPIとする。さらに、これらの現場の行動指標について、どの部署が責任部署になるかを、**図表2－10**

図表 2-10 バリュー・ドライバーをKPIに落とし込む

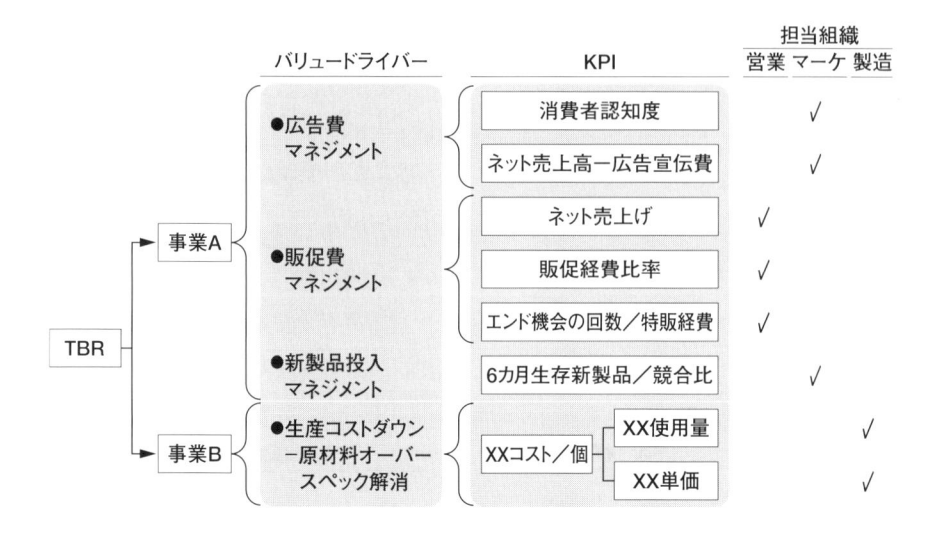

	バリュードライバー	KPI	担当組織 営業	マーケ	製造
事業A	●広告費マネジメント	消費者認知度		√	
		ネット売上高－広告宣伝費		√	
	●販促費マネジメント	ネット売上げ	√		
		販促経費比率	√		
		エンド機会の回数／特販経費	√		
	●新製品投入マネジメント	6カ月生存新製品／競合比		√	
事業B	●生産コストダウン－原材料オーバースペック解消	XXコスト／個　XX使用量			√
		XX単価			√

（TBR → 事業A、事業B）

のように明確化する必要がある。

　一方、事業Bのほうは比較的単純で、バリュー・ドライバーは生産コストの削減なので、一定の品質を確保しながらいかに安くつくるかが現場の指標となる。担当部署も製造部門となる。

　これらの現場の行動指標KPIを担当部署がきちんと維持向上するようなマネジメントをすれば、バリュー・ドライバーは改善され、さらにTBRも改善されて、その事業のTSR向上に結びついていくのである。そうして積み上げた事業ごとのTBRのヨコのマネジメントをきちんと行うことで、トータルとしてのTSRが上がり株主価値の向上が実現するのである。

　ここで大事なポイントは、それぞれについて、現状とゴールを設定することである。そのとき、KPIをどれくらいに設定しそれを実現すれば、最終的にTSRが向上するかは、やはりシミュレーションを行うしかない。シミュレーションに際しては、単なる期間損益だけではなく、貸借対照表まで落とし込んで見ていくことが求められ、こうしたプロセスを踏むことでバリュー・マネジメントは完結していく。

2……TBRの算出法

●──TBRとCFROI

　TBRとは、株主価値指標としてのTSRを企業内部の指標へと置き換え、経営者が価値ベースでマネジメントしていくことを可能とする指標である。もともとTBRは欧米の機関投資家向けに開発された指標で、『フォーチュン』誌500社のうち約200社が「内」と「外」をつなぐ指標として経営に活用している。また主な機関投資家が投資指標としても使用している。

　TBRの元になったのはCFROI（Cashflow Return on Investment：キャッシュフロー投資収益率）という経営指標である。CFROIは、BCGの子会社であるホルト社が開発したものである。もともとアメリカでの金融コンサルティングから出発したホルト社は、企業価値を測定するベースとして資本市場が株式や債券の価値をどのように決めているのかを精緻に検討した。その結果、会計上の指標をキャッシュフローに変換し、そのキャッシュフローの実質利回りを出すことにより算出される、キャッシュフロー・ベースの投資収益率＝CFROIを編み出したのである。

　1991年、BCGはこのホルト社のコンサルティング部門を買収し、CFROIを経営指標として導入した。その後、それを元にして開発したのがTBRである。以後、TBRは株主価値指標としてのTSRを企業内部の指標へと置き換え、外と内をつなぎ、経営者が価値ベースでマネジメントすることを可能にする指標として、多くの企業に導入されていった。

●──TBRの算出方法

　TBRの算出方法は**図表2－11**の通りである。

　TBRは企業の株式購入時と売却検討時の2時点間に創出された価値全体を変化率として表したものであり、TSRと連動したコンセプトであることがわかる。計算式には、TSRに影響を与える要素である収益性、成長性、フリー・キャッシュフロー、資本コストをすべて含んでおり、その相関関係は非常に高い。

図表 2-11 | TSRとTBRの算出法

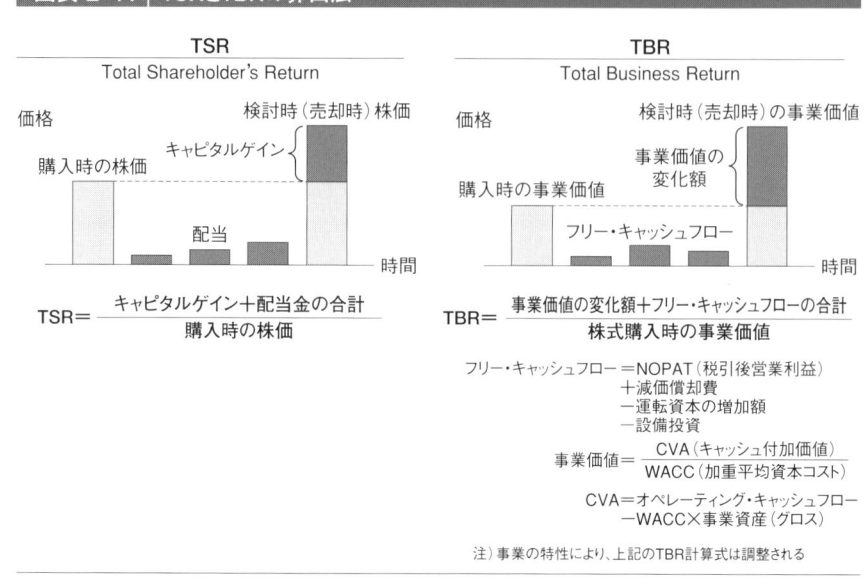

TSR
Total Shareholder's Return

$$TSR = \frac{キャピタルゲイン＋配当金の合計}{購入時の株価}$$

TBR
Total Business Return

$$TBR = \frac{事業価値の変化額＋フリー・キャッシュフローの合計}{株式購入時の事業価値}$$

フリー・キャッシュフロー＝NOPAT（税引後営業利益）
　　　　　　　　　　　＋減価償却費
　　　　　　　　　　　－運転資本の増加額
　　　　　　　　　　　－設備投資

事業価値＝$\dfrac{CVA（キャッシュ付加価値）}{WACC（加重平均資本コスト）}$

CVA＝オペレーティング・キャッシュフロー
　　　－WACC×事業資産（グロス）

注）事業の特性により、上記のTBR計算式は調整される

　実際に、TSRと各指標の相関を見ると、ROE、EVA®、キャッシュフローなどの指標の相関係数がそれぞれ0.174、0.065、0.405であるのに対し、主な日本企業に見るTSRとTBRの相関性は0.6231という高い数字を示している（図表2－12、図表2－13参照）。裏を返せば、すでに日本の株式市場も合理的に機能するようになってきたともいえるだろう。

　また、TBRはキャッシュフロー・ベースで算出するため、会計基準のゆがみの影響を受けにくく、その計算においては「事業価値」の計算がベースになっているため、事業別の株価を理論的に計算したり、戦略オプションが事業価値に与える影響を試算したりするなど、戦略の議論を価値創造という視点から見直すことができる。

　実際に事業価値を計算する際には、いくつかの手法がある。簡便法としては、CVA（資本コスト差引後キャッシュ付加価値）といったキャッシュ・ベースのリターンに、ある乗数（たとえばWACCの逆数）を掛けて求める方法などがある。BCGが独自に開発した「Valモデル」というコンピュータソフトを使う方法もある。これは、連結ベースおよび事業部門別に、時系列のBS／PLデータから

図表 2-12　TSRと各指標の相関

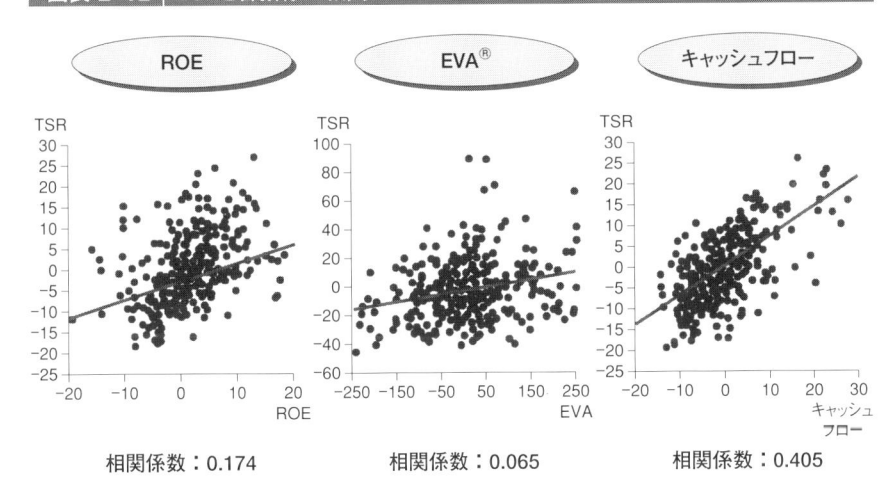

ROE　相関係数：0.174

EVA®　相関係数：0.065

キャッシュフロー　相関係数：0.405

注）アメリカ・350社（1992～97年）、すべて変化率（％）

図表 2-13　日本企業のTSRとTBR

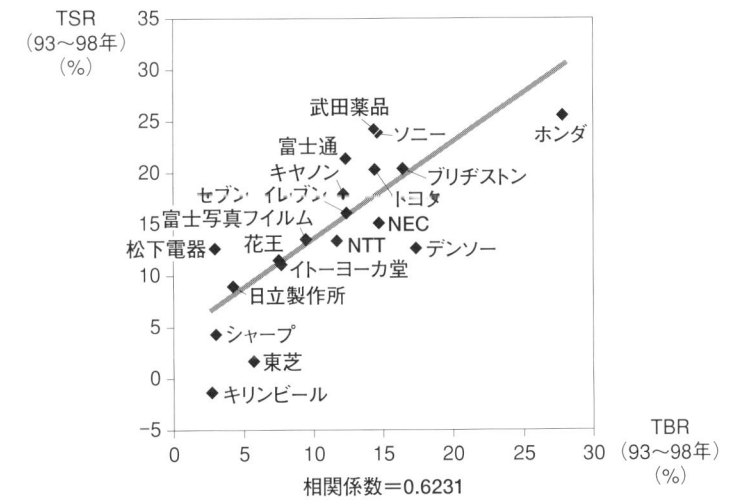

相関係数＝0.6231

TSR（93～98年）（％）　対　TBR（93～98年）（％）

掲載企業：武田薬品、富士通、ソニー、ホンダ、キヤノン、ブリヂストン、セブン・イレブン、トヨタ、富士写真フイルム、NEC、松下電器、花王、NTT、デンソー、イトーヨーカ堂、日立製作所、シャープ、東芝、キリンビール

注）1998年時価総額上位20社
出所）BCGデータベース及び分析

会計上の歪みを取り除き、価値創造の主要素をインプットすることでTBRを算出するものであり、精度的には優れた結果を得ることができる。

　多くの場合、収集データの精度や、TBRそのものをだれがいつ使用するのかなどによって、各企業ごとにカスタマイズして算出している。
「A事業部は、当社の株価5000円のうち1400円相当の貢献がある。来年度は特に収益性を上げて株価を150円、3％上げるようがんばってくれたまえ」
　TBRを導入すると、事業部長は社長からこのような指示を受けるようになるだろう。
　TBRでは、事業価値の算出において資本コストも取り込んでいる。資本コストは、事業ごとに異なるリスクを加味して算出するので、企業全体のTBRだけでなく、事業ごとのTBRも把握することがきる。これによって、個々の事業部の事業価値が、株主価値にどれだけ貢献しているかまで明らかになるのである。多角化企業においては、このTBRによって、各事業をどのようにメリハリをつけてマネジメントするべきかを検討できる。TBRという指標が多くの優良企業に導入されているのは、こうしたメリットによる。

3……バリュー・ポートフォリオの活用法

●──企業価値の軸を組み入れる

　次に、ヨコのマネジメントで使われるバリュー・ポートフォリオについて、その基本原理と活用方法を押さえておこう。
　バリュー・ポートフォリオはPPM（プロダクト・ポートフォリオ・マネジメント）の進化型として開発されたコンセプトである。PPMについては第5章で詳しく述べるが、1970年代初頭に打ち出されたPPMの市場成長率と相対マーケット・シェアによるマトリックスが、経営理論を刺激し、今日においても企業経営に大きな影響を与えていることは衆知の通りである。バリュー・ポートフォリオは、BCGが1990年代初めに発表したもので、企業の個別事業を「ビジョンとの整合性」（縦軸）と「企業価値への貢献」（横軸）という2軸によって

図表 2-14　バリュー・ポートフォリオ

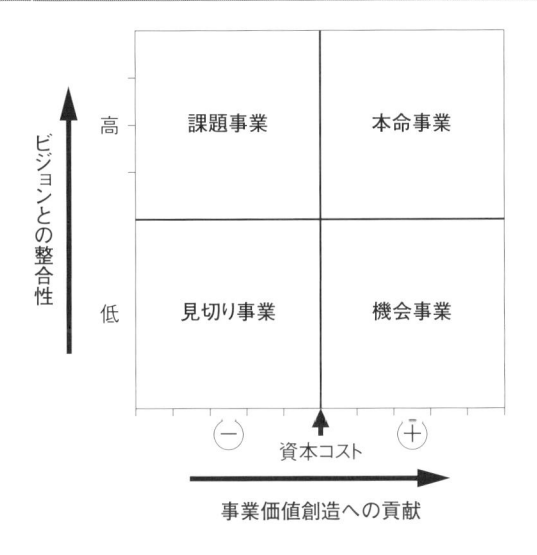

	（縦軸）ビジョンとの整合性 高	（縦軸）ビジョンとの整合性 低
資本コスト（−）	課題事業	見切り事業
資本コスト（＋）	本命事業	機会事業

横軸：事業価値創造への貢献

位置づけ考察する。PPMが2軸で考察した事業の中期的なキャッシュフロー貢献を横軸の1軸に集約、簡略化したものである。バリュー・ポートフォリオの概念図は**図表2−14**のように表される。

縦軸の企業ビジョンとの整合性は、多角化企業の各事業と全社戦略との整合性を、さまざまな角度から検討、評価するものである。全社戦略は、企業全体の価値が個別事業の価値の合計よりも大きくなることを目的として構築される。その目的が果たされるためのポイントは、大きく3つある。

❶個別事業が企業の競争上の地位向上にどれだけ貢献できるか。
❷自社の組織としての能力の向上にどれだけ貢献できるか。
❸長期的視野で見たときに、その事業の存在が全社の企業価値を築いていくことにどれだけ貢献できるか。

BCGでは、「ビジョン適合性診断」と呼ばれる、これらの項目を定量化して診断する方法を確立している。その方法を使って、各事業の縦軸での位置を決

めるのである。

　次に横軸の企業価値とは、株主にとっての企業の経済的価値である。すなわち、バリュー・ポートフォリオには、企業の存在意義は第1に株主への経済的貢献であり、企業価値を上げることは株主価値を上げることであるとする考え方が組み込まれている。このことによって、バリュー・ポートフォリオは、株主価値創造のためのバリュー・マネジメントにおける有効性が保証されるのである。

　企業価値の測定については、基本的に資金の創出力を算出する。前述のTBRを使用するか、キャッシュフローの創出力をワンショットで測定する指標であるキャッシュフロー・ベースの投資利益率（CFROI：Cashflow Return on Investment）を使用してもよい。このCFROIが資本コストを上回っていれば、この事業はワンショットで見るかぎり価値を創出していることになる。

　バリュー・ポートフォリオでは、これら2つの軸により4つに区切られるマトリックスの各象限の意味と、そこに位置づけられる事業の特徴を次のように定義する（図表2－15参照）。

図表2-15　バリュー・ポートフォリオ："価値"の軸の組み入れ

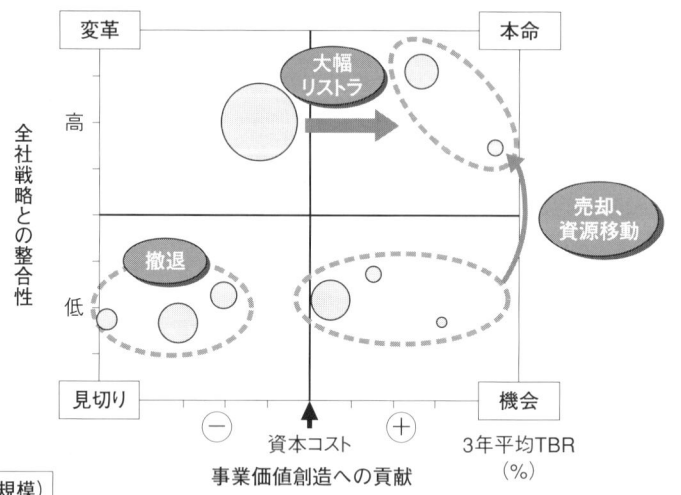

● 本命事業

　ビジョンとの整合性と企業価値の両面から高い評価を受けた事業で、まさに企業の中心的存在。このような事業は成長を高めることでさらに企業価値が拡大するので積極的強化・育成の対象とされる。

● 機会事業

　経済的価値はあるが、企業全体のために不可欠の存在ではないため、他の資金ニーズが発生するなど全社の資金バランスの必要性に応じて売却することもありうる事業。このような事業は、全社の資源の余裕と投資機会の増減に応じて、言わば機会主義的に扱い方が変化する。

● 変革事業

　企業全体にとっての意味はあるものの、株主への価値という尺度で見ると劣っている事業。このような事業は売却しようとしても他社にとってはさらに価値が低いものと想定される。したがってまず、大胆な変革を行い、収益改善を図って、資本コストを超えるCFROIを達成することが必要である。それが達成されて初めて規模を拡大するなど、次の手が打てる。

● 見切り事業

　自社にとって特別の存在意義もなければ、株主の経済的利益への貢献においても劣るという状況にある事業。このような事業は、抜本的なブレークスルーがない限り、縮小均衡を図って損失を減らすか、思い切って撤退を図ることが求められる。

　PPMでも同じことがいえるが、このようなマトリックスによる事業の特徴づけに対しては、あまりに単純すぎるとの批判も当然あるだろう。もちろん、こうした分析結果がそのまま、機械的・自動的に答えとなると言うつもりはない。むしろこれらポートフォリオ・マトリックスは、あくまでも伝統的な事業部制に起因する問題点を打破し、思い切った戦略提言に直結させることを目的に開発された枠組みであることを認識し、意思決定のプロセスにおける議論の土俵・出発点として活用すべきである。

● 経営者の意思と株主の意思

　バリュー・ポートフォリオにおいては、株主の経済的価値を個別事業の評価基準とする点で、株主の意思をきわめて重視している。と同時に、企業ビジョンとの整合性を一方の指標とする点で、経営者の意思も反映している。つまり、バリュー・ポートフォリオには経営者と株主というレベルの異なった2つの視点が存在している。これはPPMをはじめとする従来の戦略的マトリックスとの大きな相違点である。従来の事業ポートフォリオ論は通常、経営者の観点から見て適正なポートフォリオ戦略をつくる、という発想であった。バリュー・ポートフォリオは株主の視点を重視している点で新しい。

　とはいえ、株主価値を組み込むといっても、バリュー・ポートフォリオの横軸（企業価値への貢献）だけだと、株主にとっての最終結果は議論できるものの、株主が経済的価値のみを気にするとすれば、何の事業をして金を稼いでも同じ、ということになりかねない。これでは、真に企業価値を判断することはできない。株主から経営を託された経営者は、企業の方向づけに関してリーダーシップを発揮することが求められている。これは経営者の責務である。企業価値の評価には、その方向づけに対する評価も同時になされなければならない。そのための指標が、縦軸（企業ビジョンとの整合性）となるのである。

● 客観的かつ多角的な議論の土俵

　企業の事業拡大に関しては、どこまで拡散し、どこまで収斂すべきかについて諸説ある。一般にいわれていることとして、関連性の高い事業群を展開するほど成功の確率が高く、それも線的展開よりは面的展開が望ましいとされる。

　この議論を踏まえて、バリュー・ポートフォリオ・マトリックスは、個別事業の事業部のビジョンとの適合性については、かなり具体的かつ厳格な基準を課す。事業部という単位においては、かなり緊密な関連性がある個別事業を組合わせていくべきだからである。つまり事業部の視点では、拡散よりも収斂が重視されるべきなのである。

　一方、企業全体の視点では、企業の発展の可能性を摘み取らないように、より緩やかな基準でビジョンとの適合性を見ている。広範な領域に展開する大企

業においては、競争上の地位、自社のケイパビリティ（組織としての能力）、長期的な企業基盤の3つの側面での貢献が予期されるならば、飛躍を目指すビジョンを設定すべき場合もあるのである。

バリュー・ポートフォリオは、ビジョンとの整合性評価において、全社の視点と事業部の視点を分けて考える二重構造をとっている。したがって、ビジョンにおける収斂と拡散のバランスという多角化理論の複雑さを柔軟に反映する構造となっている。

さらに、この2つの視点が企業価値評価の軸においても反映されていることを指摘したい。企業価値に関して、全社のトップが株主に対して責任を負うように、事業部のトップも全社のトップに責任を負うことになる。また、事業部のなかでは個別事業単位の長に責任を負うことになるのである。

言わば株主から発した企業価値重視の経営が、マネジメント階層を通じて伝達されることにより、さまざまな階層の視点が統合されていく。このようにバリュー・ポートフォリオ・マトリックスはマネジメント諸階層と株主の間の関係を、共通の枠組み・言語・指標で統合する経営コンセプトなのである。

ある素材メーカーでは、国内デバイス事業は「価値創造の源泉であり、経営資源のまさに注ぎ込みどころ」という当該事業部門や財務部門の見方と、「自社のコア事業領域から遠く、縮小すべき事業」という経営陣の見方が真っ向から対立し、経営資源の配分を検討するたびに不毛な議論が繰り返されてきた。ところが、バリュー・ポートフォリオが作成されると、一気に状況が可視化され、議論の共通の土俵がつくられた。結果、この国内デバイス事業に関しては、確かに事業価値自体は大きいが、戦略との整合性が高くない「機会事業」と位置づけられ、最低限の経営資源を継続的に投入し、価値を生まなくなりそうな時点で売却も考えるという意思決定がなされた（図表2－16参照）。

また、ある企業では、「海外事業は赤字だが、存在自体によって国内のブランド価値が高まっている。だから海外事業は継続すべきだ」という議論がまかり通っていた。この場合、発想を転換して、海外事業の赤字を正当化するためには、国内事業でどのくらいの黒字を計上していかなければならないかを単純に計算してみた。すると、国内売上げの少なくとも30％以上が海外事業からのブランド効果によって支えられなければならないという結果が得られ、即座に

図表 2-16 バリュー・ポートフォリオによる事業分析

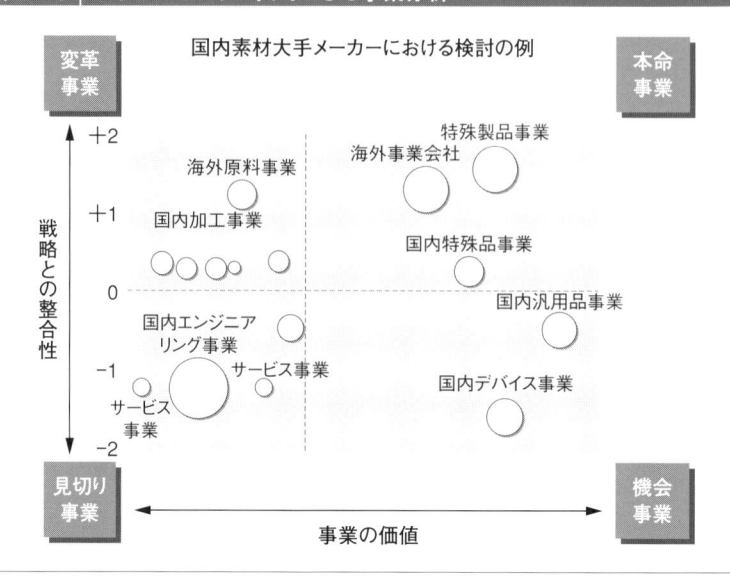

国内素材大手メーカーにおける検討の例

変革事業 ／ 本命事業 ／ 見切り事業 ／ 機会事業

縦軸：戦略との整合性（-2〜+2）
横軸：事業の価値

プロット：海外原料事業、海外事業会社、特殊製品事業、国内加工事業、国内特殊品事業、国内汎用品事業、国内エンジニアリング事業、サービス事業、国内デバイス事業、サービス事業

海外事業は撤収された。こうした議論を進めるうえで、バリュー・ポートフォリオはきわめて示唆に富むコンセプトなのである。

4 ……バリュー・マネジメントによる現場改革

●──バリュー・ドライバーをいかに特定するか

　外と内をつなぐ指標として優れた有効性を持つTBRだが、TBRを導入し、事業部ごとのTSRへの貢献度を測定したからといって、それだけでは単に自社の事業価値の現状を把握したにすぎない。各事業部が、TSR向上に向かってさらに貢献度を上げるためには何をすればよいのか、すなわち何をすればTBRが向上するのかを明らかにしなければ実際のアクションにつなげられない。

　前述の通り、バリュー・マネジメントの実践にはヨコのマネジメントとタテのマネジメントがあるが、ここではタテのマネジメントについて実践の手順を

追ってみたい。

　タテのマネジメントとは、TSR（株主価値）を上げる＝TBR（事業価値）を上げるという目標を、そのためには現場ではいったい何をすればよいのか、というところまで落とし込むことである。そこで必要となるのが、TBRを高めるために「何をしたらよいのか」の「何」にあたる「バリュー・ドライバー」の発見である。バリュー・ドライバーが特定されれば、それを行動ベースに分解して現場の管理指標：KPIにまで落とし込むのはそれほど難しいことではない。

　先にも述べた通り、収益性や成長性に結びつく指標は無数にある。ほとんどの指標がアルファベット3文字か4文字で呼ばれるので、それらをボールに入れるとまるでアルファベット・スープのように見える。そんなイメージから、多種多様な指標の氾濫を「指標のアルファベット・スープ」などと表現することもある。要は、この「指標のアルファベット・スープ」のなかから、どの指標をすくって味わうかである。

　実際には、オペレーション部門までドロして使用するには、シンプルでインパクトの大きい指標が望ましい。以下で、キーとなるバリュー・ドライバーを特定していくプロセスを、ある消費財企業A社を例に説明してみよう。

　まず事業を大きなプロセスに分解し、**図表2－17**のようなキー・プロセス・マッピングを作成する。このプロセスそれぞれに、KPIとなりうる指標が潜んでいる。

　キー・プロセス・マッピングを描いてみたところ、A社では生産プロセスでは設備稼働率や製品歩留まり率、営業プロセスでは顧客訪問率や販促費効率などが考えられた。次に、それらの指標のなかでどれが全体の価値向上に与えるインパクトが大きいのか、そして改善できるのはどれかを検討する。影響の大きさと改善度を掛け合わせたものが、キー・バリュー・ドライバーを選定する際の決め手となる。改善の可能性を検討するには、時系列での比較や競合との比較が有効である。A社では、調達における原材料費と営業における顧客訪問効率で、過去5年の変動率が最も大きいことが明らかになった。その原因を探るべく競合をベンチマークしてみると、材料の共通化を進めてコストダウンを図り、営業部門はユーザーのポテンシャルに応じた人員配置を行うことで、収益性で自社に大きく差をつけていることがわかった。

図表 2-17 キー・プロセス・マッピングで解明するバリュー・ドライバーとKPI

	調達	生産	マーケティング	営業	物流
コストの構成比	％	％	％	％	％
コストの変化率	％	％	％	％	％
主なコスト項目	原材料費 ⋮	設備費 メインテナンス費用 人件費 ⋮	広告宣伝費 ⋮	販促費 人件費 ⋮	輸送費 倉庫代 梱包費 ⋮
バリュー・ドライバー	購買効率 為替予約精度 原材料費 ⋮	設備稼働率 製品歩留まり率 ⋮	広告宣伝 費用対効果 ⋮	顧客訪問率 販促費効率 ⋮	輸送率 在庫回転率 梱包資材費
KPI（管理指標）	現状の方針管理指標の理解 あるべき指標とのギャップの把握				

　こうした検討を重ねることにより、この事業では、調達プロセスにおいては原材料費を、営業プロセスにおいては顧客訪問効率を重点的に見ればよいことが結論づけられた。この2点こそが、TBRを向上させるキー・バリュー・ドライバーとなるのである。

　そして、これらのバリュー・ドライバーを樹形図のかたちに分解して、原材料コストと顧客訪問効率に関連する要素、そのコントロールにあたる部門、担当者を、それぞれ明確に位置づけ体系化する。たとえば、A社の生産部門の指標を体系化すると、**図表2−18**が描ける。ここまできて初めて、外と内の指標の関連づけが完成するのである。

● 指標の罠

　TBRをキー・バリュー・ドライバーに分解し、KPIとして指標体系を組み上げ実行に移す過程には、だれもが陥りやすい罠がいくつかある。具体的にはどこに罠があるのか、罠を避けるポイントは何かを以下に述べる。

　1つ目の罠は、新しい指標を導入するにあたり、その導入自体が目的化し、

図表 2-18 | TBRの樹形図分解

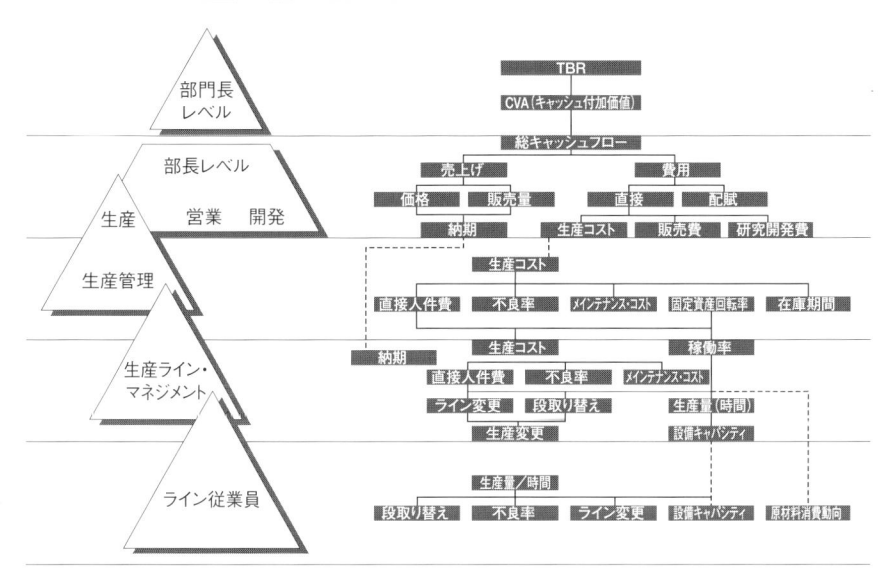

各部門の行動は何も変わらない、といった事態に陥ってしまうことである。本来は「指標を使いこなす」ことが目的であるのに、「指標の完成度を高める」ことが目的となってしまうケースもよくある。このような事態を防ぐには、指標の理論の専門家グループに任せ切りにせず、「ふだんのビジネス活動の何をどう変えていくのか」について常に考えを深め、実行していく、この一見当たり前のプロセスをないがしろにしないことである。

2つ目の罠は、「握る（管理する）指標」と「見る指標」の混同である。精緻な指標が完成したとしても、経営者がすべての指標をモニタリングする必要はない。かつ、事業部長は経営者に対して、すべての指標を予定通りの数値に収めると約束する必要もない。この点を勘違いすると、経営者が貴重な時間を数字のチェックに奪われたり、部下の細かい行動にまで口を出す過剰な介入経営になってしまう。経営者は、各事業部長との間で、キー・バリュー・ドライバーと全体のTBRの数値だけを「握る指標」とする。それより下位の指標については、主要なものだけを「見る指標」として異常値の発生をモニタリングすればよいのである。

3つ目は、計画立案時における目標数値に「株主の視点を組み込む」ことが見過ごされがちになることである。従来は、単なる願望から中期計画の目標数値をつくっていたので、「なぜその数値を達成することが必要なのか」を理解する社員がいないといった状態であった。それが、株主からの要請レベルを明らかにすることで、数値を決める議論の軸ができるようになったのだ。つまり、「当社は株主からどれくらいのリターンを要求されているのか」という問いを改めて問い直してみることが肝心である。

●──バリュー・マネジメントの実践手順

　実際にバリュー・マネジメントを実践する場合には、次のようなアプローチを踏む（図表2－19参照）。

　まず企業価値創造の監査フェーズから始め、現状においてどの事業がどれだけ価値を生んでいるかを明らかにする。そして、TBRを実際に計算し、キー・バリュー・ドライバーを明確化し、KPI体系の大枠を作成する。

　次に、全社の価値創造目標を設定する。ここでは使いこなす知恵が最重要で

図表 2-19　バリュー・マネジメントのアプローチ

全体像

価値創造の現状診断	ターゲット、実行プラン策定	実行
事業特性を踏まえた価値創造の現状を解明する ●事業別貢献度、およびその因数分解 ●ベンチマーキング ●マネジメント・プロセス診断 企業価値に直結した内部指標をカスタマイズする ●事業レベル ●オペレーション・レベル	会社の価値創造目標を設定する ●ベンチマーキング ●ステークホルダーの意思 事業目標を設定する ●せめぎ合いを経たストレッチ目標 ●納得性ある事業計画	企業価値創造への貢献を基準とし、トレードオフの意思決定を行う ●事業構造の見直し ●売却やM&A 社内各層の行動変革に向けたイニシアチブをスタートする ●プロジェクト・チーム ●マネジメント・プロセスの変更　例）モニタリング ●評価や報奨の見直し ●オペレーション・レベル指標体系の構築

あり、企業は使いこなすプロセスを実際に体験しながら、計画を立案していくことになる。

　そしていよいよ実行レベルへと進む。目標をベースに、バリュー・ポートフォリオによる事業構造の見直しの結果、切り捨てるべきものは捨てるという痛みの伴う意思決定と実行が求められる。また、行動変革への指標を組織末端まで徹底させていかなくてはならない。

　このようなアプローチの結果、各事業部、各部課、1人ひとりの従業員が、企業価値向上のために何をすべきかを認識し、前向きにそれを実践するようになる。経営者もまた、企業価値創造という明確な目標達成のために邁進できるのだ。こうして企業を構成するすべてのベクトルが統合されていくのである。

第 **3** 章

顧客価値
セグメント・ワン

Segment of One

1 ……戦略的セグメンテーションとは何か

◉――製品市場での競争力

　多くの企業が、その企業理念に「顧客満足の極大化」や「顧客価値創造企業」といったことを唱えている。市場経済において、企業が売上げや利益を上げ企業価値を高めていくためには、自社の製品やサービスの価値が顧客に理解され、他社の製品・サービスを差し置いて、選ばれることが大前提である。顧客に選ばれることなしには、企業活動自体が存続しえないのである。

　どの企業も1人でも多くの顧客を獲得しようと努力するのは当然のことである。しかし、現実の競争の場では、消費者は総体としての抽象的な存在ではなく、顔や名前を持ち、生活や行動様式も1人ひとり異なる具体的な存在である。ここですべての顧客を相手にしたいと望んでしまい、すべての顧客に気に入られようとすると、かえってすべての顧客にそっぽを向かれかねない。たとえば、枕のメーカーを例にとって考えてみよう。消費者のなかには、硬い枕が好きな人、柔らかいものが好きな人、大きめのものが好きな人など実に多様である。これらのお客をすべて取り込もうと万能枕をつくるとすると、さまざまな要素を組み合わせることでコストが上がらざるをえない。すると、硬い枕の好きな人は、単に硬さと価格に見合った他社の製品を選んでしまうだろう。

　効率的・効果的な企業活動を行うには、個別バラバラの消費者を、その属性、ニーズ、行動様式をベースに、ある程度の塊にグルーピングし、どのグループにどんな製品・サービスをどのように提供していくかを考える必要がある。これがセグメンテーションである。

◉――すべての顧客が利益になっているのではない

　日本において特定のセグメントに的を絞った商品開発・マーケティングが脚光を浴び始めたのはここ10年ほどのことである。それまで多くの企業は、「お客様は神様です」という言葉通り「すべての消費者を大事にしなければならない。だから、みんな一緒に平等に扱わなければならない」という理念に基づい

て経営していた。市場がどんどん成長している時代には、むしろこのやり方は理にかなっていた。なぜなら、どんな顧客でも大事に扱っておけば、そのうち大きな利益に結びつく可能性があったからである。かりに社会に出たばかりでお金のない１人暮らしのサラリーマンは、現時点では数か月に１度、電球を買うだけの少額の顧客だとしても、５年、10年と年を経るごとに給料も増え豊かな生活を送るようになればテレビ、冷蔵庫、洗濯機、エアコン……と、次々に商品を購入し、さらにはそれらを買い替える高額の顧客へと成長していく。つまり、このような将来がある程度予測できる時代には、すべての消費者を潜在顧客と見なし、電球１個のお客様も重視することが、ある意味では戦略的であった。

　しかし、右肩上がりの成長がもはや望めず、消費者ニーズが短期間で変化し、かつさまざまに細分化しつつある状況下では、潜在顧客に対して広くまんべんなくサービスすることはコストの増大を招くばかりだ。なぜなら、すべての顧客を平等に扱ったとしても、すべての顧客が平等に利益をもたらしてくれるわけではないからである。また、画一的な商品・サービスではどの顧客も不満という結果になることが多い。

　そこで求められるのが、従来のように消費者や市場を全体として十把一からげに扱い、全消費者に共通したマーケティングを展開するマス・アプローチではなく、市場や消費者をさまざまな軸で分類しそれぞれに異なったマーケティングをしていこうというセグメンテーションのアプローチである。戦略的セグメンテーションは、顧客によってニーズや商品・サービスの価値、経済性が異なるという認識を前提とする。平たく言えば、儲かるセグメントと儲からないセグメントをきちんと把握し、それぞれの経済性に応じた合理的対応を考え実行することである。

●──平均化の罠、最大公約数の罠

　消費者を全体として見ることには、さまざまな罠が待ち受けている。ここでは「平均化の罠」と「最大公約数の罠」について述べておこう。
「平均化の罠」とは、顧客の行動、あるいは営業の結果、マーケットの動向などを平均値で見てしまうと、誤った判断や事実認識に至ってしまうことがある

ことを示唆した言葉である。

　あるレストランの例で考えてみよう。このレストランはビジネス街の近くにあり、サラリーマンやOLたちでいつも混んでいる。しかし、オーナーは客の平均単価を上げて収益を伸ばしたいとの考えから、従来のメニューの見直しを行い、新しいメニューの導入に踏み切った。もっとたくさん食べてもらおう、もっと値段の高いものを食べてもらおうと考え、お酒のおつまみを充実させる、ステーキのランクを1ランク上げる、デザートを充実させる、サラダ類を充実させる、といったメニュー改革を行った。新メニューはどれも評判がよく、それまでも常時満員だった店はときに行列ができるほど盛況となった。

　ところが、1か月ほどして出てきた営業結果を見たオーナーは、思わず首をかしげた。新メニューによって店は流行っているのに、顧客の平均単価は以前より下がっているという結果が出たのである。平均単価を上げようとしてメニューの数を増やしたり、高額の料理を入れるなどの施策を打ったにもかかわらず、なぜ平均単価は下がってしまったのか。その原因を探るべく顧客のオーダーの中身を細かく見てみると、いろいろなことがわかってきた。

　このレストランでは夜8時以降の客層は、サラリーマンの集団、若いOL集団、そしてカップルの3種類に分けられる。そのセグメントごとに1人当たりの平均単価を見ると、まず男性同士で来るサラリーマンたちの単価は、新メニューになって以前よりずっと上がっている。お酒のおつまみを充実させたので、つまみも頼むしお酒もたくさん飲むようになった。加えて、ボリュームのある食事を好んで食べる男性客にとっては、アップグレードした美味しいステーキが好評で、単価が上がっていた。一方、女性同士で来る若いOLたちも、従来は軽い食事だけというのが主流だったが、サラダも頼むしデザートも頼むのでこちらも単価は上がっている。にもかかわらず、全体の客単価が下がってしまったのはなぜだろうか。

　実は、夜の男性客と女性客は、1人当たりの平均単価にもともと大きな差があった。男性客の単価は女性客の1.5倍ほど高かったのである。つまり、男性客2人と女性客3人でほぼ同じ売上げになるというわけだ。そのことを頭に置いて、もう一度メニュー改革後のレストランを見てみると、新しいメニューはどれも好評だったが、そのなかでも特に大当たりしたのがサラダとデザートで、

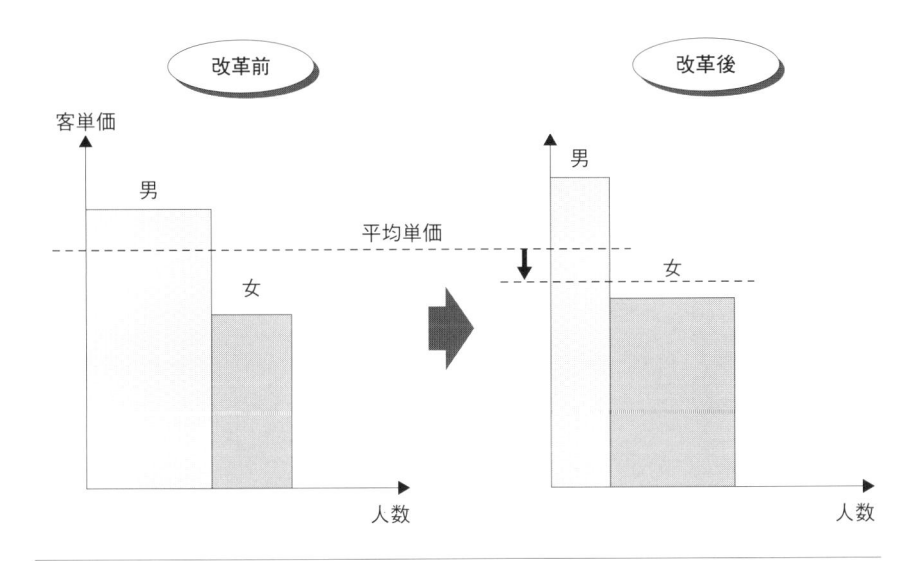

図表 3-1 レストランのメニュー改革の失敗例

　それらを目当てに女性客がどっと増えていた。もともと混んでいるレストランなので、ピーク時にはすぐに入れず外で待ってもらうことがしばしばであった。そうなると、男性客のほとんどは、席が空いていないとわかった途端にあきらめて別の店を求めてさっさと帰ってしまう。ところが女性客は、待たされるとわかっても「どうしてもここのサラダが食べたい」とか「このデザートを食べに来たのだから」と、順番が来るまで我慢強く並んで待つ。結果として、女性客比率が急に上がっていたのである。つまり、平均単価の高い男性客を逃し、平均単価の低い女性客が多くなっていたのだ。しかも、女性客のほうが男性客より滞在時間が圧倒的に長く、これらのことから全体としては顧客の平均単価が下がってしまったのである（**図表3－1参照**）。

　このような結果を受けて、レストランのオーナーが次に打った施策は、夜のメニューからサラダやデザートのメニューを減らし、そのかわりに昼のメニューで、ランチに来る女性客に喜ばれるようなサラダやデザートが充実したランチメニューをたくさん用意し、従来より高めの値段をつけたことである。この施策は成功し、昼・夜ともに顧客単価が上がった。

このレストランの例からわかるように、平均値だけを見ていると、その数字自体はもちろん嘘ではないのだが、その数字の奥にある、いったい何が起こっているのかという実態が見えなくなってしまう。これが「平均化の罠」である。このレストランはセグメントごとにきちんと実態を把握することによって、平均化の罠に陥りそうになるのを回避できたという例である。

もう1つの「最大公約数の罠」とは、消費者や市場全体に対して、これを1つの全体として見てアプローチする「マス・アプローチ」において陥りやすい罠である。「マス・アプローチ」では、商品開発においてプロモーションを考える際も、つねにどんな人にもある程度受け入れられるためにはどうしたらいいかを考えて施策を立案していく。つまり、最大公約数を追求するのである。

ところが、実際の顧客や市場は、何が欲しいのかとかといった好み、何にいくらお金を使いたいのかといった価値観、何かを選択するときの優先順位のつけ方など、人それぞれバラバラである。たとえば、Aさんは洋服を選ぶときにファッション性を重視するが、Bさんはファッション性より機能性が第一と考えている。このようなバラバラな嗜好に対して、どちらにも受け入れられるようなもの、つまりファッション性もそこそこで機能性もそこそこというものを出すのが最大公約数のアプローチである。これは一見、ファッション性を重視する顧客も機能性を重視する顧客も両方取り込めるような気がするが、現実には競争相手が非常に特徴のあるものを出してくると、どちらも失うことにもなりかねない。「二兎追う者は一兎も得ず、」これが「最大公約数の罠」である。

セグメンテーションという考え方は、「平均化の罠」や「最大公約数の罠」からビジネスあるいは製品を護っていくためのアプローチともいえる。

● ── 携帯電話のセグメンテーション：香港と韓国の事例とともに

セグメンテーションによって市場を細かく見ていく具体的な例として、香港の携帯電話サービスの例を紹介しよう。

図表3−2の2つのサービスは、1つの会社が提供するサービスで、まったく同じネットワーク（電話網）を使ったサービスなのだが、ターゲットがまったく違うため2つのブランドに分けられている。1010のターゲット・セグメントは、25歳から40歳くらいのビジネスマンで、One2Freeはもっと低年齢のティ

図表 3-2　香港の携帯電話会社のセグメント別サービスの例

	ビジネスブランド：1010	ライフスタイルブランド：One2Free
ターゲット	25歳～40歳のビジネスマン	15歳～25歳の若者
料金体系	利用時間とサービスレベルによるシンプルなプラン ●120分、200分プラン 　ーメッセージ書取、国際ローミング等 ●300分、500分プラン 　ー＋ボイスメール、キャッチホン ●1010分プラン 　ー＋発信者通知、転送サービス、無料端末	ライフスタイルに合わせた様々な割引プラン ●レジャープラン：オフピークユーザー向け ●折り返しプラン：ポケベルユーザー向け ●ゾーンプラン：居住地利用中心ユーザー向け ●コールサークルプラン：グループ内で利用時間をシェアできるプラン
コールセンターサービス	最高レベル ●24時間対応 ●コンシェルジュ・サービス等	中レベル
チャネル	ビジネスエリアのVIPブース付き店舗	大学生協などのコーナー
キャッチ	「時は金なり」	「どんなライフスタイルにも合う携帯サービス」

ーンエイジャーから大学生ぐらいの若者をターゲットとしたブランドとなっている。両者は別ブランドであるばかりでなく、料金体系も異なり、コールセンターなどサービスレベルも異にしている。また、販売チャネルも違う。

　1つのサービスをこのようにまったく違う2つのブランドに分けるのは、それぞれのターゲットのニーズが違うからである。ビジネスマン向けのサービスでは、使いやすさを追求すべく留守電サービス、転送サービス、ボイスメールなど多様なサービスが用意され、さらに「時は金なり」のユーザーなので、故障や不具合でコールセンターに電話しても待たされることなく迅速な対応をしてくれるようになっている。一方、若者たちはサービスよりも料金が安いことを好むので、サービスは基本的なものに絞り料金を抑えている。もともと「1つのサービス体系＆1つのブランド」で売っていたものを、2つのブランドに分けサービスの中身に変化をつけたことで、どちらも飛躍的に伸びて成功した例である。

　さらにもう1つ携帯電話で韓国の例を紹介しよう。韓国の携帯電話業界では、いま1社がたくさんのブランドを展開するという状況を呈している。

日本では現在、NTTドコモ、ボーダフォン、KDDI、ツーカーの4社が、1社1ブランドを展開するのみとなっている。ところが、韓国では**図表3－3**のように、3社の携帯電話会社がそれぞれ4つ程度のブランドを出している。このような展開を最初に仕掛けたのはSKテレコムのTTLであった。

　TTLの登場には面白いエピソードがある。最初のテレビコマーシャルでTTLは、まったく無名の若い女性タレントを起用して、意図的に携帯電話そのものもSKテレコムという社名も一切出さない非常に抽象的なイメージコマーシャルを流した。海のなかで女性が踊るシーンや、女性のまわりの壁がさまざまな色に変化していくといった幻想的で抽象的なイメージを流し、最後に一言「私は20歳、TTL」とだけ女性の声が入るというものであった。いくつかのパターンの同様のコマーシャルを、2～3か月延々と流し続けた。見ている人は何のコマーシャルかわからないのだが、韓国国民のなかで特に若い女性の間では、「TTLっていったい何だろう」という話題が出始めたそのとき、「新しい携帯電話サービス、TTL」という今度はきわめてストレートなメッセージのテレビコマーシャルを打って一気に認知を広めた。

図表 3-3　韓国における携帯電話のブランド

		SKテレコム		KTF		LGテレコム	
ティーンエイジャー		ting	"ting しよう"	Bigi	"ティーンエイジャー専用"	Holeman	"ティーンエイジャーの友達"
18～24歳		TTL	"20代の生活" "大好きな時間"	Na	"私だけ"	why be normal?	"Why be normal"
ビジネスマン		UTO	"UTOでオフィスへ"	Main	"あなたがメインービジネスマンのライフパートナー"	SUPER CLASS	"成功するために"
大人の女性		CARA	"あなたと結婚したい"	DRAMA	"女性のためのプレミアムサービス"	I-woman	"ミセスのためにカスタマイズ"

TTLはブランドだけではなく、端末も専用端末を出し、料金プランも別個に策定されている。加えて、さまざまな付加サービスを含めた、いわゆる利用者クラブを立ち上げ、ある有名美容院で特殊なトリートメントを受けられるとか、人気のレストランでの割引サービスがあるとか、韓国で流行っている「プチ整形」の割引サービスなどの特典をつけ、若い女性にターゲットを絞ったマーケティング戦略を展開して大成功を収めている。まさにセグメントを絞ったことにより大当たりした例である。

　そのうち、ライバルのKTFやLGテレコムも同じように複数のブランド展開をするようになった。すると今度はKTFが、少し上の年齢層の女性向けの「DRAMA」というブランドを出して対抗し、化粧品のコンパクトのような形状の携帯端末を出すなどのユニークなサービスにより非常に受けた。その後も各社が多くのブランドを出し、セグメントを切り分けて特定のセグメントにどんどん遡及していくというやり方を次々と展開していった。ユーザーからすると、「これは自分にピッタリだな」と思うようなものが出てくるので、携帯選びに楽しみが増え市場にも活気が増していった。

2……セグメント・ワン

●──VIPサービスを多くの人に

　さて、このセグメンテーションをとことん突き詰め、「あなた1人のためのサービス・商品」というところまでカスタマイズするのが「セグメント・ワン」戦略である。

　「セグメント・ワン」はBCGが1980年代末に唱えたコンセプトだが、この種のサービス自体は実はもう昔からあるものである。たとえば日本でも古くからある高級料亭では、常連の上客になってくると店に入るや大将が「○○さん、いらっしゃい！」とまず名前を覚えていて声をかけてくれる。その人の好みはもちろん、過去にどんな連れの方と一緒に来たか、どんな服装で来たかなどまで、きっちり覚えていて愛想を言ってくれる。しかし、実際にはこのような言わば

VIPサービスを受けられるのはごく限られた客だけである。お店のほうからすれば、すべての人にVIPサービスを行おうとしたら、たいへんなコストを覚悟しなければならず事実上不可能である。

しかし逆転の発想で、もしこのVIPサービスを多くの人に非常に効率的に安く展開することができれば、製品もサービスももっと売れるようになるのではないか、それが「セグメント・ワン」のそもそもの発想である。

図表3－4は従来のマーケティングとセグメント・ワンの違いを概念的に説明したものである。縦軸に「効果」と「コスト」をとってあり、上に行けば行くほど効果がある、ないしはコストがかかることを示している。横軸には「個別ニーズの充足」度合いをとってあり、左に行けば行くほど画一的商品・サービスの提供を意味し、右に行けば行くほど個々のニーズを満たす商品・サービスということになる。

従来のマーケティング手法は、顧客に個別の商品なりサービスなりを提供していけば、当然効果が上がるが、その上がり方はせいぜい線形で上がる程度だと考えられていた。それに対して、個別ニーズを充足するために要する生産コ

図表3-4　セグメント・ワン戦略のコンセプト

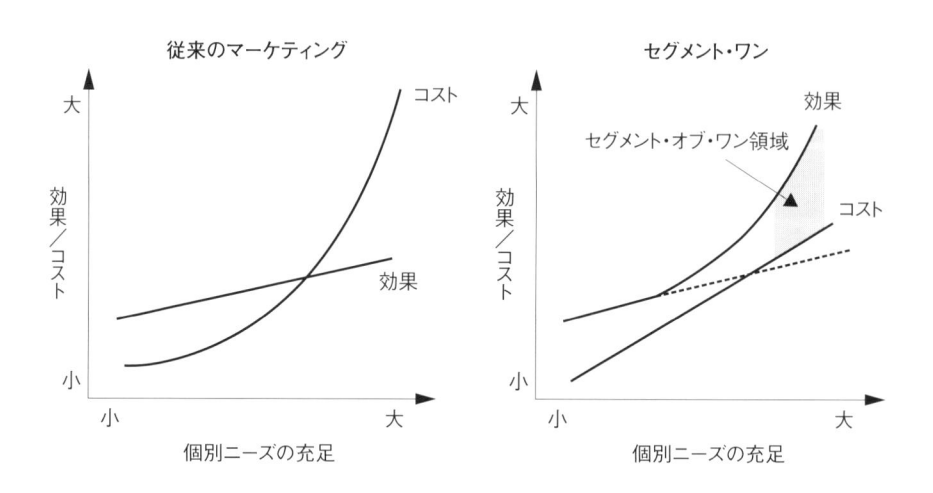

ストやマーケティング・コストは幾何級数的に増加すると考えられていた。たとえて言えば、個々人に異なるテレビをオーダーメイドで生産するコストや、通信販売用に1人ひとり異なるカタログを発行するといったことが、従来の技術ではきわめて高くついたのである。その結果、個別ニーズを満たそうとすればするほど、企業としては経済性が合わなくなると考えられていた。

　これに対し、セグメント・ワン戦略はまったく異なる発想から成り立っている。まずコストだが、従来技術のままでは確かに個別ニーズを満たそうとすればするほど高くなるが、ITの進歩により、以前ほど急カーブでは上がらなくなってきている。生産コスト面では、CAD／CAMの採用やFMSの進歩によるところが大きい。一方、マーケティング面でも、個々の顧客別に異なったDMを用意したり、カタログを1人ひとり別々に製作するコストもそれほど割高にならなくなってきている。

　次に効果だが、これもさまざまな試行錯誤の結果、従来想定されていたカーブとはかなり異なる上昇カーブを描くことが明らかになりつつある。個別ニーズを充足していった場合、顧客が個別ニーズを十分に満たされたと感じれば、その効果は実現価格の向上、ブランド・ロイヤリティの形成等のかたちをとって幾何級数的に増大することが判明した。こうした結果から、個別ニーズの充足を目指すと、事業としては採算のとれない状態に陥るといった従来の常識が崩れ、工夫次第で効果がコストを上回る領域が出現するという新たなルールが発見されたのである。

● ──セグメント・ワンと競争優位

　このように大きな追加コストをかけず、顧客1人ひとりに個別の製品やサービスを提供することで、競争優位を確立しようとするのがセグメント・ワン戦略である。従来のマーケティングと大きく異なるのが、顧客との接点をきわめて重視したうえで、そこにおける顧客の満足度を最大にする方法を工夫する点である。

　その際、単に個別ニーズの充足をはかっていくだけでは成功せず、その効果が上がるような仕組み、仕掛けが必要となることは言うまでもない。

　顧客との接点で、個別ニーズを充足する方法には2通りある。1つの方法は、

販売前にあらかじめ顧客の情報を収集しておいて、販売時点で顧客ニーズに合った最適のものを最適の方法で提供するやり方である。もう1つの方法は、販売時点で顧客のニーズを把握したうえで後から製品・サービスを提供するやり方である。ただし、この場合は直ちにレスポンスすることが重要で、あまり間を置くと顧客満足度が大きく下がってしまう。

　販売時点で個別ニーズを効果的に充足するためには、単にハイタッチなサービスを行うだけでなく、個別ニーズを属性・購買履歴などの情報に事前に加工して、顧客データベースに蓄えておく必要がある。

　一般の家電量販店がどちらかと言えばアフターサービスを面倒な業務としてとらえ、メーカー保証を中心とした待ちの体制に終始しているのに対し、現在もセグメント・ワン志向で成長しているエディオンの前身ダイイチではアフターサービスを営業戦略の一環として位置づけ、迅速でキメの細かいサービスに徹して成功した。

　アフターサービス専門の巡回車を、広島県を中心とした販売地域内にくまなく巡回させ、顧客から修理依頼の連絡が入ると直ちに駆けつける体制を敷いた。その迅速さは、「パトカーよりも早く駆けつけるダイイチ」と異名をとるほどであった。また、製品の保証期間は、通常、メーカーがつける1年間保証をそのまま適用したが、同社は独自にその期間を延長して3年間保証をつけていた。さらには、暖房器具を出す季節になると、「そろそろ暖房器具の点検をなさっておいたほうがいいですよ」と呼びかけ、要望があれば器具の診断サービスを行ってきた。冬場であれば夏に使用する電化製品、夏になれば冬物の電化製品の保管サービスなども行うといったキメ細かさだった。同社は、アフターサービスこそ、顧客とのコミュニケーションを行う好機ととらえ、積極的なアプローチをしてきたのである。

　同社のアフターサービスに対する考え方には、もう1つ特徴があった。それは、顧客情報収集の絶好の機会ととらえてきたことだ。電話フォローの際に収集した顧客情報や、アフターサービスのために訪問したサービスマンが把握してきた顧客の住宅事情や家族状況を、販売見込み情報としてデータベース化した。こうして得た新鮮な顧客情報を基に、個別対応のマーケティングを展開し、その結果、DM等のレスポンス率もきわめて高くなった。具体的には当時の一

般家電量販店に比べてストア・ロイヤルティでは約25％高く、DMのレスポンス率は他社の1％程度に対して8〜9％という高い数字を実現したのである。さらに実現価格も5〜10％高いといわれていた。

　実際のアフターフォローで目を引いたのは、商品を売ってから11か月目に顧客に入れる電話である。なぜ11か月目であったかというと、メーカー保証期間が1年なので、保証期間が切れる直前に電話を入れて「お買い上げいただいたエアコンの具合はいかがですか。いまなら1年以内ですのでメーカーで無料の修理を受けられます。調べてみてはいかがでしょう」とアドバイスするのである。このような電話を受けた顧客は親切なサービスに感動し、ダイイチへのロイヤリティを高めたというわけだ。

　セグメント・ワン戦略は、単に物欲を満たすだけでなく、それを所有することそのものが自我欲求の充足や自己実現につながるような商品を提供したり、その商品ないしサービスを提供する時点で、個人の自我を満足させるようなデリバリーを行うところに特徴がある。

　当然ながら、顧客の支払う単価も単なる物欲を満たす場合に比べて高いものとなるケースも出てくるが、顧客は充足感や満足感といった付加価値に納得してお金を払う。そうなれば、企業側もある程度のコストをかけて、個別ニーズの充足を計るだけの価値があることになるし、競争相手に対する有効な差別化要因を打ち出すことができるようになる。

● ── 誕生の経緯

　一見何の脈絡もないコンセプトの組み合わせからブレークスルーが生まれることは多いが、セグメント・ワンも例外ではなく、「情報システム」と「サービス」という、以前は無関係だと考えられていた要素のダイナミックな組み合わせから生まれた。顧客1人ひとりの嗜好・購買行動のデータベースと、サービス内容の細部に至るまでの徹底した従業員教育、この2つを組み合わせて顧客1人ひとりにオーダーメイドのサービス・パッケージを提供する。これがセグメント・ワン戦略の基本コンセプトである。

　セグメント・ワンは顧客にとってきわめて大きい価値を持つ。今日の消費者が求めているのは自分のニーズにぴったりフィットする商品であり、必要だと

思ったらいつでもすぐにサービスしてくれることなのである。また長年にわたって自分の好みを理解し、それに応えてくれるというリレーションはきわめて大きな安心感・信頼感となる。

この手のサービスは昔からあったが、前述のように実際に享受できるのはほんの一握りの富裕層だけに限られていた。しかし今日ではITを活用して中流クラスの顧客にもVIPレベルのサービスを提供することが可能となっている。このことは、大多数の消費者が自らを中流と意識する日本市場においては、きわめて大きな意味を持っている。

セグメント・ワンを支えているのは表面からは見えない3つの要素である。

❶顧客1人ひとりについてのさまざまな情報をいつでもすぐに呼び出すことのできるデータベース・システム
❷パーソナル・サービスのための綿密な従業員教育
❸顧客1人ひとりとのコミュニケーション・プログラムへの取り組み

セグメント・ワン理論の誕生までの経緯は、まさにこれらの条件がITの発達とともに整えられてきた経緯にほかならない。

第1の要素である顧客行動追跡システムは、コンピュータ等の情報システムの機能向上と価格低下によって可能となった。そればかりかいまや情報システムの適用可能範囲は急速に拡大しつつあり、むしろそれを活用する側の発想の貧因さがネックになっているほどだ。「いつ」「だれが」「どこで」「どのブランドを」「どれだけ」の量購入したかという情報や、だれがどのブランドにスイッチしたのかといった情報を企業が直接把握することができる時代が、すでにきている。

第2の要素は、情報システムを活用して個々の顧客にぴったりフィットする商品やパーソナルなサービスを提供する仕組みだ。これにはコンピュータが直接提供する場合と、システムを活用しながら従業員が提供する場合がある。

システムと顧客の間に従業員が介在する場合には、従業員とシステムがうまく噛み合って働くことが成功のカギとなる。そのためにはだれでも使いこなせるように情報システムを設計し、サービス内容を詳細に規定しておくこと、つ

まり従業員まで含んだトータルシステムのデザインが重要になる。

　第3の要素、パーソナル・コミュニケーションはこのような詳細な購買行動情報とリレーション重視のサービスのうえに成り立つ。

　情報過多といわれる今日、ダイレクトメールが効かなくなったという声をしばしば耳にする。しかし、セグメント・ワン戦略で親密なリレーションを築いていればそのダイレクトメールでさえも強力なツールとなりうる。

　BCGが初めて「セグメント・ワン」戦略を提唱した80年代後半には、まだインターネットは存在しなかった。その後のインターネットやコンピュータによる新たなマーケティング手法の出現を思えば、データベースやダイレクトメール・システム等はセグメント・ワン戦略の第1ステップにすぎない。重要なのはどのような価値をどうやって顧客に提供するのかを徹底的に再検討し、サービスと情報システムを中心にした全社的なインフラストラクチャーをいかに再構築するかである。

　インフラストラクチャー再構築にあたって出発点となるのは、現在のその企業の強みは一体何なのか、という問いである。そして常にカギになるのはサービスと情報システムの融合である。さまざまな業界で生産レベルでの規模の経済が崩壊しつつ、セグメント・ワン戦略が従来の競争ルールをまったく書き換えてしまうほどの大きなインパクトを持つことはだれの目にも明らかである。

3……セグメント・ワンの事例

　次章「バリュー・チェーン：デコンストラクション」で詳述するが、アマゾン・ドットコムに代表される「パーソナル・エージェント」と呼ばれるeコマースの申し子たちは、まさにセグメント・ワンの進化形である。彼らはインターネットに代表される新しいITを駆使しながら個々の顧客へのカスタマイズしたサービスと、経済性を両立させ、顧客の妥協を打破するビジネスモデルを構築した。

　一方、いわゆるIT革命以前からセグメント・ワンを取り入れ、独自の戦い方を創り上げてきた企業もあった。ここではまず、セグメント・ワンのさきが

けともいうべき彼らの取り組みに焦点を当てて、その歴史をひもといてみよう。

◉──アメリカン航空「セーバー」～1席単位の販売戦略

　最初に紹介するのは、1960年代初頭にIBMとともに世界初のCRS（Computer Reservation System：コンピュータ予約システム）「セーバー」を実用化したアメリカン航空の例である。CRSというのは、航空会社のホスト・コンピュータと支店・営業所、旅行代理店などに設置した端末装置を通信回線で結び、旅客の座席を予約・発券するシステムの総称で、62年にアメリカン航空がセーバーを開発し、76年に旅行代理店に設置して以来、急激に世界に広がった。

　アメリカにおける航空券販売は、60年代では航空会社各支店での直接販売がほとんどであり、70年代に入ると旅行代理店での大量販売が主流であったが、セーバーがCRSの普及に火をつけ、航空券販売は電話と人海戦術から一変し、これが契機となってアメリカン航空は世界第2位の航空会社へと成長していったのである。

　同社は、セーバーを活用して、一部路線で個人座席の販売を1席単位で行うという施策を実施した。座席の販売価格は、便の座席占有率、出発までの時間、競合他社の価格などによって、時々刻々変化する。そこで、非常に混んでいる便では価格を高いままに維持するが、出発2日前にまだ空席が多ければ価格を思い切って半額にするといった施策を打ち出したのである。

　こうしたマーケティング政策が可能となるためには、単に空席状況がコンピュータ上でわかるだけでは不十分であり、まず個人乗客の購買行動の理解が必須である。たとえば、どの顧客がどれだけの運賃を払ってくれるのか、あるいはどのタイミングなら価格にプレミアムを払ってくれるのか、それとも逆にディスカウントしないといけないのか等のデータが必要となる。次に顧客がこれらの情報をタイムリーに知るためのアクセスが必要となる。幸いにアメリカン航空の場合は予約システムとしてコンピュータ端末が全米の旅行代理店や大手企業にくまなく配置されており、これを活用することができた。

　個々人に異なる運賃（価格）を提供するのは、ともすれば顧客に不公平感ばかりが募り、逆効果になる懸念がある。それにもかかわらず同社が成功を収めたのは、顧客の購買行動を十分理解したうえで、商品提供を行っていることの

証であろう。

　さらに、こうした販売政策が、アメリカン航空の収益最大化につながらなければ意味がなく、そのための収益シミュレーションも即座にできるようになっていた。

　アメリカン航空の事例では、需給状況を消費者の行動パターンに即して価格を柔軟に変えていくというものであった。ここでは製品やサービス内容自体をカスタマイズしていったり、固有名詞レベルでの顧客属性とマッチングを図るといった試みはいまだ見られない。しかし、経済性の軸を通しながら価格設定をセグメント・ワンのレベルに落とし込んだという意味で嚆矢的位置づけとなるものであろう。

●──パナソニック・オーダー・システム～自分だけの自転車

　次に取り上げるのは87年に発売された、松下電器産業（以下松下）のオーダーメイド自転車の例である。

　成熟産業である自転車産業のなかで唯一の成長分野がスポーツサイクルであった。しかし、スポーツサイクルは粗利の多い高価格製品ではあったが、自分らしい走りを追求したい、自分の身体にフィットした心地よいものが欲しいという顧客ニーズに加え、ファッション性が高い商品であるために在庫のリスクが大きく、各社とも思い切った拡大策をとれずにいた。

　そこで松下が、スポーツサイクル分野でファッション性を維持しつつ在庫リスクをなくすためにとった戦略が、パナソニック・オーダー・システム（POS）と呼ばれる自転車のオーダーシステムであった。このシステムの特徴は、顧客が自分の好みに合ったオーダーメイドの自転車を注文してから2週間で手に入れることができるところにあった。しかも、価格は通常の定番商品に比べてせいぜい2～3割しか高くなかった。

　ただし、完全なオーダーメイドではなく、あらかじめ設けられた基本車種（販売開始時は18種類）のなかから好きな色（当初70パターン）を選ぶ仕組みと、自分の身体に合わせたフレームをオーダーできる仕組みのコンビネーションで成り立っていた。しかし、販売開始時点ですでに9万通りの組み合わせが可能であり、「ひとりひとりにフィット＆オリジナル」のキャッチフレーズ通り、

顧客にとって自分と同じ自転車はほとんどないといえた（その後、1200万通りまで選択の幅が広がった）。

このシステムが実現するためのカギは2つあった。1つはオーダーの方式であり、もう1つは生産方式である。

顧客はこのオーダーメイド自転車を、自転車販売店を通じて購入するのだが、その際、自転車店にはカラーサンプルとフィッティング・スケールが置かれており、カラーサンプルで色のパターンのイメージをつかみ、フィッティング・スケールに跨りながら自分の身体並びに好みに合わせたフレームの長さやハンドルの突き出しを決められるようになっていた。それらのパーツの長さは1センチ単位で変更可能であった。

ここで重要なことは、顧客が、自転車店の専門家にコンサルティングを受けながら、自分の好みの自転車像を一緒につくり上げていくプロセスをとることにある。このことを通じて顧客は、自転車を通じた自己実現を図ると同時に、自転車店からきわめて大事に扱われているという大きな満足を得たのである。

一方、生産も注文を受けてから2週間以内で納品し、かつコストの上昇を最小限に抑えるためには、従来の生産方式ではとうてい実現不可能であった。そこで松下は、新たな投資により一貫生産ラインを持つ新工場を建設し、CAD／CAMを採用したのであった。さらに、注文方法についても従来の代理店経由では時間がかかるため、自転車店にファックスを設置して工場の直接注文が入るようにした。

この結果、松下のPOSが大成功を収めることとなる。この戦略の最大の特徴は、商品自体をセグメント・ワンで提供している点である。すなわち、顧客1人ひとりの選好に合わせて商品スペックを変えている一方で、開発・生産・流通プロセスを全体として見直すことによって大幅なコストアップを避けたのである。

● ── イヴ・ロッシュのIDカード〜誕生日にバラの花が届くわけ

いまでは、どの化粧品会社も、顧客特性に合わせた商品提案や付加価値サービスを行うようなったが、そのさきがけとなったのが、フランスの化粧品メーカー、イヴ・ロッシュである。イヴ・ロッシュでは、顧客1人ひとりにIDカ

ードと呼ばれる番号入りの身分証明書のようなカードを発行した。顧客がIDカードを持って店頭に来るか電話をかけてくると、店員はまずカードの番号を聞いて、それを端末に打ち込む。すると、画面上にはその顧客がいつ何をどれだけ購入したかの購買記録が即座に現れる。

　店員はそれを見ながら、前回に購入した化粧品の使い心地をたずねたり、その顧客が興味を持ちそうな新製品を紹介し、購入を勧めたりする。顧客から見れば、自分の過去の購入品まで覚えてくれているうえに、それに関連した話題や商品を紹介してくれるという意識が生まれ、メーカーに対するロイヤルティが高まることになった。

　さらに、顧客の誕生日には1本のバラの花が届けられた。少し考えれば情報システムがよくできていて、勝手に送りつけているのは明らかで、そのような理解の仕方もできるのだが、人間というものは自分に都合よく解釈するものである。バラを受け取った顧客はイヴ・ロッシュが自分のことをこんなにも大切に扱ってくれていると、企業にとってはたいへんありがたい勘違いをしてくれる。その結果、次回もまたイヴ・ロッシュで購入しようかということになるわけである。

　さらに徹底したサービスとして、新しいオーダーを受けるたびに必ず小さなギフトをつけたが、これがそのときに買った商品に対してではなく、過去に購入した商品のなかから最適のものが選ばれるようになっていた。たとえば、今回は口紅しか購入しなかったとしても、過去にクリームを購入していれば、クリームのケースを贈るといったことをするのである。顧客にしてみれば、そんな過去のことまで記憶してくれていることに対して感謝の念を持つと同時に、常連意識をくすぐられるのである。

　イブ・ロッシュのケースでは、顧客の購買履歴をベースにしたプッシュ営業がセグメント・ワンで行われている。さらに、バラのプレゼントにより、セグメント・ワン戦略の対象は、商品自体の提供・購買の枠を超え、購買後の使用プロセスにまで拡大し、顧客の囲い込みが試みられている。

● ── 自動車保険のダイナミック・プライシング

　最後に、現在進行中の例として、顧客1人ひとりへのアプローチによって、

新たなプライシング戦略を導入しようとしている自動車保険会社の例を紹介しよう。

保険料を決定する大きな要素に、事故リスクがある。事故リスクは簡単には計算できないため、被保険者の年齢が低くなるとリスクが高くなるといった仮定のもとに計算されている。たしかに、平均値で見れば若いドライバーほどスピードを出しがちでリスクが高い。しかし、個別に見れば安全運転の若いドライバーもいれば、ハイリスクの高齢者もいる。結果、現在の評価基準では、安全運転のドライバーが乱暴な運転のドライバーの保険料を肩代わりするかたちで平準化がなされている。もし、個々のドライバーの運転状況をリアルタイムで入手できたら、運転年数、車種、年齢などの属性情報を超えて、ドライバー個別のリスク特性を反映した、ダイナミックなプライシングが可能となるはずである。

アメリカの大手保険会社、プログレッシブ・カジュアルティ・インシュアランスは、GPSと無線技術を利用した技術により、自動的に、いつ、どこで、どれくらい、それぞれの顧客の車が運転されているかという運転情報をリアルタイムで処理し、この情報を反映した保険料のプライシングを1998年からダラスで実験している。請求期間ごとに、同社は各顧客に実際の運転情報に基づいた保険料を請求する。

実験の結果から、この新しいプライシングのインパクトはかなり大きいものであることがわかった。顧客のリスクとそれに伴う保険料支出の可能性を、従来よりも手堅く把握することができ、保険料も全米平均より25〜50％も低減できる見通しである。

こうして顧客のリスクを個別に見ると、安全運転の人は保険料ダウンが期待できるが、リスクの高いドライバーは逆に保険料が上がり、保険を解約してしまうかもしれないと考えられる。しかし、実はこれが保険会社の収益性アップに貢献するのだ。なぜなら、安全運転の人には実際のコストより多少高めの保険料を設定しても、現状価格よりも大幅に低いプライシングができ、それによって絶対数を多く集められれば、保険会社の相対的な利幅は高くなると考えられるからだ。

4……ワン・トゥ・ワン・マーケティング、CRMとの関係

●──セグメント・ワンの可能性とIT

　BCGが「セグメント・ワン」戦略を提唱したのは1980年代末であったが、残念ながらこのコンセプトは、当時はあまり流行らなかった。ところが、その後これとまったく同じような「ワン・トゥ・ワン・マーケティング」というコンセプトが打ち出され、こちらは多くの企業の関心を引いた。「ワン・トゥ・ワン・マーケティング」を受けて次に出てきたのは、「CRM：Customer Relationship Management」という概念である。これら一連の流れを追いながら、それぞれの特徴を明らかにしておきたい。

　「セグメント・ワン」が広く受け入れられなかった背景には、この戦略の実行にはコストがかかるという大きな課題があった。1人ひとりのケアをするために対応を細かく分ければ分けるほど、製造においても販促、マーケティングにおいてもコストがどんどん膨らむ。製品の種類や数を揃えるためのコスト、従業員の教育のためのコスト、IT装備へのコストなど、どれをとっても大変なものである。そのため、安い商品にセグメント・ワンで対応しようとすると、コスト倒れとなりうまくいかない。

　その後、ITの進化とともに出てきたのがCRMである。CRMは、顧客に関する情報を一括して管理し、それを解析することによって個別的なアプローチを行い、長期的視点から良好な関係を築くことを目指す経営手法である。消費者を自社の顧客として囲い込み、顧客の自社に対する生涯価値を高めることで収益の上昇と競争力の強化を図ろうという考え方である。顧客を囲い込んでしまえば、たとえば化粧品であれば化粧水を売ると同時にリップスティックが売れるかもしれないし、アイシャドーも売れるかもしれない。さらにはアクセサリーも売れるかもしれない……。ならば、顧客を囲い込んでずっとその顧客と付き合っていくことによって、たくさんのものを買ってもらおうというのが狙いである。

　具体的には、年齢・性別などの属性から購買履歴、購買後のクレーム等、消

費行動に関する情報を顧客ごとに管理、解析し、反復購入の可能性、他社への乗り換えの可能性、顧客の生涯価値などの予測を立て、各顧客の特徴に合わせた商品や販売方法を提案するものだ。

もし仮に、顧客がまったく同じものしか買わなくても、ずっと買い続けてくれるようなリレーションを顧客との間に築いていけば、コマーシャルは必要なくなり、その分営業コストが安くなる。さらに、たとえば決まった化粧水しか買わない顧客に対しても、長い付き合いのなかでより高価なものを勧めるチャンスをつかむことも可能だ。

こうした顧客との関係づくりを通じて、顧客をうまく囲い込むことによって、セグメント・ワンの１つのアキレス腱であったコストの問題を解消していこうと考えたのがCRMの基本的な考え方であった。CRMは1990年代の後半に飛躍的に企業の注目を集め、インターネットの発達と相まって、メールやホームページを使って顧客を囲い込み、さまざまな顧客アプローチを展開する手法が賑わった。

◉── CRMの蹉跌

ところが、CRMブームにもかげりが見えてきた。CRMがうまくいかなくなった理由は３つあると考えられる。

❶ITの呪縛
❷競争優位の欠落
❸経済性の欠如

第１の「ITの呪縛」は、システムへの依存が招いた結果である。CRMは、顧客の属性に関するたくさんのデータをコンピュータに入力することによって、その人がいったい何が欲しいのか、どうやって売ったらいいのかを分析するシステムである。コンピュータが解決してくれるという触れ込みで、当時、システム会社や一部のコンサルティング会社がこのCRMシステムを懸命に売った。そして、CRMシステムは普及したものの、現実にはシステムがすべて解決してくれることなどありえない。CRMシステムを導入しさえすればセグメント・

ワン戦略を実行できると錯覚していた企業の現場に、混乱が広がった。

　第2の「競合優位の欠落」は、顧客のデータをいろいろ分析して「この顧客はこうなんだ」という特性を導き出したところで、その分析結果を活用して競合相手に勝たなければ意味がない。顧客データに振り回され、実際に顧客に買ってもらうために必要な、競合に対する優位性の考察がなおざりにされてしまったとしたら、それはまさにCRMの蹉跌である。よくよく考えてみれば、似たようなデータ・マイニングのソフトを入れて、似たようなシステムで分析していたら、似たような答えが出てきてしまうのは当たり前である。結果、みなが同じようなことをやり始め、単にダイレクトメールのコストがかかったり、あるいは情報システムのコストがかかったりしたことから、必ずしも競争優位の効果が出たとはいえない。

　3つ目は「経済性の欠如」。どの顧客がどれぐらい儲けさせてくれるのか、あるいはどんな施策を打つと、コストに対する収益がどれくらい大きいかという経済性への配慮がないままに次々と施策を打ったために、バランスのとれたマーケティングができなかったことである。結局、いろいろな施策をやってみたが、お金がかかっただけで効果は上がらないという結果になってしまったのだ。

　こうした理由から、CRM熱は、その後、急速に冷めていった。

　これらCRMの蹉跌は何を意味しているか。それはセグメント・ワンやワン・トゥ・ワン・マーケティングは、導入の仕方、運用方法を間違えると逆効果となってしまうということである。蹉跌を踏まないためにはどうしたらいいのか、そのためには、セグメンテーションの基本に立ち返る必要がある。セグメンテーションの効果を最大化するための指針を次項で述べる。

5……セグメンテーションによる戦略構築

●——セグメンテーションは「脱・分類」

　セグメンテーションによってマーケティング戦略を考えたり、商品開発戦略を考えるに当たり、重要なポイントは3つある。

「セグメンテーション」と単なる「分類」は異なる。セグメンテーションにおける分類は、企業の戦略と直接結びつくものでなければならない。何でもいいから縦横に二軸をとって2×2の4象限を書いて分けると、セグメンテーションをした気になってしまうケースも多いが、これは間違いの元である。「セグメンテーション」とは、「脱・分類」である。その意味は、以下の3つである。

- 実行可能性
- 経済性
- 生情報＋複眼議論

◉── 実行可能性がなければ意味がない

　戦略的セグメンテーションにおいて第1のポイントは「実行可能性」である。その意味するところはセグメンテーションが実際の行動につながるかどうかである。セグメンテーションを行ったときに、その結果から「だからどうなる」「どうすればいいのか」という行動の指針が導き出されなければならない。顧客のタイプをただ分類して、「たしかに、そう分けられるよね」と言っているのでは意味がない。企業はそこから競争優位を築くために何らかの行動を起こさなければいけない。では、セグメンテーションを実践的な行動につなげるためにはいかなる要件が必要であろうか。その要件は3つある。

❶セグメントを具体的に特定できるか？
❷セグメントに効果的にアプローチできるか？
❸アプローチしたうえでの効果的な打ち手があるか？

　最初の「セグメントを具体的に特定できるか？」とは、分類の軸が感覚的であったり抽象的であると、解釈がまちまちとなりセグメントを具体的に特定することができない。このようなあいまいさを排除せよという意味である。2番目の「セグメントに効果的にアプローチできるか？」の意味するところは、A・B・C・Dと4つのセグメントに分けたとき、Aという顧客はどこにいて、どうやったらアプローチできるのかが現実的につかめないとセグメントは意味

がないということである。3番目の「アプローチしたうえでの効果的な打ち手があるか？」は、アプローチする場合に、どのようなアクションをとったらいいのか。A・B・C・Dのうち、AさんとBさんとCさんへのアプローチはどう考えても同じ手段になってしまうのでは、セグメントを4つに分ける意味がない。

これら3つの要件をクリアしたセグメンテーションができれば、実行可能な戦略へと結びつけることができる。

たとえば、20歳代の消費者を4つのセグメントに分けたとしよう。最初の例は、軸は「先進的か保守的か」と、「都会派か田舎派か」である。この分類は一見よさそうに見えるが、実行可能性の観点に立つと、決して優れた分類とはいえない。3つの要件に照らし合わせてみると、まずセグメントを明確に特定できるという要件を満たしていない。したがって、アプローチのしようがない（図表3－5参照）。

この場合、「都会派」「田舎派」とは、都会に住んでいる人と田舎に住んでいる人というように居住地によって特定できるわけではない。その人の感性が都

図表 3-5 | 実行可能性のないセグメントの例

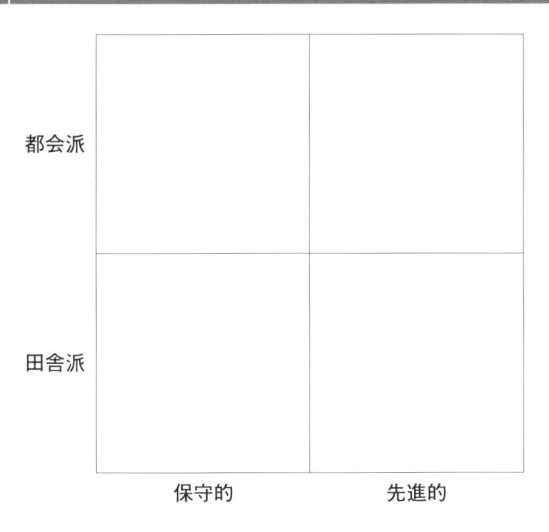

	保守的	先進的
都会派		
田舎派		

会的な感性を持っているかどうかがセグメントの境界であるとすると、これはきわめて抽象的な表現である。この種のセグメンテーションは、クリエイティブな仕事をする人に「こんなイメージのものを何か考えてほしい」とか「こんなイメージでデザインしてほしい」と伝えるときは比較的有効かもしれない。なぜなら、両軸ともに感性で切った軸だからである。感性の人に語る時は感性の枠組みが使えるが、実際に企業のマーケティング活動として組織的なアプローチをしてどんな施策を打っていくのかは、このセグメンテーションから導き出すことはできない。

もう1つの例は、ある商品の「買い替えサイクルが短いか、長いか」と、購入する際のチャネルは「価格重視（ディスカウントショップ系）か、機能重視（ブランドショップ系）か」。

これは、たとえばファッション・グッズやスポーツ・グッズあたりをイメージするとわかりやすい。この4つのセグメントで考えると、まずそれぞれのセグメントがある程度特定されるので、実際にアプローチをかけることが可能である（図表3－6参照）。

図表 3-6 | 実行可能性のあるセグメントの例

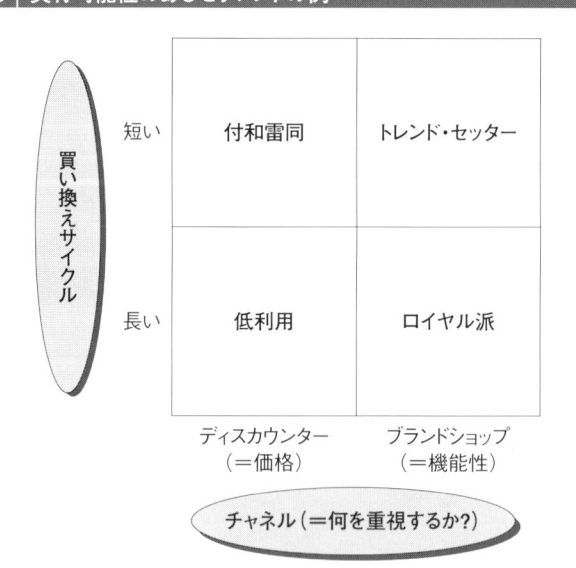

	ディスカウンター （＝価格）	ブランドショップ （＝機能性）
買い換えサイクル　短い	付和雷同	トレンド・セッター
買い換えサイクル　長い	低利用	ロイヤル派

チャネル（＝何を重視するか？）

4つのセグメントにどんな顧客が入るか。機能性重視でかつどんどん買い替える人は「トレンド・セッター」と呼ぶにふさわしい人たちである。一方、買い替えサイクルは短いがいつもディスカウントショップで買う人はおおむね「付和雷同」型で、流行っているものを安く買っていく人たちである。それから、ブランドショップで機能性を重視して買い、1回買うとしばらくは買い替えないというサイクルの長い人たちは「ロイヤル派」である。また、ディスカウントショップで安いもの（たとえば靴）を買うが、1回買うとつぶれるまで履き続ける人は、そもそもあまりこだわりを持っていない「低利用」の人たちである。先ほどのマトリックスに対して、こちらの場合はどんな人かが具体的にイメージできる。このように特定された人たちへのアプローチを考えるとき、チャネルが異なれば媒体の種類、買い替えサイクルが異なれば媒体露出の頻度をコントロールすることができる。

　また、実際のアクションも変わってくる。「トレンド・セッター」へのアプローチなら、「新しい商品が出て、これが新しいトレンドだ」と訴えればいい。一方、「付和雷同」の人には、「いま流行っているのを安く買える」ことをアピールすればいい。さらに「ロイヤル派」は、ブランドが好きで長く大事に使う人なので、同じブランドでほかのものも買わせるように、「次に買うときは、こちらも」と案内してみればいい。最後の「低利用」の人たちは、セグメントとして相手にしないと決めてしまうこともできる。このように、最終的な行動につなげられるのが、実践的なセグメンテーションといえる。

◉──セグメンテーション戦略における経済性のメカニズム

　セグメンテーションによる戦略立案上の2つ目のポイントは経済性である。セグメンテーションを行ったときに、そのセグメントごとの経済性がどのようなバランスになっているかを見ながら戦略を立案をしなければならない。

●利益の視点

　ある金融サービスの例では、金融商品を購入するときに、自分で判断して買う「自己判断派」、だれかに相談して買う「相談派」、みんなが買っているから自分も買うという「付和雷同派」について人数を調査したところ、実は「付和

雷同派」が圧倒的に多く、「自己判断派」は少ないことがわかった。次に対象資産、すなわちどれぐらい資産を持っているのかで見ると、人数の分布は「付和雷同派」が大幅に減っていることがわかった（**図表3－7参照**）。

これらのセグメンテーションから、最終的に、金融商品を買ってもらって最も儲かるのは、「相談派」である。

一方、「付和雷同派」は人数は多いが、決して儲かるセグメントではない。しかし現実には、人数が多いのでこの人たちのニーズが強く出てくることがしばしばある。それに従って、この人たちにサービスを過剰に行ったり、このターゲットを中心とした営業方針をとると、結局、コストだけかかって儲からない。これも、冒頭で述べた「平均化の罠」と「最大公約数の罠」に陥ったことになる。

セグメンテーションにおいては、このように経済性を見誤ると、誤った投資をすることになるので注意が必要である。経済性をきちんと把握して、しかるべきセグメントにフォーカスした戦略が求められる。

図表 3-7　金融サービスXのユーザー構成比

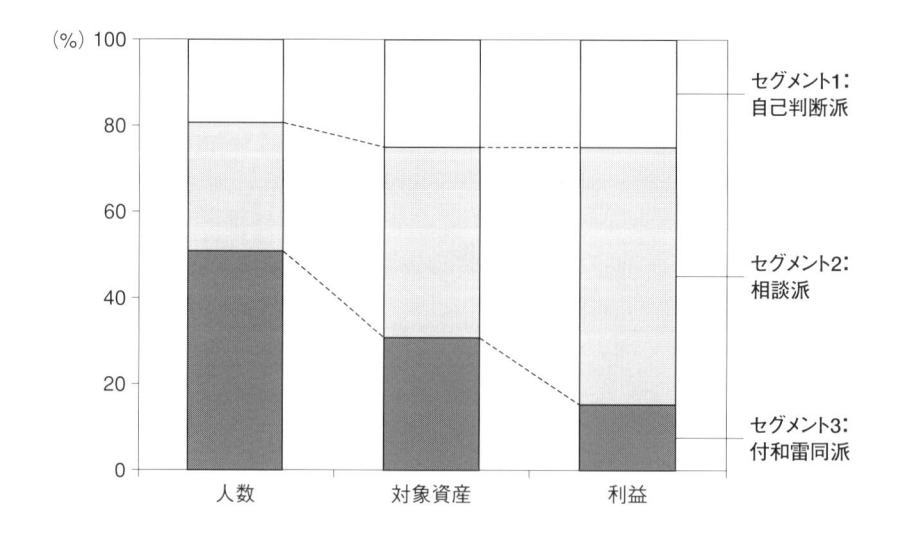

セグメント1：自己判断派
セグメント2：相談派
セグメント3：付和雷同派

（横軸：人数、対象資産、利益）

●コストの視点

経済性のポイントでは、利益とともにコストも見なければならない。コストがどれぐらいかかるかはセグメントによって違ってくる。

アメリカの通信サービス、いわゆる固定電話のサービスの例を紹介しよう。

ここでは「一般顧客」すなわち普通の家庭、「プロフェッショナル」すなわち大口の一般顧客、「小企業」、「中堅企業」という4つのセグメントに分けている。この4つのセグメント顧客にどうやって自社の会社を使ってもらうかは、経済性の異なるセグメントごとの異なったアプローチが考えられる（図表3-8参照）。

「一般顧客」の場合、マス広告とインバウンド・テレマーケティング（問い合わせや苦情など、顧客の方から電話をかけてきた際に商品説明や売り込みを行う）が中心となる。こちらから電話をかけて売り込みを行うアウトバウンド・テレマーケティングは、効果が高いが、1軒あたりの収入が少なく圧倒的に数が多い「一般顧客」にはコスト倒れになり、経済性が合わない。

「一般顧客」よりも1軒当たりの収入が相当大きい「プロフェッショナル」と

図表3-8　アメリカの通信サービスにおけるセグメント別アプローチ

	一般顧客	プロフェッショナル（大口一般顧客）	小企業	中堅企業
アプローチ	マス広告 ↓ インバウンド・テレマーケティング ↓ アウトバウンド・テレマーケティング ↓ 購入申し込みのフォローアップ・メール ↓ フォローアップ・メール	購入を呼びかけるDM ↓ インバウンド・テレマーケティング ↓ 購入申し込みのためのアウトバウンド・テレマーケティング ↓ 購入申し込みのフォローアップ・メール ↓ フォローアップ・メール ↓ アクティブ・フォローアップ・テレマーケティング	購入を呼びかけるDM ↓ インバウンド・テレマーケティング ↓ 購入申し込みのためのアウトバウンド・テレマーケティング ↓ 購入申し込みのフォローアップ・メール ↓ フォローアップ・メール ↓ アクティブ・フォローアップ・テレマーケティング	購入を呼びかけるDM ↓ アウトバウンド・テレマーケティング ↓ 営業マンの訪問 ↓ 購入申し込みのフォローアップ・メール ↓ フォローアップ・メール ↓ アクティブ・フォローアップ・テレマーケティング
顧客獲得コスト（ドル／顧客）	70	300	720	3,600
売上げに占める顧客獲得コストの比率（％）	25	20	13	18

注）■＝購入意思決定フェーズ

「小企業」においては、ダイレクトメールやインバウンド・テレマーケティングに加え、このアウトバウンド・テレマーケティングが有効である。そして「中堅企業」になると、1軒当たり収入がケタ違いに大きいので、さらに営業マンを投入してもコストが回収できるのである。

当然のことながら、それぞれのアプローチごとにコストが違う。まず、顧客獲得のためのコストがアプローチの仕方によってまったく違ってくる。また、売上げに占める顧客獲得コスト比率も違う。さらに、損益分岐点のポイントもかなり違ってくるだろう。セグメンテーションによる戦略には、このようなコスト面での経済性を明らかにして施策を練ることが必要である。

● 共通コストと固有コストの視点

経済性への視点をさらに深めると、利益やコストといった要因を考慮するだけにとどまらず、そもそもビジネスの構造自体が変わってくる。

ある商品のコストを考えたとき、全体にかかる共通コストと、固有コストがある。たとえば、ある会社が口紅を研究開発して売り出すとしよう。口紅をつくるにはまず生産設備が必要である。口紅共通の研究開発費も必要であろう。これらは口紅という商品をつくる際に共通してかかるコストである。そのうえで、特定のセグメント、たとえば若い女性向けの口紅であれば若い女性のファッションの研究、色の好みの調査など研究開発費が必要となってくる。これが固有コストである。ある特定のセグメントに向けた商品をつくる際に、そのセグメントを攻略するために固有にかかるコスト、これが固有コストである。

共通コストと固有コストの視点から見ると、その商品とセグメントの切り分け方によって、共通コストが多い商品と、固有コストが多い商品というようにその比率はさまざまである。

たとえば、あるゴルフ用品の会社がセグメンテーション戦略に打って出て、わが社は左利きの人にセグメントを絞り、左利き用のクラブだけをつくっていこうと決めたとする。左利きの人は、クラブの不具合やその調整できっといろいろ苦労しているに違いない。彼らの苦労を解消できるよう専用のクラブをつくって売れば、多少高くも買ってくれると考えたわけだ。この場合、共通コストと固有コストの面から経済性を考えると、ゴルフクラブの設計開発は左利き

図表 3-9　事業特性とセグメント・シェア

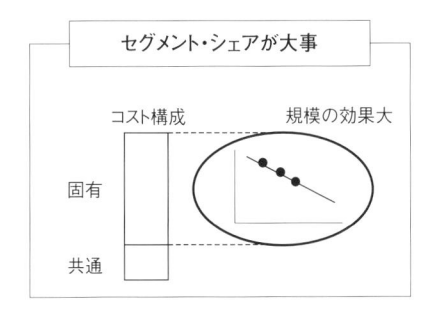

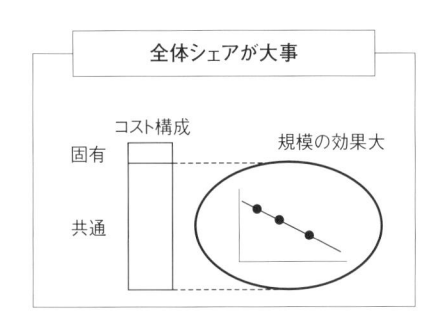

セグメント・シェアが大事
コスト構成：固有／共通
規模の効果大

全体シェアが大事
コスト構成：固有／共通
規模の効果大

でも右利きでもかかるコストは変わらない。左利き用に固有のコストは少ない。

　固有コストが大きく、共通コストが小さい例としては、資生堂やコーセーなどがブランド認知テレビコマーシャルを打つ場合、同じブランド内の商品であってもアイシャドーとリップスティックは別々に広告していかなければならないといった場合がある。特定のセグメントを狙うための固有部分が大きいときに、セグメントのなかで規模が大きければ、規模の経済が効いてセグメントのなかでシェアを拡大することによって競争に勝つことができる。

　同様に、共通コストが大きくて、しかも規模が大きい場合は、規模の経済を効かせて全体カテゴリーのなかでシェアをとっていくことが戦略上重要となる。つまり、セグメント・トップになることよりは、むしろその商品の市場でシェアを上げていくことが大事になってくるのである（**図表3－9参照**）。

　このようにセグメンテーションと経済性を考えていくときには、コスト構造と競合優位性が、セグメントの切り方によってどのような構造になってくるのを見ていくことが重要である。

◉──「生情報」と「複眼議論」とは

「生情報」の重要性については、「檻のなかのライオンと野生のライオンは別の生き物」だという言葉に集約される。これは、ライオンを観察するときに、

檻のなかに入っているライオンを見てもライオンの生態はわからない。ライオンのことを真に知るためには野生のライオンを見なければならない、という意味である。

野生のライオン、すなわち消費者の実態を把握するためには、次のようなポイントが重要になる。

- ●実際の観察を通じた消費者行動の実態理解
    - ・何をして、何をしていないか「見る」
    - ・行動の「瞬間」に説明を求める
    - ・言葉に表れにくい微細な事実を注視
- ●消費をコンテクストのなかで理解
    - ・消費者自身も意識しないトレードオフ、不具合への対処、一連の流れのなかでの使用パターン
- ●消費者を「顔を持った個人」として深く理解
    - ・深い信頼が真の経験共有に不可欠
    - ・生き生きとした実態の描写がインサイトを呼び覚ます

同様に、消費者の行動を見るときに、1か所に集めてインタビューやアンケートを行っても消費者の生きた情報を集めることはできない。実際に消費者が消費している現場、家庭で実際にモノを使っている現場を見てみないと、価値のある情報を得ることはできない。セグメンテーション戦略においては、そのような加工される前の生情報を現場でキャッチすることが重要である。

さらに、集めた生情報をいろいろな視点から見て考え、議論していく必要がある。これが複眼議論である。たとえばフォーカス・グループといって、消費者を何人か集めて彼らに議論してもらうことも必要だろう。大量のデータをさまざまなクラスターによって分析してみることも重要である。あるいは何人かのエキスパートによる徹底的なブレーン・ストーミングも価値がある。

そして、複眼議論の最大のポイントは、常に「なぜ・なぜ・なぜ」、「なぜそうなんだ」、「なぜ消費者はこういう行動をするのか」、「なぜこの人は買わないのか」あるいは「この人は買うのか」、「なぜこの人はここで捨ててしまったの

か」、「なぜ、また違うものに替えたのか」ということを、執拗なまでに問うていくことである。

　こうしたフォーカス・グループ・インタビューや大量のクラスター分析、徹底的な議論と追求が求められるのは、セグメンテーションによる戦略構築での要が「市場を切る2つの軸」であり、優れた軸の発見、軸の創造は、小手先の技術や生半可な知識からは導き出せないものだからである。極論すれば、どのような軸を設定するかはアートであると言っていいだろう。しかし、ここで言うアートとは、単なる個人のセンスや勘どころで「えいや！」と決めてしまうという意味ではない。可能な限りのデータ収集と分析を踏まえ、徹底的な議論を行った末に、それらが昇華して1つの軸が生まれるのであり、こうした知の格闘がまさにアートの世界なのだ。こうして高度に練り上げられた軸によって分類された各セグメントを精緻に観察することで、これまで見えなかった顧客が見えるようになり、意外な発見がある。そうしたことが顧客価値を高め、最終的には企業の経済性に大きなインパクトを与えるのである。

◉──価格感受性による戦略的セグメンテーション

「脱・分類」のセグメンテーションが、実際にはどのようなプロセスを経て行われるか、ある消費財メーカーの例を紹介する。

　同社の商品における価格とシェアの関係をグラフにしてみたところ、**図表3−10**のようになった。

　この図を見る限りでは、商品アイテムごとの実売価格とマーケットシェアには何ら相関はなく、価格感受性の低い市場のように思われる。

　ところが、一見、何も関係ないように見えた価格とシェアが、商品をセグメントごとに見てみると、それぞれのセグメントによって価格とシェアの関係すなわち価格感受性が異なることがわかる。それを表したのが**図表3−11**である。たとえばコモディティ商品に関しては、高い価格感受性が見られ、これらの商品の売れ行きが価格に敏感に反応していることがわかる。一方、スーパープレミアム商品は、ほとんど価格の影響を受けていない。そして、その中間がプレミアム商品ということになる。

　もともとこの会社はコモディティ商品から出発しているので、経営幹部の実

| 図表 3-10 | 価格感受性による
ユーザーセグメンテーション(1) | 図表 3-11 | 価格感受性による
ユーザーセグメンテーション(2) |

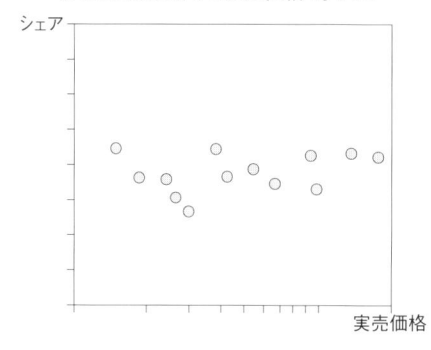

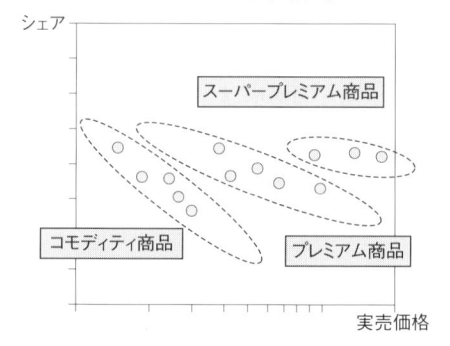

ある消費財における実売価格 対 シェア　　ある消費財における実売価格 対 シェア

（図：シェア 対 実売価格の散布図）　（図：コモディティ商品／プレミアム商品／スーパープレミアム商品のセグメント分け）

| 一見すると価格感受性が低い市場 | セグメント別に見るとスーパープレミアム
以外は価格感受性が高い |

感は、どのような価格帯の商品であっても、基本的には価格を下げれば量は増えると考えていた。そうしたなか、コモディティ商品ばかりでなく高級層を狙ったプレミアム商品を出してさらなる利益拡大を図ろうとしたところ、なかなか思うように売れなかった。そのとき、幹部はこれまでの体験から来る価格を下げれば売れるという発想から、特売や値引きをしてとにかく売ろうと考えた。ところが、プレミアム商品は値段を下げても一向に売れ行きはよくならず、さらに収益性が悪化するばかりであった。そこで、なぜ価格を下げても量が増えないのか、その理由を突きとめるべく価格感受性についての分析を行ったところ、以上のような結果を得たのである。この図を見た経営幹部は、確かに低価格のコモディティ商品についていえることが、プレミアム商品については当てはまらないことに気づき、逆に価格が上がれば上がるほど価格感受性は鈍くなり、価格の影響をほとんど受けなくなることが明確になった。

　このような思惑と現実のギャップは、ビジネスの現場ではよくあることだ。思惑や実感は、1人ひとりのそれぞれの体験やセンスによって異なる。それらは、ある意味ではそれぞれに真である。しかし、ビジネスの現場は、時代の状

況や競合の状況、商品ラインナップの状況やユーザーの状況によって時々刻々と変化するものであり、ある一地点での知見はあくまでも特異解である。言ってみれば、全員が特異解を持って、その特異解の解き方でものごとを判断していることになる。だからみなバラバラの意見となり、言っていることはそれなりに真実なのだが、ある一面での解でしかない。そのたくさんの真実をうまく整理してまったく新しいレンズで見てみると、実はこれまで真実だと思い込んできたことのさらに一歩奥にある真実が見えてくる。この消費財メーカーの例も、まさにこうした状況を示している。

さて、スーパープレミアム商品は、価格を下げてもほとんど意味がないことがわかったので、価格以外の要因でもう1回見直す必要がある。スーパープレミアム商品のシェア拡大のためにはどのような顧客の囲い込みが求められるのか、囲い込むべき価値のある顧客を選別するためにユーザーセグメント別生涯価値分析を行った。その結果が**図表3-12**である。

まず、顧客は大きく4つに分類される。若い頃からこのブランドが好きでこの商品を中心に購入してきた「ロイヤルユーザー」。このセグメントは、途中子育てなどで時間の余裕がなくなって購入をいったん休止しても、その後、子育ても一段落した時には子連れで戻ってきてくれる人々である。次に「ファン」は、ロイヤルユーザー同様、若年からこの商品を購入し、ブランドも気に入っているが、あくまでも他の商品と比較して購入している人々で、子育てなどでいったん商品から遠のくと戻ってこない。「浮動層」は店頭にあるものを買う人々で、ブランドは認知しているがそれが購買行動には直接つながることはなく、その時々の流行(広告、デザイン等)で浮動する。「その場限りユーザー」は、まさにその場限りの購買行動をする人々で、ブランドも認知せず、店頭にあるものを購入する。これら4つのセグメントに、それぞれどのような対応をすればよいのか。

まずは、囲い込むべき顧客はどのセグメントであるかを考えたとき、重要なのは「ファン」と「浮動層」である。「ロイヤルユーザー」は、生涯購入額が大きいだけでなく、クチコミの核にもなるきわめて重要なセグメントである。一方で、そもそもロイヤルティが非常に高い顧客なので、特段強力な働きかけをしなくても離れていくことはない。強いブランド力のある企業には、こうし

図表 3-12　ユーザーセグメント別生涯価値分析

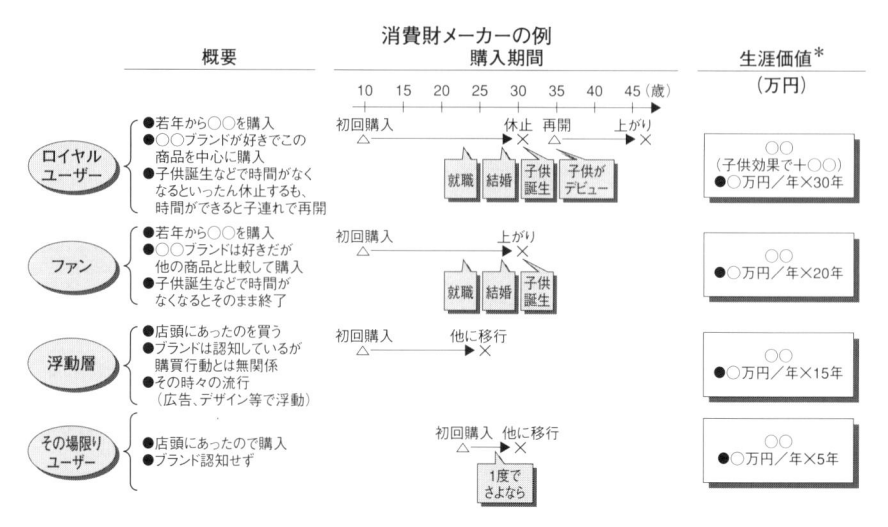

	概要	消費財メーカーの例 購入期間	生涯価値＊ （万円）
ロイヤル ユーザー	●若年から○○を購入 ●○○ブランドが好きでこの商品を中心に購入 ●子供誕生などで時間がなくなるといったん休止するも、時間ができると子連れで再開	初回購入→休止　再開　上がり 就職　結婚　子供誕生　子供がデビュー（10〜45歳）	○○ （子供効果で＋○○） ●○万円／年×30年
ファン	●若年から○○を購入 ●○○ブランドは好きだが他の商品と比較して購入 ●子供誕生などで時間がなくなるとそのまま終了	初回購入→上がり 就職　結婚　子供誕生	○○ ●○万円／年×20年
浮動層	●店頭にあったのを買う ●ブランドは認知しているが購買行動とは無関係 ●その時々の流行 　（広告、デザイン等で浮動）	初回購入→他に移行	○○ ●○万円／年×15年
その場限り ユーザー	●店頭にあったので購入 ●ブランド認知せず	初回購入→他に移行 1度でさよなら	○○ ●○万円／年×5年

＊各セグメントのユーザーが生涯にわたって○○ブランド商品の購入のために支払う金額

た層が必ず存在する。彼らには他社との比較をするという発想さえなく、最初からこのブランドあるいはこの商品と決め、信奉者のように使い続けるのである。このような顧客に対しては、経済性の視点に立てば過度な対応は効果的ではない。一方、「その場限りユーザー」も、こちらは何をどのように働きかけてもムダという意味で、追加投資の必要はない。生涯価値を見ても、「その場限りユーザー」の経済性は低く、囲い込む価値を見出すことは難しい。

　本当に重要なのは、これら上下２つのセグメントにはさまれた、「ファン」と「浮動層」の２つのセグメントを「ロイヤルユーザー」に引き上げる仕組みを考えることである。施策の方向としては、「ファン」と「浮動層」は、どちらもブランドへの認知は高いので、ブランドを確立して訴求しなければならない。しかも、常に他との比較を行っているので、比較されたときに差別化が明確となるような個別の宣伝を継続的に行っていく必要がある。特に「浮動層」には、ブランドよりも個別の宣伝が効く場合が多い。こうした方向で、各セグメントにどこまでどういう投資をすべきか、その具体策は何かを決めていくのである。

このように自社にとって、あるいはこの商品、このサービスにとって、最も大切にしなければならない顧客はだれなのか、彼らはどこにいて、どのような購買行動をするのかを精緻に突き詰め、その顧客とのコミュニケーションに集中的に資源投下していくことがセグメンテーションの真髄である。すべての顧客を十把一からげに扱っていたのでは決して生まれなかったであろう新しい顧客価値がここに創造されるのである。

第4章

バリューチェーン
デコンストラクション

Deconstruction

1……バリューチェーンの競争

●——バリューチェーン(価値連鎖)とは何か

　製品やサービスの生産には、原材料や機材を外部から調達することから始まり、その製品・サービスが顧客に届けられるまでに、通常多くの活動が必要である。その企業活動におけるさまざまな機能を、一連の流れとしてつなげたものがバリューチェーンである。バリューチェーンは、企業活動の流れが生み出す付加価値の連鎖である。すなわち原材料や機材を購入して、研究開発、生産、営業、物流、流通チャネルなどの付加価値が次々と加わっていく過程である。
　バリューチェーンをいかに構成するかは、事業戦略の中心課題である。
　いくつかの例を示したのが**図表４－１**であるが、最もわかりやすい例はAのような機能別のバリューチェーンである。食品業界などの場合、メーカーにおける部品や材料の購入から、商品開発、生産、できあがった製品に対してマーケティング活動や営業を行い、卸・小売りなどの流通業者を経て消費者の手元に届く。これらの機能を構成要素としてつなげたものが１つのバリューチェーンとなる。Aのような連鎖は、ほとんどの消費財に共通する流れである。
　Bの例は、パソコン業界のバリューチェーンだが、特にパソコンを構成する部品を中心に描いたものである。したがって、業務の流れではなく、CPU（中央演算処理装置）、OS（オペレーティング・システム）、アプリケーション・ソフトウエアなどの部品や製品を、バリューチェーンの構成要素としている。
　Cの例はテレビ業界である。既存の日本のキー局は、番組の大半を自局内で制作し、番組編成も当然のことながら自社で行っている。また、放送設備についても、テレビ塔を除けばほとんどの放送機器やスタジオは自前である。また、民放の場合は収入をすべてスポンサーからの広告収入に依存しているが、これも自社で販売している。見事な統合型バリューチェーンである。サービス業の場合、メーカーの機能で表したような単純なバリューチェーンにはならず、業界ごとに連鎖の状況は異なるケースが多い。
　従来の常識では一気通貫の統合型のバリューチェーンは、いずれの場合も、

図表 4-1 | 代表的バリューチェーン

A　食品業界

購買 → 開発 → 生産 → マーケティング 営業 → 販売 チャネル

B　パソコン業界

CPU、メモリ、ハードディスク → コンピュータ本体 → オペレーティング・システム(OS) → アプリケーション・ソフトウエア → 販売チャネル

C　テレビ業界

番組制作 → 番組編成 → 営業（広告獲得） → 放送設備 → 放映

その構築と維持に多大なコストがかかるが、一度構築してしまえば競争上恐るべき障壁となって、他社を圧倒する武器となりえたのである。

●──競争優位につながるバリューチェーン

バリューチェーンという考え方は単に、事業と利益の構造を明らかにするだけではない。こういう見方によって企業は、事業活動のどの部分に強み、弱みがあるかを分析でき、事業戦略の有効性や改善の方向性を探ることができるのである。

バリューチェーンは、企業が競争優位に立とうとして、その手段を検討するためにも大いに有効だ。たとえば、コスト競争を仕掛けるのであれば、顧客にとってどの部分が最低限必要な機能であり、バリューチェーンのどの部分でコ

スト削減が可能かを洗い出し、そこでの徹底したコスト削減を実現する必要があるだろう。

一方、高付加価値化を志向するならば、どの部分でどのような価値を生み出せるかが問われる。その場合は、バリューチェーン全体での経済合理性を十分考察したうえで、高付加価値化が可能な部分に資金を集中し一気に差別化で優位性を築くことができる。

消費者を基点としてのバリューチェーンを見直してみると、自社の都合でいくら見直しても見えてこなかった不条理や非効率が見えてくる。新しく見つかったポイントは、自社にとって変革すべき点であり、また競合他社が狙ってくる可能性の高いポイントでもある。

こうしたバリューチェーンによる競争優位という視点から、世界のパソコン業界で起こったことを見てみよう。もともとパソコンはアップルコンピュータ（以下アップル）が世に広めた商品だが、そのパソコンで業界標準を築き大成功したのは、後発で参入してきたIBMであった。当初はアップル同様IBMも、自前で一気通貫のバリューチェーンにより事業を運営していたが、アップルに対抗するためには短期間で製品を世に出さなくてはならず、ビジネスモデルの再構築を余儀なくされた。

そのため、まずパソコンの心臓部となるCPUにはインテル製を採用し、OSは当時まだベンチャー企業だったマイクロソフトに開発を委託した。また、アプリケーションについてもロータスの表計算ソフトを利用するなど、徹底的にアウトソーシングすることで上市までの時間を短縮した。その際、IBMは各社にバラバラに商売させるのではなく、商品開発から販売方法は言うに及ばず、アプリケーションまで含めてすべてのバリューチェーンを自社でカバーする方法をとった。結果としてIBMのパソコンはきわめて短期間に立ち上がり、大成功したのである。

しかし、IBMが構築した強固なバリューチェーンは、その後成功の蹉跌を踏むこととなる。アップルに対抗するために、仕様を標準化して他のメーカーにも開放した結果、多くの互換機メーカーのパソコン市場への参入をうながした。この流れは、きわめて頑丈と思われたIBMの統合型バリューチェーンを弱体化させ、CPUのインテル、OSのマイクロソフトといった、連鎖のなかの個別機

能に特化したプレーヤーの台頭をもたらしたのだ。

こうしたバリューチェーンの解体と再構築が本章のテーマ、デコンストラクションだが、その前提となるバリューチェーンという考え方は、ビジネス全体の流れを把握することによって、そのなかで最も価値を生んでいるところ、最もムダの多いところなど、競争優位を築くためのキーポイントを明確に知りうるきわめて有効なフレームワークであることを最初に述べておこう。

2……デコンストラクションとは何か

●──バリューチェーンがバラバラに分解されていく

デコンストラクションという言葉は、もともとは哲学用語で、その意味は「文章を吟味して、定説となっている従来の解釈とは異なる意味を見出すこと」である。従来当たり前と思っていた文章の解釈でも、違う角度から見直し、言葉を切り刻んで組み替えることによってまったく違う意味が見えてくるという意味である。

これと同じような現象が、90年代以降の企業社会に起きている。グローバル化、ネットワーク化、規制緩和などの進展で、これまで当たり前と思っていた業界常識が根底から覆されているのだ。一方では既存のビジネスモデルが役に立たなくなる事業破壊が起こり、もう一方では次々と新しい事業が生まれるという事業創造が起きた。

従来のビジネスモデルに安住していた企業に対し、強力なライバルがある日突然、想像もしなかった方向から、まったく異なるビジネスモデルで参入してくる。あるいは、巨大企業が独占していた領域に、規模は小さいながらも、新たな価値の組み合わせによる新しいビジネスモデルで参入する企業が出てきて、あっという間にシェアを奪ってしまう。まさに、「いままで当たり前と思っていた事業の定義と競争のルールが、従来とは異なる視点からとらえ直すことで、新しい定義や新しいルールに生まれ変わる」という意味で、ビジネス界のデコンストラクションが起きているのである。

90年代以降、前項で述べたようなバリューチェーンによる競争優位がことごとく崩れ、バリューチェーンを分解して、組み替えたり、再構築することによって、新しい事業機会が起きたり、あるいは従来の事業構造や競争の原理が変わってしまったり、さらには産業自体がまったく新しいものに変わっていく現象があちこちで起きている。BCGでは、このような大変革にどう取り組むかという戦略コンセプトとして「デコンストラクション戦略」を提唱してきた。我々のいうデコンストラクションとは、事業構造を従来とは異なる視点でとらえ直し、旧来のバリューチェーンを分解・再構築することで新しい事業構造をつくり出すことと定義される。

　では、実際にどのようなことが起きているのか。たとえば、家電業界を見てみよう。家電業界では、これまで統合されていた一連のバリューチェーンが図表4-2のように解体され、消費者から見るとすべてのバリューチェーンが存在するのだが、ビジネスの構造自体は大きく変わってしまった。これによってまったく新しいビジネス、あるいは競争の原理が生まれている。

　日本の家電業界は、もともと松下電器（以下松下）、東芝、日立製作所とい

図表4-2　家電業界のデコンストラクション

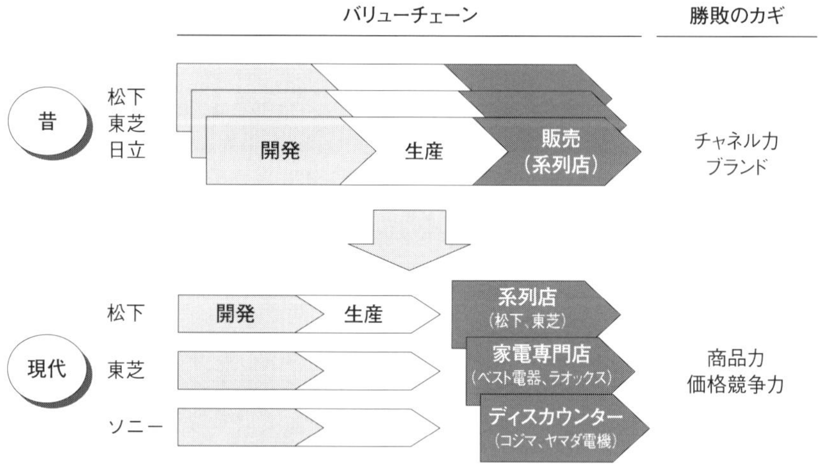

ったメーカーが、それぞれに系列販売店を抱え、そのチャネル力で電気製品を販売してきた。松下であれば、2万店を超えるナショナルショップを日本全国に展開している。各メーカーは、1つの製品について、自社で開発して自社工場で生産し、系列店で販売するというように、上流から下流までを統合して行い、商品開発から生産、販売までを一気通貫のバリューチェーンとして持っていたのである。

このような競争構造のもとでは、売上げやマーケット・シェアの勝敗のカギは、商品そのものの魅力よりはむしろチャネルの販売力、あるいはブランド力にかかっていたのである。ここに面白い数字がある。**図表4－3**はかつては圧倒的なチャネル力を誇っていた松下のマーケット・シェアの推移である。1985年当時の同社の主要電化製品のマーケット・シェアを見ると、ほとんど25%前後で一定している。ところが、1996年の数字を見ると、大きく様変わりしていることがわかる。

この変化の背景には、ヨドバシカメラ、ビックカメラ、あるいは郊外型のコジマやヤマダ電機といった家電量販店が、80年代の終わりから90年代にかけて

図表 4-3　松下電器産業のマーケット・シェア推移

年　　　企業　製品	1985	1996	
	松下	松下	ソニー
冷蔵庫	25.5	19.4	—
洗濯機	24.8	24.5	—
エアコン	22.1	19.0	—
カラーテレビ	27.2	16.5	11.9
VTR	25.0	20.2	13.6
ステレオ	20.0	10.2	20.0
CD	24.2	38.0	39.0
ビデオカメラ	—	15.6	40.7
MD	—	—	41.0

出所：矢野経済研究所『マーケットシェア事典』、日本経済新聞社

次々と出てきて、大きな影響力を持つようになったことがある。こうした家電量販店はメーカーの系列店ではないので、各社の製品を一堂に揃えることで消費者に利便性を訴求し、流通の効率化によるコストダウンのメリットを最大化する戦略をとることができる。そうやって彼らは、従来の電器店とはまったく異なるビジネスモデルで業界に攻勢をかけた。当然、その店頭では、商品そのものに魅力があるか、さもなければ価格に魅力があるか、そのどちらかの商品が売れることとなる。

有名メーカーのものだからといってそれだけで買っていく消費者は少ない。結果、松下のマーケット・シェアは、10％のものから40％近いものまで大きく揺れて、シェアの順位も1位のものもあれば5位に入れないものもあるといった状況となったのである。

このように従来とは異なるルールを持ち込んで既存の業界秩序を崩壊させてしまうプレーヤーを「デコンストラクター」と呼ぶ。まさにデコンストラクションを促進する者という意味である。デコンストラクターの出現は、従来の統合型企業や業界にとっては大きな脅威となる。

家電業界では、量販店が力を持つビジネスモデルに変わったために、シェアを決定する要素が、ブランドやチャネル販売力から、純粋な商品力と価格競争力に変わった。これが家電業界で起こったデコンストラクションであり、それにより、ビジネスの構造自体が変わってしまったのである。

●──デコンストラクションの4つのパターン

デコンストラクションをもたらす要因は、大きく分けると以下の5つが考えられる。

❶経済の成熟化に伴う従来型ビジネスモデルの限界
❷企業競争や消費者自身のグローバル化
❸規制緩和の流れ
❹コンピュータとインターネットが融合した情報ネットワークの発達
❺情報ネットワークの発達によってもたらされる情報の新しい経済性

企業は、これらのいずれかの状況に置かれたとき、新しいビジネスモデルと、それを実現するための新しい組織構造、新しい取引形態、新しい消費者との関係など、新しい競争原理への対応を強く迫られるようになった。これまで日本企業が持っていた企業固有の統合型システムが、通用しなくなったのである。

　しかし、デコンストラクションは、既存事業の存在にとって脅威であると同時に、新しいビジネスを生むチャンスでもある。BCGでは、デコンストラクションで成功を収めている企業を分析することにより、そこには大きく４つのタイプが存在するという考察を得た（**図表４−４参照**）。

　従来型の伝統的な事業モデルをインテグレーター型（統合型）と呼ぶ。これは、すべての機能を自社で持ち顧客への商品やサービスを提供するタイプであり、前述の家電メーカーに限らず、自動車メーカー、あるいは銀行に代表される金融機関も、典型的なインテグレーター型である。銀行の場合は、預金というかたちでの資金の調達、ローンなど自社商品の開発、各支店での営業活動および販売、コンピュータシステムを駆使した金融取引まで、すべて自前で行っている。このような従来型の自前主義に対して、デコンストラクションのプレ

図表 4-4　デコンストラクションの4つのパターン

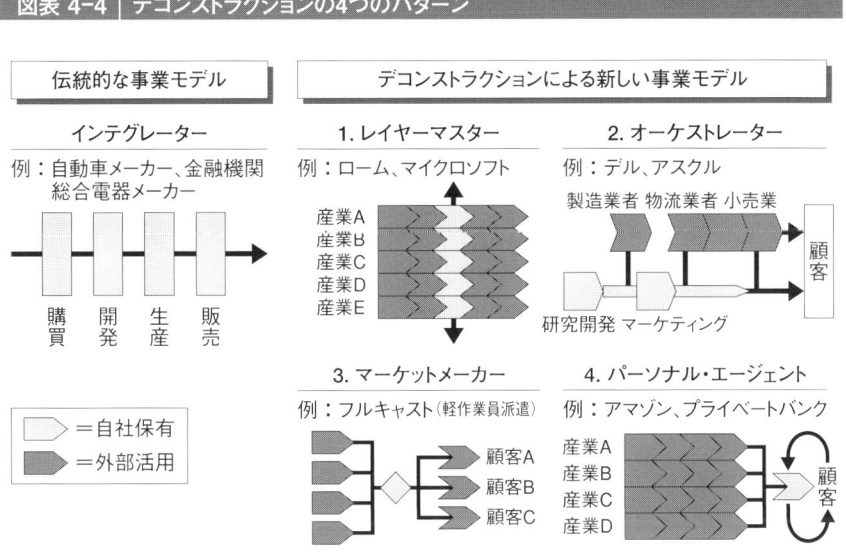

伝統的な事業モデル	デコンストラクションによる新しい事業モデル
インテグレーター 例：自動車メーカー、金融機関 　　総合電器メーカー 購買→開発→生産→販売 □＝自社保有 ■＝外部活用	1. レイヤーマスター 例：ローム、マイクロソフト 産業A／産業B／産業C／産業D／産業E 2. オーケストレーター 例：デル、アスクル 製造業者　物流業者　小売業→顧客 研究開発　マーケティング 3. マーケットメーカー 例：フルキャスト（軽作業員派遣） →顧客A／顧客B／顧客C 4. パーソナル・エージェント 例：アマゾン、プライベートバンク 産業A／産業B／産業C／産業D→顧客

ーヤーは以下4つのパターンにおいて、きわめて斬新なビジネスモデルを構築している。

❶レイヤーマスター
❷オーケストレーター
❸マーケットメーカー
❹パーソナルエージェント

以下で、それぞれの特徴について述べる。

❶レイヤーマスター（専門特化型企業）
　レイヤーマスターとは、バリューチェーンのレイヤーの1つに特化して、その部分で圧倒的な力と地位を確立するプレーヤーのことである。これは、戦略としては、いままで統合されていた一気通貫のバリューチェーンが分解されていくつかの要素に分かれるときに、そのうちの1つに特化することで強大な力を獲得するやり方である。パソコン業界のインテルやマイクロソフトなどがその典型である。

❷オーケストレーター（外部機能活用型企業）
　オーケストレーターとは、ある要素で強力なプレーヤーが、バラバラになったバリューチェーン全体をコントロールすることで、消費者にトータルな価値を提供するパターンである。全体をまとめるといっても、インテグレーター型とは違って、すべてのバリューチェーンを自分で持つことはせずに、コアになる機能のみを自前で持ち、あとは外部資源を活用して、顧客へはトータルサービスを提供する戦略をとる。たとえば、デルコンピュータは、顧客に対するマーケティング機能とそれに付随する受発注の機能、アセンブリ（組み立て）、サービス機能だけを保持し、部品の調達・製造や配送は外部資源をうまく活用している。

❸マーケットメーカー

　すでに存在しているバリューチェーンの間に割って入って、そこに新しい市場を創るプレーヤーが、マーケットメーカーである。これは、上流と下流を結びつけて、従来よりずっと効率的な流れを構築することで利益を得るとか、あるいは従来のプレーヤーを置き換えていくといった戦い方で、現在の仕事の流れにムダがある場合や、満たされていないニーズがある場合には、きわめて有効な戦略である。流通が整備されていない業界、非効率な流通が行われている業界に、こうしたプレーヤーが出現しやすい。たとえば、中古車販売のガリバーや軽作業派遣のフルキャストなどが、このプレーヤーに該当する。

❹パーソナルエージェント

　従来のビジネスモデルが商品やサービス提供者側からつくり上げられているのに対して、消費者の側に立ったビジネスモデルをつくるのがパーソナルエージェントである。日本語で言うと「購買代理人」となり、従来の「販売代理人」とは180度異なった概念のエージェントである。パーソナルエージェントは、企業側に立って商品の普及を促進するのではなく、消費者のニーズを中心に、彼らの購買や情報収集・選択を支援する仕組みである。

　パソコン1つとってみても、どのような機種があって、それぞれどのような機能を持っているのか、インターネットにはどのようにつなぐのか、さらにはプリンタはどれを選んだらいいのかと、消費者は選択に困っている場合が多い。そのとき、その製品やサービスについて精通している人が自分の代わりに考えてくれて、最適な組み合わせと最も安い買い方を提供してくれたら、消費者は迷わず購入することができる。これがパーソナルエージェントの戦略である。保険や金融商品に関しても、最近たくさん出てきたファイナンシャルプランナーなどは、個々人のニーズに合ったものを設計するという意味では、発想はパーソナルエージェント的ではあるが、扱う商品がある会社1社のものである限り、やはり供給側のエージェントということになる。後述するアマゾン・ドットコムはインターネット上の書店ととらえるより、パーソナルエージェントとしての書籍販売業ととらえたほうが、より彼らのビジネスモデルの本質を理解できるであろう。

3……デコンストラクションの事例

◉──レイヤーマスター

❶WINTEL

　レイヤーマスターの古典的事例としてあげられるのは、コンピュータ業界のデコンストラクター「WINTEL」である。ウィンドウズとインテルを組み合わせたこの造語は、コンピュータ業界の事業構造を一変したシンボリックな言葉となっている。先にも述べたように、80年代半ばまでのコンピュータ業界は、IBMに代表されるインテグレーター型企業、すなわち川上から川下まで全部を自前でカバーするプレーヤーが強大な力を誇っていた。

　図表4－5にも示した通り、85年当時のIBMでは、CPUやIC、メモリなどの部品から、OS、アプリケーションまですべてIBM製であった。もちろん組み立てるのも自社で行い、販売チャネルも系列の専門店で売っていたのである。

図表 4-5 ｜ レイヤーマスター

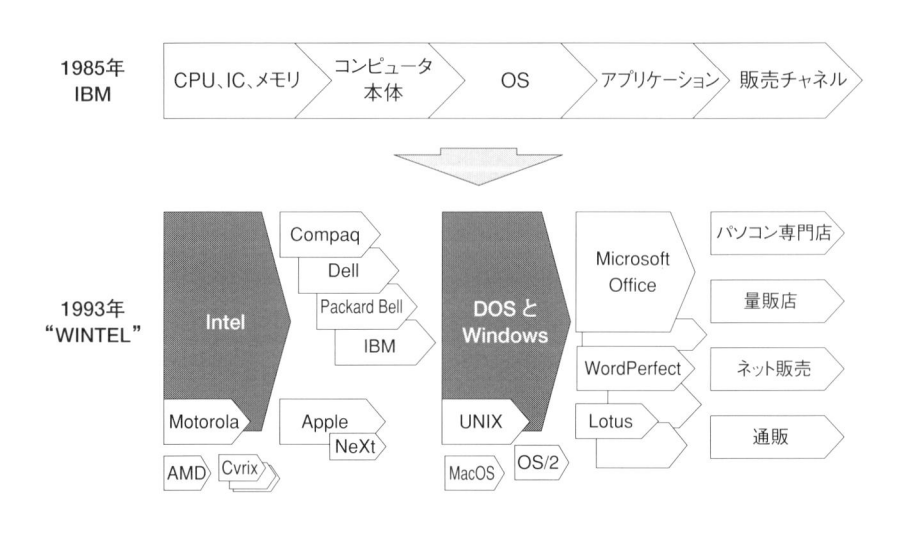

| 1985年 IBM | CPU、IC、メモリ 〉 コンピュータ本体 〉 OS 〉 アプリケーション 〉 販売チャネル |

| 1993年 "WINTEL" |

- Intel（Compaq, Dell, Packard Bell, IBM）
- Motorola、Apple、NeXt
- AMD、Cvrix
- DOSとWindows、UNIX、MacOS、OS/2
- Microsoft Office、WordPerfect、Lotus
- パソコン専門店、量販店、ネット販売、通販

もともとコンピュータは専門性の高い商品なので、一般のチャネルでは売れないという考え方が当時は幅を利かせていた。ところが、前述したようにIBMのビジネスモデルの転換の結果、90年代には、マイクロソフトとインテルが強力なレイヤーマスターへと成長し、業界の構造に大変革を起こしたのだ。「WINTEL」の出現によって、まずCPUはインテルがほぼ独占状態を確立した。OSもマイクロソフト・ウィンドウズがほぼ圧倒的な格好となった。最近でこそLinuxなどがウィンドウズを脅かすような状況になってはいるが、基本的には90年代以降はIBMに代わりウィンドウズがOSのデファクトスタンダードを押さえることとなった。

　一方、パソコンの組立メーカーはコンピュータ本体の組み立ては行うが、なかに入れるアプリケーションに関してはさまざまなソフトメーカーのものを採用するようになり、OSを押さえているマイクロソフトもアプリケーションを次々と出してくるようになった。

　販売チャネルに目を転じると、街の電器店はもとよりディスカウント店、スーパーマーケットに至るまでありとあらゆるチャネルで、パソコンを置いていない店のほうが少なくなった。パソコン販売が専門店での専門知識のある販売員によってしか成り立たないと考える人はもはやいない。デコンストラクションによってパソコンという商品は、消費者にとってきわめて身近なものとなったのである。

❷一芸に秀でた部品メーカー

　こうしてパソコン業界にデコンストラクションを起こした「WINTEL」の2社は、インテルは要はCPUのチップをつくっている部品メーカーであり、マイクロソフトもソフトという部品のメーカーである。これらの部品メーカーが、従来のバリューチェーンのなかの一分野でデファクトスタンダードを築き、このカテゴリーに参加するすべての企業にとって欠かせない存在となったのだ。

　このように、あるレイヤーに特化していた企業が、そのレイヤーでリーダー的地位を獲得するにつれ、ほかのレイヤーのプレーヤーにまで影響力を持つようになるといったデコンストラクションの例は、日本のエレクトロニクス業界でも顕著である。

もともと部品メーカーの立場は、大手総合メーカーに対しては決定的に弱かった。たとえばソニー製品において、トランジスタの一部の部品をつくっている中小電機メーカーや、コネクタだけをつくっている部品メーカーが、一部の工程を代替したり補完するといったことは昔から行われていたが、それらの部品メーカーがデファクトスタンダードを握り、総合メーカーに対しても発言力を持つとは考えられないことであった。

　しかし、90年代以降、一芸に秀でた優秀な部品メーカーが、収益性において大手総合メーカーを凌駕するというデコンストラクションの波が、日本のエレクトロニクス業界を襲った。

　図表4－6は、2003年3月期の主要電機メーカーと部品メーカーの連結ベースでの利益率を比較したものである。一目でわかるように、日本を代表する大手総合電機メーカーは2％台以下の営業利益率であるのに対して、部品メーカーのほうは20％を超える営業利益率を上げている。伝統的インテグレーター型企業の惨敗である。ここに登場している制御機器のキーエンス、LSIのローム、コネクターのヒロセ電機、あるいはモーターのマブチモーターなどの部品メー

図表 4-6　エレクトロニクス業界の収益性（2003年3月期、連結ベース）

インテグレーター

企業名	営業利益率(%)	当期利益率(%)
富士通	2.2	▲2.6
日立製作所	1.9	0.3
東芝	2.0	▲0.3
三菱電機	1.7	0.3

レイヤーマスター

企業名	営業利益率(%)	当期利益率(%)
キーエンス（制御機器）	45	25
ローム（LSI）	27	18
ヒロセ電機（コネクタ）	30	17
マブチモーター*	25	15

＊2002年12月期
出所：各社決算

カーに、大手メーカーに虐げられ儲からないという弱者のイメージはまったくない。

これらの部品メーカーに共通する成功のカギは、4つある。

❶特定の製品分野に特化していること
❷特化した分野ではトップ・シェアを持っていること
❸特定の完成品メーカーではなく、さまざまな完成品メーカーに部品を納入していること（系列ではなく独立系）
❹海外の完成品メーカーに対しても販売力を持っていること

これらのことから、完成品メーカーのほうから新製品開発の依頼が舞い込んでくるという逆転現象が起こるのである。また、複数のメーカーに製品を納めていることから、特定の発注元からの値引き要求や無理な注文に屈しなくて済む。さらに、グローバルに顧客を持っていれば、特定の国や地域の不況に対しての抵抗力も高まる。

とはいえ、部品メーカーがみなレイヤーマスターとして新しいビジネスモデルを打ち出し、儲かるのかといえばそのようなことはなく、部品メーカーの多くはいまも下請けとして、昨今の不況のなか、青息吐息で操業している。まさに一芸に秀でた企業だけが、業界にデコンストラクションを起こし、柔軟さに欠ける大手メーカーを凌ぐ強さを確立しているのである。

◉──オーケストレーター

●デルコンピュータの戦略

　オーケストレーターの代表的な例は、デルコンピュータ（以下デル）である。先に述べたように、パソコン業界は、マイクロソフトやインテルのようなレイヤーマスターがデコンストラクションを起こした業界である。そこに、90年代後半、さらにレイヤーマスターとはまったく違うモデルによって、新たなデコンストラクションを起こしていったのがデルである（**図表4－7参照**）。

　デルの特徴は、自社ではいっさいの部品を生産しないことと、顧客の注文を受けてから組み立てを開始すること、そして直販の3点である。売れ筋商品に

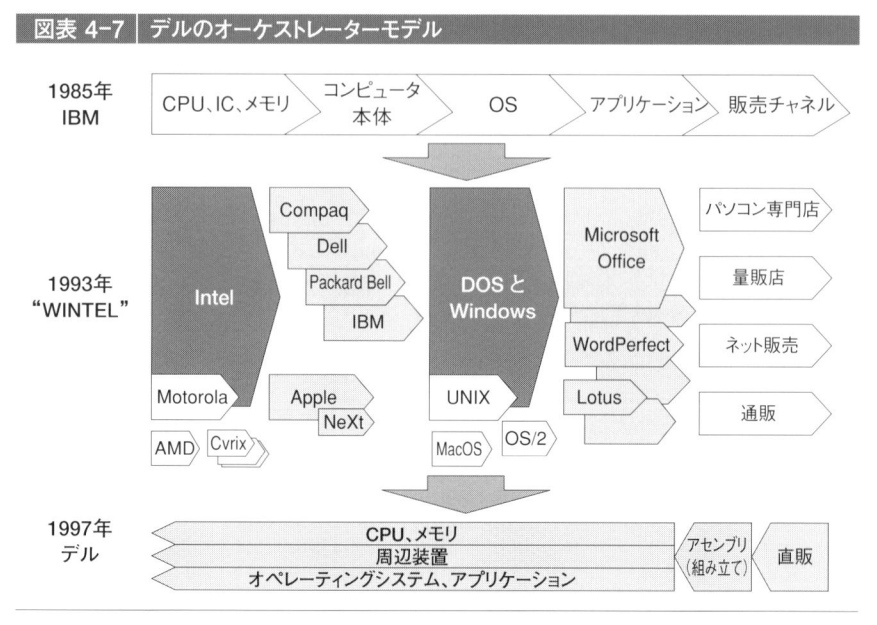

図表 4-7　デルのオーケストレーターモデル

1985年 IBM: CPU、IC、メモリ ＞ コンピュータ本体 ＞ OS ＞ アプリケーション ＞ 販売チャネル

1993年 "WINTEL":
- Intel（Compaq, Dell, Packard Bell, IBM）／Motorola（Apple, NeXt）／AMD, Cyrix
- DOSとWindows／UNIX／MacOS／OS/2
- Microsoft Office／WordPerfect／Lotus
- パソコン専門店／量販店／ネット販売／通販

1997年 デル: CPU、メモリ／周辺装置／オペレーティングシステム、アプリケーション ＞ アセンブリ（組み立て）＞ 直販

ついてはあらかじめ大量に製品在庫を用意して、それらを流通を通して販売する他のパソコンメーカーとは、これらの点でまったく手法を異にする。

　デルのモデルの強みは大きく3つある。

❶直販による流通コストの削減
❷顧客のニーズに応じたオーダーメイドの提供
❸製品在庫を持たないことによる在庫コストの削減

　実は、消費者にとってパソコンという商品は、3つのムダがあるといわれる。1つ目は在庫コストである。パソコンのモデルチェンジのサイクルは非常に早いので、発売してもあっという間に陳腐化してしまう。古くなれば、値段を極端に下げない限り売れない。値下げをしても売れない旧モデルは廃棄処分となる。メーカーにとっては、売れ残ってしまったものについても当然それらをつくったコストがかかっているので、どこかで回収しなければならない。その分が、新しいモデルの値段に最初から上積みされ、消費者にとってはムダな負担

となるのである。2つ目のムダは、必要のない機能である。消費者から見るといらない機能がついていても、全部セットで入っているので、セットで購入することになる。当然、ムダな機能についてもお金を払っていることになる。そして3つ目は、3か月ごとに3割は下がるといわれるパソコンの部品を、半年あるいは1年前に調達してしまうことによるムダなコストである。同じ仕様の製品をつくるのなら、ぎりぎりまで部品の購入を待ったほうが遥かに安くつくれることになる。

　この現状に目をつけたデルは、上記の①～③の戦略に出た。すなわち、注文を受けてからつくれば売れ残りがない、オーダーメイドによりムダな機能を省ける、そして最新の部品を購入することで最も安く部品調達できる。こうしてデルは、3つのムダを同時に解決し、競争相手より格段に安いパソコンを市場に投入したのである。

●デル・システムの優位性

　ところが問題が1つあった。注文を受けてから部品を発注して組み立てて売るとなると、どうしても納期が1か月ぐらいかかってしまう。店頭販売では在庫さえあればその場で買って持ち帰ることができる。納品の遅れは、致命的である。そこで考え出されたのがデル独自のシステムであり、この仕組みこそがオーケストレーター・モデルの真髄ともいえる部分である。

　デルが自前で行う部分は直販とアセンブリのところのみで、あとは外注でパソコンを生産する。注文を受けたら、その日のうちに生産し、翌日配送とすれば、顧客の待ち時間は最小で済む。これを実現するためには、何よりも部品メーカーの貢献が求められる。

　まず納期に関しては、特定のメーカーと取引をし、ある程度の数量を発注することを約束し、デルへの納品を最優先してもらう仕組みをつくった。また、部品間の相性の問題も、あらかじめクリアするように環境を整えた。結果として、デル向けの部品はジャスト・イン・タイムで同社に到着する、いわゆる「デル・システム」ができあがったのである。同社はこのように徹底したサプライチェーン・マネジメントによって、全体をオーケストレートして管理し、顧客の注文に素早く対応し、安く供給する仕組みを構築したのである（**図表**

図表 4-8 | デル型注文生産の優位性——プロセス、日数の比較

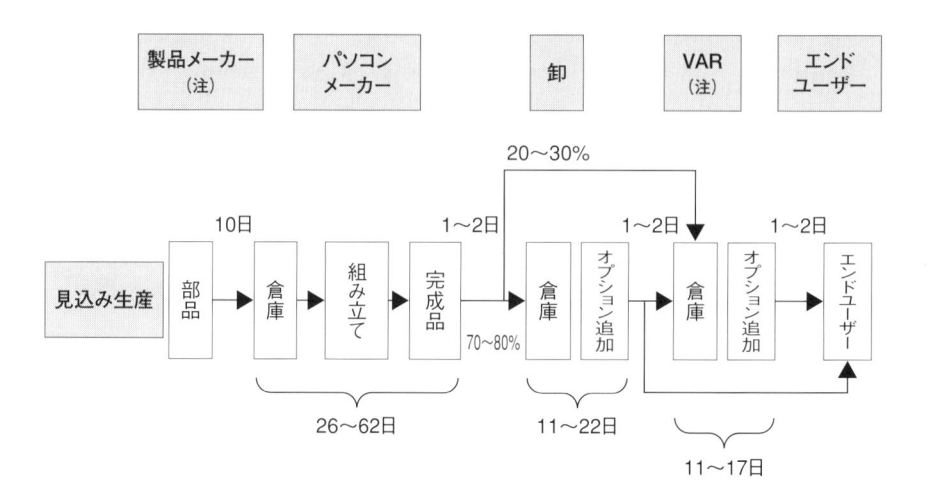

```
[製品メーカー(注)]   [パソコンメーカー]         [卸]      [VAR(注)]   [エンドユーザー]

                              ┌─────── 20～30% ───────┐
                       10日            1～2日         ↓   1～2日           1～2日
[見込み生産]→[部品]→[倉庫]→[組み立て]→[完成品]→[倉庫]→[オプション追加]→[倉庫]→[オプション追加]→[エンドユーザー]
                                         70～80%
                     └──── 26～62日 ────┘  └── 11～22日 ──┘
                                                  └──── 11～17日 ────┘
```

処理・在庫日数
（営業日ベース）

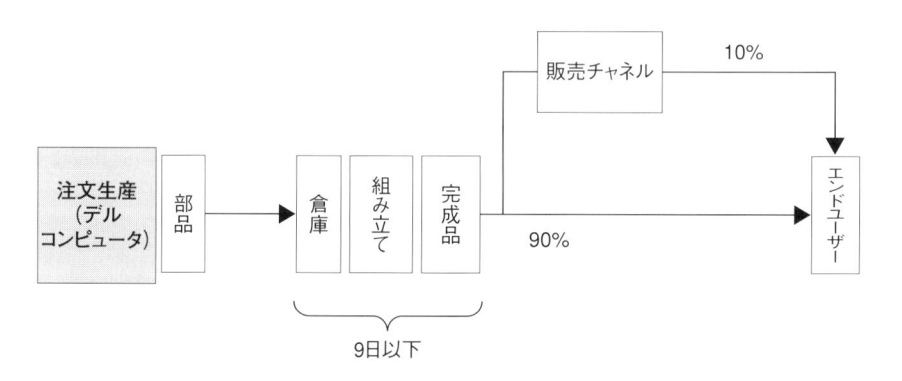

```
                                               ┌─── 販売チャネル ─── 10% ───┐
                                                                              ↓
[注文生産(デルコンピュータ)]→[部品]→[倉庫]→[組み立て]→[完成品]──── 90% ────→[エンドユーザー]
                                   └──── 9日以下 ────┘
```

注）部品メーカーとは、ハードディスクメーカー等をいう。
　　VAR（Value Added Reseller）とは、既存のコンピュータ機器やソフトウエアを仕入れ、それに付加価値をつけて販売する業者をいう。
出所：BCG分析

4 ― 8 参照）。

◉――マーケットメーカー

　マーケットメーカーが生まれるためには、取引に参加するプレーヤーの数がある程度多数いるという条件が必要である。具体的には、商品・サービスの提供者の数が多く、それを束ねることに価値がある場合か、逆に顧客が非常に多くかつ分散しているため、顧客を束ねることに意味がある場合である。いままである地域や国だけに閉じられていた取引を、全国的あるいはグローバルにより広く展開する場合には、このモデルが有効に機能するケースが多い。

　分散事業という言葉があるが、これはある地域でしかできない事業で、地域的にバラバラに行っている事業のことである。したがって、分散事業には規模の経済が効かない。たとえばお蕎麦屋さんの出前などがいい例である。蕎麦をつくることにおいては、自動化された大きな厨房で大量に行うことは可能である。ところが、つくった蕎麦を出前するとなると、自ずとデリバリーできる範囲は決まってくる。蕎麦がのびない範囲しかサービスできないので、これは地域分散型にならざるをえない。

　このようにサービスの範囲が限定され、全国に分散したビジネスは、意外にもたくさん存在する。中古車市場などもその例で、車を売ろうとすると、自宅の近くの中古車販売店に売りに行く。一番高く買ってくれるところを探しに、全国の中古屋さんを回るといったことはしない。買うほうにしても近くの販売店を回って買うのが普通である。

　同様に不動産屋も分散型である。部屋を貸したいときは近くの不動産屋に頼むし、部屋を探すときも目的地の駅前の不動産屋をのぞいていろいろ聞く。このように元来地域分散型だったマーケットに、強力なマーケットメーカーが出現し、デコンストラクションが起こった事例を以下で2つ紹介しよう。

●リクルート社『週刊住宅情報』の衝撃

　1つ目がリクルート発行の雑誌『週刊住宅情報』が、住宅市場をデコンストラクトした例である。

　前述のように住宅やマンションの取引は、地元の不動産会社中心に行われて

いた。ある人が部屋探しをしていて、気に入った物件が見つかった場合、価格交渉は本人が地元の不動産屋と直接しなくてはならない。そのとき、いったいいくらがその物件の適正な値段なのかは素人には判断できないのが実情であった。よほどその近辺の不動産屋をくまなく回り多くの物件を見ない限り、そもそもそのあたりの不動産が相対的にどのくらいの価値があり、いくらで取引されているかといった情報は、素人には入手できなかったからである。ましてや、それがいくらで仕入れられた物件かは知る由もない。

　この不透明な住宅市場に一石を投じたのが、『週刊住宅情報』であった。同誌が持ち込んだ仕組みは、それまでの業界にはないものであった。まず、物件を雑誌に載せる手数料を、不動産屋から1件当たりいくらという定額制にして徴収する。市販の雑誌なので、消費者も1冊数百円の代金を払って購入する。誌面には、各物件が比較検討できるように、最寄り駅からの所要時間、物件の広さと間取り、築年数といった具合に、同じ条件で掲載されている。消費者は不動産屋を訪ねる前にこの情報誌を見て、自分の気に入った物件をリストアップし、それから担当の不動産屋に連絡をとって実際に物件の内覧をすることになる。

　このような住宅情報誌の登場による最も大きな変化は、消費者側から言えばそれまで素人には判断できなかった相場がわかるようになったことである。不動産屋の側に立てば、情報がオープンにされることによって明確な相場が形成されたことである。現に、『週刊住宅情報』の利用の仕方も、物件を選ぶことと同時に、どの地域がどれくらいの価格かをチェックすることにも使われている。住宅情報誌自体は、物件の取引がそのなかで行われるわけではないが、消費者と不動産屋との間に、従来は存在しなかった新しいマーケットを形成したという意味においてはマーケットメーカーに相当するプレーヤーといえる。後述するように、現在は、同様のサービスがインターネットでも提供されており、消費者の利便性がさらに向上している。

● 中古車市場のガリバー

　中古車市場にも同じように、ビジネスモデルとしてマーケットメーカー的な戦略を掲げるプレーヤーが出てきた。その1つの例が、ガリバーインターナシ

図表4-9　ガリバーのビジネスモデル

	従来の中古車買い取り市場	ガリバーのビジネスモデル
顧客価値	不透明な価格づけ ●業者ごとバラバラ ●新車購入の有無により 販売価格と買い取り価格の乖離	従来の中古車買い取りに不信・不満を抱く一般消費者 高額買い取り 透明度の高い価格づけ・査定
儲けの仕組み	利益＝販売価格－仕入れ価格 （買い取り）－在庫コスト・リスク ＊買い取り価格はイエローブックベース	利益＝手数料（＠8万～12万円） ＊買い取り価格は市場価格ベース
競争優位性	分散市場；絶対的NO.1プレーヤーは存在しない	市場価格の査定能力 ガラス張りの価格付け 全国展開によるスケールメリット

ョナル（以下ガリバー）である（**図表4－9**参照）。

　いままでの中古車市場は価格づけが非常に不透明であった。それに対してガリバーは、透明度の高い価格づけをして高額買い取りを行うという戦略で攻勢をかけた。高額買い取りができるようになったのは、従来の中古車販売会社とはまったく異なる儲けの仕組みを導入したからである。

　従来の中古車市場では、販売価格の相場に照らし、そこから買い取り価格に在庫コストと売れ残りリスクを合計した金額から利益が残るように価格設定をしていた。したがって、買い取り価格を抑えることがきわめて重要であった。安く買い叩いて高く売りつける。売れそうもないものは買い取らない。その判断が、中古車販売業のセールスマンの腕の見せ所だった。

　このような価格設定に対し、ガリバーは、もっと単純に「利益＝手数料」と定義した。基本的には買い取った価格で売り、自分たちは手数料をとるというビジネスモデルを構築し、中古車仲介業になったのである。

　従来の取引では、不透明であればあるほどマージンが取れる。中古車を売りにきた顧客には、それがいくらで売られるかといったことはまったく知らされ

ない。逆に買いにきた顧客にも、それがいくらで買われたかはわからない。そのほうが、買い叩き、高く売りつけるには都合がよいからである。企業側が十分な情報を持ち、消費者側に情報が渡らない。この情報の非対称性が、利益の源泉であったのだ。

ところが、ガリバーによって、きわめて透明なマーケットが新たに出現した。そこではだれもが価格の構造がわかる。情報をオープンにすることによって、先ほどの住宅情報誌と同様に相場を自分たちでつくったのだ。そして消費者には、お店が法外な利益を見込んで売りつけているという心配なしに、安心して取引ができる環境を提供したのである。この環境を実現した仕組みが、手数料である。車を売りにくる人に対し、販売価格を相談し、その価格で店頭に並べる。実際にその車が売れた時点で、ガリバーは、車の元の所有者から手数料をもらう。これがガリバーのモデルである。同社のモデルは、価格の透明性による市場の開拓のみならず、分散市場である中古車市場に対して、全国展開してスケールメリットを出すという、まったく異なったビジネスモデルでデコンストラクションを起こした例でもある。

◉──パーソナルエージェント

●心地よく本を買う仕組み・アマゾンドットコム

最後にパーソナルエージェントの例を紹介しよう。最もわかりやすいのがアマゾン・ドットコム（以下アマゾン）である（**図表4－10参照**）。

アマゾンは、言わばインターネットの本屋さんである。これは、消費者が本を買うということに関して従来持っていた潜在的な不満を、インターネットという技術を使って打ち破っていったところが最大の特徴である。

従来、本を購入する際、本を読みたくなると書店まで出かけなければならず、時間がないとなかなか行けない。あるいは近くにいい書店がないので、店頭で本を探しても見つからない。買おうと思うと値段が高い。持ち帰ろうとすると重たいといった不自由さが、本を買うというプロセスのあちこちにあった。また、本を読んで感動した後は感想を伝えたくなるものだが、伝える相手がいない。次にどんな本がいつ出てくるのかわかりにくい。こういったすべての不満を、インターネットによって解消し、痒いところに手が届くようなサービスの

図表 4-10　アマゾンのデコンストラクション

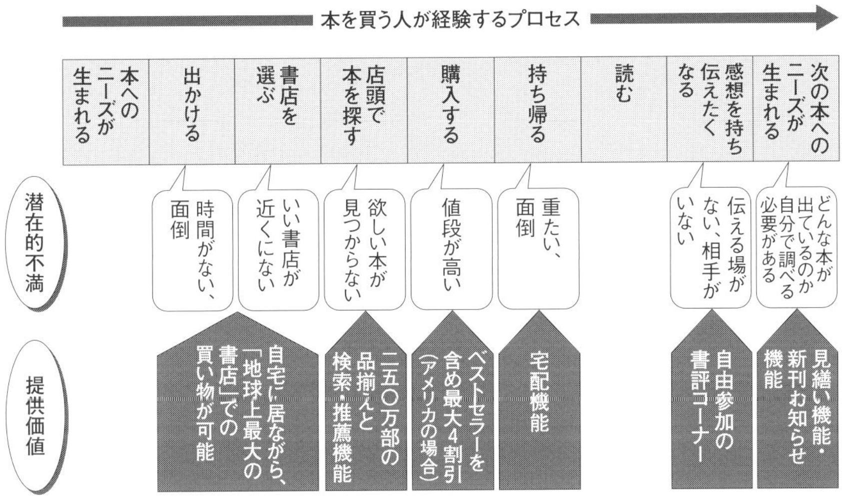

本を買う人が経験するプロセス →

	本へのニーズが生まれる	出かける	書店を選ぶ	店頭で本を探す	購入する	持ち帰る	読む	感想を持ち伝えたくなる	次の本へのニーズが生まれる
潜在的不満		面倒、時間がない	いい書店が近くにない	欲しい本が見つからない	値段が高い	重たい、面倒		伝える場がない、相手がいない	どんな本が出ているのか自分で調べる必要がある
提供価値		自宅に居ながら、「地球上最大の書店」での買い物が可能		二五〇万部の品揃えと検索・推薦機能	ベストセラーを含め最大4割引（アメリカの場合）	宅配機能		自由参加の書評コーナー	見繕い機能・新刊お知らせ機能

仕組みを構築したのがアマゾンである。

　本屋さんはまさに分散型事業の1つの典型であり、物理的制約から多くの種類の在庫を抱えることはできなかった。これをインターネットというコミュニケーション手段を使って一本化することで、豊富な品揃えを可能にしたのである。高度な検索システムや、ベストセラーの紹介、さらには自由参加の書評コーナーを設けたり、顧客の購買データを利用し、個別顧客に個別商品の推奨を行うこともしている。こうして消費者の潜在的なニーズを満たすことで、書籍販売の可能性を大幅に拡大したのがアマゾンの成功のカギである。

　日本は再販価格制度など流通上の規制があるので、書籍を割引で販売することはできない。しかし、古本市場の拡大や規制緩和の動きから将来は書籍の価格設定も柔軟に変わる可能性がある。

　書籍市場にプライシングの柔軟性が持ち込まれると、大量に仕入れる販売店が出版社に対し、バーゲニング・パワーを持つようになるであろう。こうなると地域限定の書店に対し、アマゾンのような書店の強みがさらに発揮される。全国規模で注文が取れれば、仕入れ価格を抑えることができ、それがさらに読

者を引きつける要因となる。読者にとっては、大量の種類の商品をインターネット上から選択できるばかりか、自分の好みの商品を推奨してくれる存在としてアマゾンが欠かせなくなる。これらの要因を考えると、消費者の代理人機能を持つことは、全体のバリューチェーンの効率化にも結びつく可能性を秘めている。

アマゾンの成功は、単にインターネットを使っていることではなく、企業サイドに立った商品提供から、消費者サイドに立った心地よい仕組みをつくり出したことに起因しているのである。

4……デコンストラクションによる戦略構築

●──デコンストラクションが起きる業界の構造

デコンストラクションが起きるきっかけ、あるいはその背景は大きく分けて2つある。1つは非常に強大なインテグレーター型プレーヤーが、業界全体を支配しているマーケットにおいてである。このようなマーケットでは、大メーカーが自分たち中心の強固なビジネスモデルをつくっており、効率的かつ合理的なバリューチェーンができていないことが多い。このような場合、参入障壁も高いが、何かのきっかけでその障壁が低くなると、デコンストラクターが入りこむ余地が一気に広がる。その場合、消費者寄りのパーソナルエージェント型モデルで新規参入するプレーヤーが台頭する確率が高い。また、アキレス腱を突いて攻勢をかけてくるレイヤーマスターも成功のチャンスは大きいだろう。

デコンストラクションが起こりやすいもう1つの背景には、もともと何か非合理なもの、非効率な部分が存在している業界・市場がある。デコンストラクターは、特に消費者にとっての不合理や不条理が存在するところを突いてくる。コンピュータを買いたい消費者にとって、ある店ではIBMのコンピュータしか扱っていない、ある店では東芝のコンピュータだけというのでは、あまりにも不合理である。家電も同様で、掃除機を買いたいのでいろいろ見たいと思っている消費者にとって、ナショナル製品だけのナショナル・ショップは不合理で

あるとともに、そこで掃除機以外のテレビやビデオまで勧められたのでは不条理というものである。こうしたところに、量販店のようなデコンストラクターが、消費者ニーズに適合したサービスで攻勢をしかけてくると、一気にデコンストラクションが進む。

また、消費者に不合理を強要する典型は規制業界である。規制とは、本来、市場原理だけでは社会や消費者に悪影響を及ぼす危険を制限するためのものだが、形骸化した規制はほとんどの場合ある特定のプレーヤーを守るためのものとなっている。そこで、消費者や他のプレーヤーは不利益を被る構造となる。このようなマーケットでは、規制緩和が行われた途端にデコンストラクションが起こる可能性が高い。金融、通信、医薬品などの規制が厳しい業界では、規制が緩和されるごとに新しいプレーヤーにチャンスが訪れる。

デコンストラクションを起こすトリガーとして、規制緩和に次いで大きな要因は技術革新である。新しい技術が出現し、コスト構造やコストの相対的な優位性が変わることにより、いままでは不可能だったプロセス、それまでとは違うやり方がむしろ効率的になるといった変化が起こる。そうなったとき、従来のバリューチェーンは大きく崩れ、デコンストラクションが一気に進む可能性が高い。インターネットはまさにこれに当たる。インターネットもなく宅配便もなかった20年前には、アマゾンのような業態はまったく考えられなかったわけで、インターネットという技術革新と宅配便業者の技術改善、そこに規制緩和が加わることでコスト構造がガラリと変わってしまったのである。

ところで、技術革新といっても、デコンストラクションのきっかけとなるのは必ずしも新技術だけではない。既存の技術であっても、そこに革新的なアイデアが存在すれば、デコンストラクションを起こすことが可能なのである。たとえば、宅配ピザは外食産業にとっては脅威的なデコンストラクターとなったが、新しい技術ではなく、電話とバイクによる革新である。さらに雇用形態や作業プロセスの標準化を組み合わせたことで、新たな業態を誕生させたのだ。

◉──だれに注意すべきか、どこから攻めてくるか

このようにデコンストラクションはさまざまな条件から起こる可能性があるが、実際にはどのようなプレーヤーが仕掛けてくるのであろうか。それは、や

はり既存のしがらみのない人たちである。具体的には以下のようなプレーヤーがあげられよう（図表4－11参照）。

- 外資系企業
- 異業種参入
- ベンチャー企業
- 既存プレーヤーの変身

外資系企業に関して言えば、すでに欧米で実績を上げた企業が次々と参入してきている。日本のメーカーは海外の市場で熾烈な競争を戦っているが、金融業や流通業などの国内市場は規制に守られたり、伝統的な商習慣に助けられたりして熾烈な競争に直接さらされていない面がある。外資企業はそうした市場に狙いを定め、自国内での成功モデルを武器に攻め込んできている。もともと日本に大きな基盤があるわけでもなく、失うものもほとんどない、まさに既存のしがらみのない外資系企業は最も勢いのあるデコンストラクターということ

図表 4-11　デコンストラクターの攻め口

事業モデル		アンバンドル化（バラ売り／いいとこ取り）による効率化			中抜きによる効率化	顧客の妥協解消
		顧客	バリューチェーン	製品／部品		
	レイヤーマスター	外資系損保（アメリカンホーム、ダイレクト、チューリッヒ）		ローム（LSI）	外資系損保（アメリカンホーム、ダイレクト、チューリッヒ）	
	オーケストレーター	アスクル			アスクル	
	マーケットメーカー	ガリバー（中古車買い取り）ECN			多くのB2Bマーケットプレイス	フルキャスト
	パーソナルエージェント	プライベートバンク				アマゾン

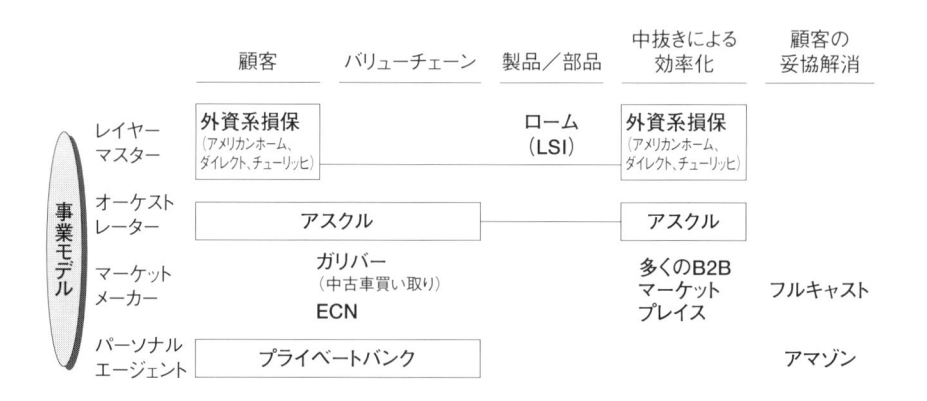

ができる。

　異業種参入も増えている。ソニーの生命保険業への参入などが思い浮かぶが、当時の常識としては生保のセールスは女性外交員と相場は決まっており、人海戦術による一種の「お願いセールス」であった。それに対してソニー生命では、営業マンに男性社員を多数採用し、彼らが保険のプロフェッショナルとして顧客に保険の知識を提供し、ニーズに合った保険の設計から資産計画までアドバイスするというセールス法を取り入れ、業界に大きなインパクトを与えた。まさにパーソナルエージェントの走りである。異業種参入の場合は、参入業界の常識や慣習にとらわれないことが成功へのカギとなる。

　ベンチャー企業も強力なデコンストラクターである。旅行業界を変革したHIS（レイヤーマスター）、写真のDPE店を変身させたプラザクリエイト（レイヤーマスター）、プリクラというヒット商品を生んだアトラス（オーケストレーター）などがある。これらの企業の強みもまた、失うものが何もないことと、既存業界の常識にとらわれない発想である。

　最後の既存プレーヤーの変身とは、今日最も求められているタイプである。同じ業界からのデコンストラクターであるがゆえに、先を越されると対抗しにくい。海外には、IBMなど自らのデコンストラクションに成功した大企業の例も多い。

　どの企業も、自分の業界のどのあたりでデコンストラクションが起こりそうかを見極めた後は、それを実現しそうなプレーヤーを把握すべきである。そのとき、デコンストラクターは、自分たちとはまったく異なるルールで競争を仕掛けてくることを忘れてはならない。

◉──デコンストラクターになるための4か条

　では、最も難しい既存プレーヤーの変身において、自らがデコンストラクターとなるためには、どのような方法があるのだろうか。以下に、既存プレーヤーがデコンストラクターになるための4か条をあげてみよう。

❶自己否定
❷常識への挑戦

❸他人の力の活用
❹意思決定のスピードアップ

　まずは自己否定が重要となる。自己否定の難しさは、過去の成功パターンや、過去から築き上げられてきたいまのビジネスモデルを否定しなければならない点にある。自己否定は痛みを伴う。既存の顧客基盤を活かすことが、本当に将来の競争優位につながるのか。長期的な取引関係にあるサプライヤーとのバリューチェーンで他社からの参入に勝ち残れるか？　こういった視点で自社を冷静に見つめることが必要になる。しかし、すべてはそこから始まると覚悟しなければならない。そして、いま自らが行っている事業活動の秩序やその事業活動の根拠となる業界の秩序に対して、いかなる不合理があるのかをきちんと見つめることが肝心である。

　自己否定とともに重要なのが、常識への挑戦である。企業は本来、その活動を通して常に常識に挑戦し続けることが求められているものだ。ところが残念なことに、多くの企業でこの姿勢が失われている。日常のなかにも、こんなことができたら世の中は変わるだろうな、と思うことは結構あるものだ。先述のデルはいい例で、注文を受けてから部品を発注して組み立てれば３つのロスはなくなるが、それをやると納期が１か月もかかってしまう、これが当時の常識だったわけである。その常識をどうやったら変えられるか、数日で商品を届けるにはどうしたらよいかをデルは徹底的に考え抜き、ついに「デル・システム」をつくり上げたのだ。常識にとらわれた従来の思考パターンからは、斬新なアイデアは決して出てこない。

　３つ目は、他人の力の活用である。この章の冒頭にも述べたように、自前での事業貫徹が、必ずしも顧客から見た付加価値となっていないケースは多い。常識を覆すような大きなパラダイム変換を実現するためには、そのすべてを自分で行いコントロールすることは難しい。バリューチェーンの各機能の役割、経済性、自社事業への貢献度を明確に定義し、本当に必要な機能は何か、どこで他人の力を利用するかをきちんと見極めなければならない。

　最後は意思決定のスピードアップである。新しいビジネスモデルで優位性を築くためには、新商品の開発と同じで他人より迅速さで抜きん出ることがきわ

めて重要である。新しいルールを自ら決めなければ、他者に新しいルールをつくられてしまう。デコンストラクターになるためには、いままでの意思決定のスピードでビジネスを展開していたのでは、まったく間に合わないことを自覚すべきだろう。

変化はチャンスである。これからのネットワーク社会においては、ますますデコンストラクションが進展するという認識のもと、破壊と創造を繰り返していかなければならない。

なお、意思決定のスピード化については、第7章「時間優位：タイムベースの競争」のところでも紹介したい。

◉──何がバリューかを突きとめ、一気にジャンプせよ

デコンストラクションはビジネスモデルを再定義することだが、そのためには、大きな飛躍が必要である。そのジャンプが大きければ大きいほど、大きなビジネスチャンスにつながる。

そもそもビジネスモデルの再構築というと、きわめて穏やかに少しずつ新しいビジネスモデルにシフトしていくことも考えられる。生産の部分だけを切り離して共有化し規模の経済を追求しようといったときも、まずは数社が集まって相談し、生産に特化した事業会社をスタートさせて、そこに投資しながら設備の増設などを行っていくといった緩やかな進め方ももちろん可能である。しかし、デコンストラクションの目指すところは、既存プレーヤーが対抗できないところまで一気にジャンプすることであり、緩やかな移行では、特に強大な既存大企業には対抗できない。ある特定のセグメントにバリューを見出したならば、そこに特化し一気に規模の経済を実現してシェアを取らなければ勝てない。このように一気にジャンプするためには、結果としてM&Aやアライアンスが必然となってくる。

デコンストラクターには中途半端な妥協は許されない。バリューを突きとめたなら、一切の妥協を廃して、そのバリューで一気に優位に立つことにすべての照準を合わせるべきなのだ。デルのビジネスモデルをこの視点から再度眺めると、その成功要因は、納期短縮という常識への挑戦に際し一切妥協をしなかったことにある。それを満たしてくれないのであれば、たとえどんなに魅力的

な提携相手でも排除した。

　デコンストラクターにとって、自らのビジネスモデルの最大のバリューは何か、それを実現するために超えなければならない壁は、納期なのか、コストなのか、品質なのか、その基軸を明確に打ち出すことが求められる。そして、そこにおいて妥協は許されない。他人の力を活用する際のポイントもここにある。

◉──バリューチェーンを見直す3つのレンズ

　次に、デコンストラクターの脅威を察知し、それに対抗して、自ら先にデコンストラクションを仕掛け、競争優位を築くにはどうしたらよいかを考えてみよう。

　デコンストラクターは、既存のビジネスモデルの非合理性を鋭く攻めてくる。非合理性には潜在するもの、顕在化しているものの両方がある。デコンストラクターに対抗するには、自らの事業のバリューチェーンをつぶさに見直して、潜在、顕在する非合理を排除していかなければならない。では、どのような視点で見直したらいいのか、それを示したのが**図表4-12**である。

図表 4-12 ｜ バリューチェーンを見直す3つのレンズ

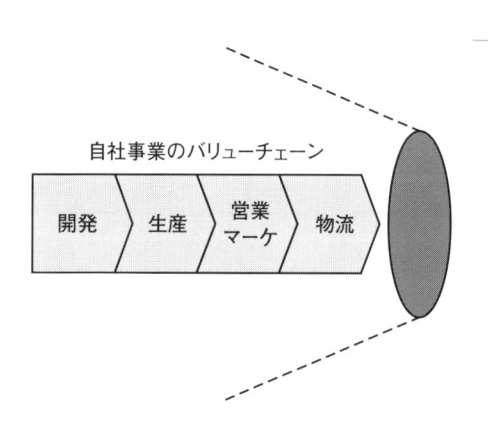

いくつかの"レンズ"を通じて
事業を見直してみる

❶ 規模のレンズ
  ● バリューチェーンをバラして、そこだけまとめることで、規模の経済は効くか?

❷ 付加価値の偏在のレンズ
  ● バリューチェーンのなかで、コストの割に付加価値の低いところはあるか?または、その逆はどうか?

❸ 顧客の妥協のレンズ
  ● 現状のバリューチェーンは、顧客に妥協を強いていないか?

自社事業のバリューチェーン：開発 → 生産 → 営業マーケ → 物流

バリューチェーンを見直すには、3つのレンズが考えられる。

❶規模のレンズ
❷付加価値の偏在のレンズ
❸顧客の妥協のレンズ

❶規模のレンズ

　規模のレンズとは、バリューチェーンをバラして、ある部分をまとめることで、規模の経済が効くかどうかを見直してみることである。もし、規模の経済が効くのであれば、機能と機能とをくっつけたり、あるいはバラしたりして、規模の経済を追求すべきである。たとえば物流の部分で規模の経済が効くのであれば、その事業の物流に特化することや、さらには物流専門会社に転身することも視野に入れて事業を見直すべきである。

❷付加価値偏在のレンズ

　付加価値偏在のレンズとは、バリューチェーンのなかで、コストの割に付加価値の低いところを見直すことである。これは、主にインテグレーター型大企業に必要なレンズで、付加価値の低いところに対して、自前でやっているがゆえに高コストを招いていないかどうかを見直すための視点である。

　付加価値偏在を見直した例としては、ソニーがソレクトロンに生産委託したことがあげられる。生産体制の効率化を目指していたソニーは、ソレクトロンに工場を売却するとともにエレクトロニクス機器などの生産をそのまま委託するという施策に出た。これは、ソニーが付加価値偏在のレンズで自社の生産体制を見直した結果である。その意味するところは、ソニーにとっては生産は付加価値の低い部分である一方、ソレクトロンはEMSという新しい手法によって生産部門での高付加価値を実現しているということだ。シスコシステムズ（以下シスコ）などはさらに進んだ例で、自分のところでは付加価値とコストの経済性が合わない生産部門や工場を一切持たず、開発とマーケティングの部分のみに特化している。シスコにとって、低いコストで高い付加価値を実現できる機能は何かを徹底的に考えぬいた結果である。

従来、家電メーカーなどは、こうした低付加価値の部分については、それを下請けに出すことでコスト削減を行ってきた。下請け企業は低コストで労働者をたくさん集めて、組み立てなどの作業を行っていた。いま起こっていることもコスト低減の発想自体は同じだが、その方法はバリューチェーンの構造そのものを変えてしまうほどインパクトの大きいものである。コストと付加価値の関係が見直されているという点で、多くの下請けを使って付加価値偏在を調整し続けてきた統合型大企業のこれまでのやり方とはまったく異なる。

　小売業に目を転じれば、コンビニエンスストアは徹底的な高付加価値戦略で、常に棚の品揃えを見直している。現在、コンビニエンスストアでは、お弁当は最も儲かる商品である。したがって、開発から生産まですべてを自分たちで行い、高い付加価値をつけて店頭の棚に並べる。しかし、お弁当の隣の棚は、単に小売業として菓子メーカーに貸しているだけであり、高付加価値が取れるところだけに特化してバリューチェーンを組んでいる。ただし、非常に良質で低価格の大規模弁当屋さんが競争相手として出現した場合、お弁当の棚は彼ら大弁当屋に貸したほうがむしろ付加価値が取れるようになるかもしれない。調理技術や冷凍技術のブレイクスルーで業界の構造が変わる可能性もある。市場は刻々と変化していくので、常に付加価値の偏在のレンズで自社事業を見直し続けることが重要である。

❸顧客妥協のレンズ

　顧客妥協のレンズとは、先にも触れたが、消費者から見たときの不条理を見直すことである。消費者は、消費活動のさまざまなシーンで、なぜこうしてくれないのかという供給側への素朴な疑問を口に出すこともなく、当たり前のように妥協させられている。それは、デコンストラクションの視点から見れば、供給側の企業にとってきわめて危険な地帯である。規制緩和や突然の技術的ブレイクスルーが起これば、デコンストラクターは容赦なくその不条理を突いて攻めてくるだろう。そして、これまで妥協を強いられてきた消費者は、そうしたデコンストラクターを熱狂的支持とともに迎えるのである。

　たとえば、現在複数の映画館で上映されている話題の映画を見に行こうとしたとき、いまから行って座って見られる映画館はどこなのか、我々はまだその

情報を一瞬で得られる術を持たない。電話で問い合わせて、おおよその状況を知ることはできるが、結局は映画館に行き実際に並ばないとわからない。あるいは、コンサートや劇のチケットなどのように、あらかじめ座席を予約して購入してしまうものは、急に行かれなくなったとき、その前売り券をどうするかは大問題である。周囲の人に「だれか行かない？」と言い回っても、なかなか都合が合う人には巡り会えない。結局、「残念だなぁ」とため息をついて、チケットをムダにしてしまう。この場合、人気コンサートであれば、そのチケットを欲しがっている人はどこかに必ずいるはずなのだ。しかし、その人がどこのだれなのか、どのようにしてチケットを渡すか、そうした情報が流通していないために、行かれない人も行きたい人も二重の損失を被らなければならない。こういったところに、携帯電話などを使った情報の流通システムができあがると、一気にチケットの売り方、買い方に異変が起こる可能性が高い。もうすでに、実験的な試みは行われている。

消費者の妥協に関して言えば、現代人が最も不条理を感じるのは、時間の妥協であろう。先に紹介したリクルートの『週刊住宅情報』は、現在ではデジタルコンテンツ化されており、同社の運営する「ISIZE」というポータルサイトからも同様の住宅情報を入手することができる。消費者は不動産物件の検討に際して、地元の不動産屋を回るというローカルな行動の制約からも、不動産屋の開いている時間しか対応してもらえないという時間的制約からも解放される。

顧客妥協のレンズで見直すと、どんなビジネスにもある、「24時間いつでも好きなときに」という顧客ニーズが満たされていない部分が大きくクローズアップされるはずである。自社事業において、このような部分はどこにあるかを観察すれば、そこに大きなビジネスチャンスがある。アマゾンも、コンビニエンスストアも、時間の妥協克服が1つの大きな成功要因であることは言うまでもない。

顧客妥協のレンズで見ると、たとえば雑誌などのいわゆる紙媒体を主体としたメディア事業にも不条理が映し出される。ある特定のニュースに関する記事が読みたいとき、関連記事を5社の週刊誌が取り上げていれば、我々消費者は仕方なくその5誌を購入して読み比べる。また、200ページのなかで読みたい記事が4ページだけだとしても、消費者は妥協して200ページを買うことにな

る。これは、顧客にとってはある意味で不条理である。ただし、雑誌という紙媒体のパッケージ商品は、製作の仕組みや販売の仕組み、さらには広告をはじめとした収益構造などから、ページ売りの可能性は低い。したがって現状では、複数の雑誌のリアルタイムのクリッピングといったサービスは、技術的な問題と経済合理性の問題との両面から難しいといえよう。しかし、新聞業界ではすでにインターネット上で個人の読みたいジャンルのニュースのみを一定時間ごとに配信するサービスが出現しており、まさにパーソナルエージェント型新聞社の先進事例として注目されている。こうした仕組みが普及すれば、記事から流通チャネルまでバリューチェーンすべてを自前で持っている既存のメディア業界プレーヤーは、苦しい立場に追い込まれるかもしれない。

● ── デコンストラクションとインターネット

　新聞や雑誌の記事がそうであるように、商品がデジタル化しやすい業界では、商品やサービスがネットワークに乗りやすいために、新しい流通モデルが生まれやすい。こうした業界では、デコンストラクターの4つすべてのパターンがあり得る。金融業界、エンタテインメント業界、そして前述のメディア業界などもこれにあたる。

　たとえば、ゲーム業界を考えてみると、ゲームソフトは店頭では通常3000円から6000円くらいで売られている。その価格のうち、ゲーム会社がとるのは通常4割以下といわれている。ところが、NTTドコモのｉモードのコンテンツとしてゲームをネットワーク配信すれば、ドコモに払うのは売上げの9％なので、粗利率は実に91％にものぼる。このことが意味しているのは、ゲームをリアルな物としてリアルな世界で売るのと、インターネット上のバーチャルな世界で売るのでは、リアルな世界のほうが物流費をはじめとするコストが桁違いに大きいということだ。

　したがって、バーチャルな世界でもリアルな世界と同じように機能し、品質も変わらないものは、商品であれサービスであれ、ｅコマースへの転換が進み、デコンストラクションのターゲットになる。こうしたｅコマースの脅威を回避するためには、リアルな世界でしか価値が見出せないものに特化するしかない。たとえば、対面販売でなければ売れないものは、ｅコマースの対象にはなりに

くい。

　ここで興味深い例をご紹介しよう。かつて，NTTが「ワンナンバー・サービス」という，複数の端末（自宅や事務所の一般電話やファックス，携帯電話，ポケベル，PHSなど）の番号を個人専用の番号（ワンナンバー）に統一し，きめ細かいサポートを行う高度通信サービスを開始した。このサービスは，営業マンや個人事業者など煩雑に移動する利用者を想定したサービスで，契約者は居場所を問わず希望する通信手段で確実にメッセージを受け取ることができ，一方，発信者は契約者の個人番号（ワンナンバー）をダイヤルするだけで，契約者がどこにいようと確実に呼び出すことができる。さらに，専用番号にかかってきた通話をワンナンバーセンターを経由して，契約者があらかじめ指定した端末に転送する個人着信機能や，転送先を変更できるリモート設定機能，留守電にあたる伝言センター機能などもあり，オプションとしてファックスを蓄積しどこからでも取り出せるファックスメール機能や暗証番号着信機能もあるというものだ。まさに高度な秘書代行サービスである。

　さて，この発売にあたりNTTが発したPRメッセージは「このサービスで秘書はいらなくなります」というものであった。たしかに，このサービスを申し込めば，秘書は必要なくなるというのもわかる。しかし，市場はこのサービスを受け入れなかった。その理由は，いくらNTTの高度な技術をもってしても，やはり本物の秘書の代わりにはならないというものだった。そのことに気づかず，秘書を持つ人に「秘書がいらなくなる」と売り込んだ時点で，このビジネスはつまずく運命を背負わされたのだ。本来であれば，秘書を持っていない人に，「あなたも秘書が持てます」と売り込むべきだったのである。

　この事例を紹介したのは，「ワンナンバー・サービス」の失敗は，奇しくも，インターネットを使ったeコマースの難しさの本質を突いているからである。インターネットが出現したとき，その影響力の大きさについては，さまざまな方面からさまざまな意見が出された。もちろんビジネスの世界もインターネットによって大変革が起きると，たくさんの分析や予測が飛び交ったが，そのなかで大きな間違いが2つある。1つは，インターネットは新しい市場をつくるという楽観論である。この楽観論が間違いであることは，アマゾンの出現によって書籍の市場が大きくならなかった事実が証明している。インターネット上

の巨大な本屋も、街にできた大型書店同様、他店の市場を奪う。すなわち、ｅコマースの出現で市場自体が大きくなるというのは幻想にすぎない。

　もう１つは、インターネットの本質は付加価値を生むことであるという幻想だ。インターネットを導入することが企業にとって付加価値創出つまり売上げ増につながるわけではないことは、少し考えればわかることだが、いまだにこの議論のもとに失敗をする企業が後を絶たない。インターネットによってもたらされるものは売上げ増ではなく、明らかにコスト削減である。言い換えれば、インターネットは高付加価値化の手段ではなく、コストダウンの手段以外の何物でもない。その理由が、先ほどのNTTの「ワンナンバー・サービス」の例と連動してくるのだ。

　インターネットの検索機能がどれだけ優れていようと、どこか雰囲気のいいレストランを探そうと思ったとき、食通の友人がいればその人に聞くほうがよほど付加価値の高い情報を与えてくれる。その人の持つ情報は、自分のすべての感性を使って集めた情報である。彼（彼女）はそのなかから、依頼人である友人の思いに最適なものを親身になって選択し「あそこがいいよ」と勧めてくれるはずだ。こうした付加価値をインターネットに求めても所詮無理な話である。多くの消費者は、そういう優れた情報源に恵まれておらず、既存のグルメ情報より安価で便利であることからインターネット検索を利用するのである。

　これらのことから、インターネットの本質は、第１に既存のプレーヤーの弱みを突いてその市場を奪っていくものであるということと、第２に高付加価値化の手段ではなくコストダウンの手段であるということが理解されよう。インターネットという新しくかつパワフルな技術が、ビジネスに変革をもたらすのは事実だが、その本質を見誤るとデコンストラクターのつもりで出ていった新事業で大きな落とし穴に落ちることを忘れてはならない。

● ── トールゲート・モデルでバリューを定義する

　従来型のビジネスモデルが解体され、さまざまなかたちで新しいバリューチェーンが再構築されるデコンストラクションについて述べてきたが、激変するビジネス環境下では、再構築したバリューチェーンもすぐにまた、新たなデコンストラクターに狙われる。特に、インターネットをはじめとするネットワー

クの進展は、従来のモデルを容赦なく解体し、ネットワーク主体のバリューチェーンに組み替えていくであろう。そこで、企業の多彩な事業に着目し、それらの役割、経済性、事業戦略への貢献度を明らかにすることの重要性に加え、ネットワーク主体のビジネスでは、バリューチェーンを再構成した際の個々のバリューの定義を明確にすることがますます重要となってくる。

　バリューチェーンの構成要素が持つ意味には、ビジネス全体を高速道路に見立てると4種類のパターンがあると考えられる。（図表4－13参照）

❶トールゲート（料金所）
❷イネーブラ（撒き餌）
❸ブロックプレー（阻止）
❹エンラージメント（拡大）

　トールゲートとは、だれもが利用する仕組みをつくりそこで料金をとって収益を稼ぐやり方である。イネーブラとは、トールゲートへ顧客を誘導するため

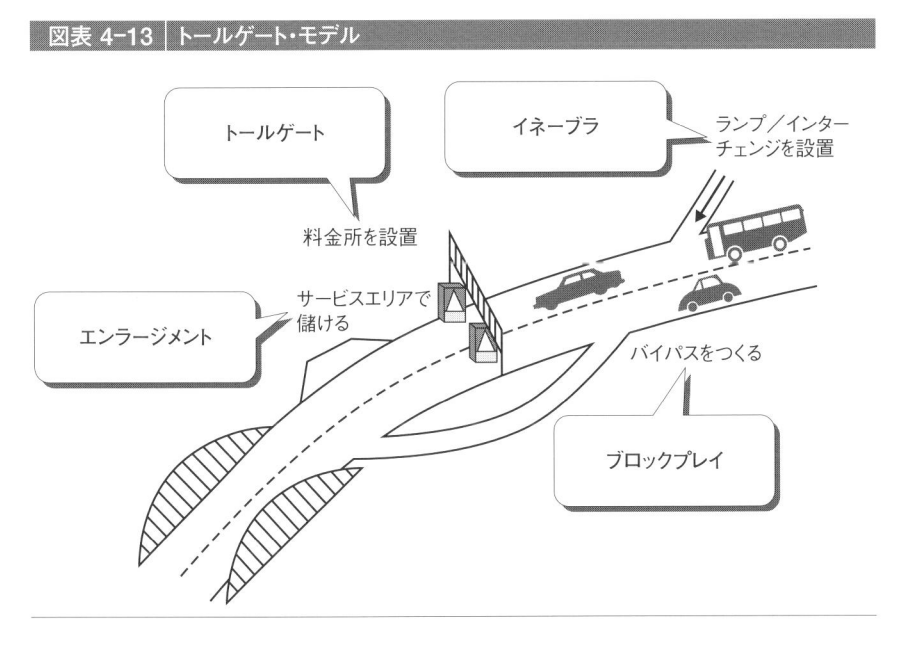

図表 4-13 ｜ トールゲート・モデル

に餌を撒くやり方である。ブロックプレーとは、ライバルのトールゲートを封じ込めるために、バイパスをつくりそちらへ顧客を誘導するやり方である。エンラージメントは、いったん強固なトールゲートを築くことに成功したら、さらにその先に新たな儲けのエリアをつくって、覇権を拡大するやり方である。

携帯電話ビジネスを考えれば、料金を徴収するトールゲートはネットワークそのものである。日本の場合は、NTTドコモがここでの圧倒的な市場シェアを誇っている。しかしそのネットワークを利用するには端末が必要である。そこでドコモは、携帯電話機を撒き餌（イネーブラ）として市場にバラ撒いたが、携帯電話機の役割はあくまでもイネーブラであるので、そこで儲ける必要はない。実際にドコモは端末機メーカーから仕入れた原価を割る値段で携帯電話機を販売しているが、仮にそこで赤字を出しても１人でも多くの人をネットワークに誘い込めるのであれば問題はないのである。では、ドコモにとってｉモードサービスや着メロなどのコンテンツサービスは、どのように定義されるのか。

そもそもｉモードは、音声だけの需要には限界があるのでデータ通信を増やそうという狙いで始めたサービスである。その意味では、ｉモードは当初、音声に代わる新たな料金所（トールゲート）を確立しようという拡大（エンラージメント）戦略の撒き餌（イネーブラ）の役割を担っていたのだが、実際に始めてみると予想以上の成功をもたらし、ｉモード自体が新しいインフラを構築してイネーブラというよりはトールゲートになりつつある。そうなると、今度はｉモードというトールゲートを通過してもらうために、コンテンツ配信などをイネーブラとして行うといった構図ができあがる。

このように順番にきちんと定義していくとよく理解できるのだが、バリューチェーンの組み替えでしばしば起こる失敗は、最初にこの位置づけを間違えてしまい、当初の目論見が見事に崩れてしまうことである。実際、イネーブラで儲けようとしたり、エンラージメントをトールゲートにしようとしてうまくいかない例が実に多い。

音楽配信サービスを例に考えると、音楽配信はなかなかトールゲートにはなりえないので、コンテンツ提供会社とアライアンスを組んでサービスをバリューチェーンに組み入れるが、そのとき、単にイネーブラとして着メロサービスを行うのか、あるいはレコード会社などと組んで新しい楽曲サイトを立ち上げ

てエンラージメントとするのか、最初の定義がきわめて重要となる。その新しい着メロサイトにどのような役割を期待するのかによって、3、4社の提供会社と提携すれば十分という場合もあるし、あえて主要10社すべてと契約を結んでライバルに対するブロックプレーに出なければならない場合も起こる。

　ところが、着メロサイトを立ち上げるとき、この新しいサイトはイネーブラでもあり、著作権料ビジネスなどエンラージメントとしても有効で、ブロックプレーもでき、さらにはまったく新しいビジネスとして課金システムを構築すれば将来はトールゲートへの成長も期待できる、といった青写真を描くケースがよく見受けられる。これは、この着メロサイトを何のために始めるのかというビジネスモデルの本質を見失った空虚な青写真というほかない。収益性という視点から見ただけでも、イネーブラとしてやるのであれば赤字でもいいし、エンラージメントでも収支がプラスでさえあれば問題はない。しかし、トールゲートとなればマイナスは絶対に許されない。それほどの違いがあるのだ。すべての可能性があると最初から考えること自体、明らかに戦略を欠いており、これでは付加価値の高いバリューチェーンの構築はできない。

　個々のバリューの定義によって、ライバルとの戦い方も提携先とのアライアンスの組み方もまったく違ってくる。この点を誤ると、個々のバリューがその役割を発揮できなかったり、経済性が成り立たなかったりと、バリューチェーンの再構築は失敗に終わる確率が非常に高くなる。デコンストラクターは、こうしたバリューチェーン組み替えに潜む、バリューの定義の蹉跌を踏まぬよう見極めを行うべきである。

第 5 章

事業構造
プロダクト・ポートフォリオ・マネジメント (PPM)

Product Portfolio Management

1 ……事業構造のポートフォリオ

　ある単一事業を起こして創業した企業も、多くの場合、事業の拡大とともに新たなビジネスチャンスを探し当て、それらの分野へ進出していき、複数の事業を営むようになる。もともと花札の製作からスタートした任天堂は、トランプ、カードゲームなど数々の事業を展開し、現在では家庭用ゲーム機器・ソフトメーカーとして一大王国を築くに至っている。また、オートバイ事業からスタートしたホンダも、汎用エンジンへと展開し、現在では、自動車はもちろん、芝刈機、除雪機など数々の事業を手掛けている。

　複数の事業を組み合わせて、全体の構造の最適化を目指すのが、事業ポートフォリオの考え方の基本である。企業が株主価値を高めていくためには、個々の事業の競争力はもちろんのこと、事業の集合体としての競争力を身につけなければならない。限られた資金を効率的に運用し事業間の相乗効果を図るために、事業ポートフォリオの効果的マネジメントが必要になる。ポートフォリオを考慮せずに複数事業を運営していると、投入すべき事業に資金を回さなかったり、儲からない事業に過剰に投資してしまったりして、企業全体として非効率な資金運用となり、成長機会を逸してしまう。資源配分の最適化を図るための原則がPPM（プロダクト・ポートフォリオ・マネジメント）である。

2 ……PPM（プロダクト・ポートフォリオ・マネジメント）とは何か

●──PPMの基本原理と概念

　複数の事業を抱える企業にとって、いかなる基準に則して、限られた資金を各事業に配分するかが問題となる。資源の投入パターンや配分を誤ると、企業の競争力を失いかねない。多角化企業は、持続的な成長を達成するために、全社的観点からさまざまな製品・事業の組み合わせ（ポートフォリオ）を常に見直し、キャッシュフローの最適化を図らなければならない。そのとき、現在

利益の出ている事業ばかりでなく、利益は出ていないものの今後急成長しそうな事業、すなわち将来の企業成長の源泉となる事業が何であるかを見極め、そちらにも資源を投入していく必要がある。戦略的な資源配分は、事業の「選択と集中」においてきわめて重要な経営課題である。

　PPM（プロダクト・ポートフォリオ・マネジメント）は、こうした企業の「最適な資源配分」という戦略課題に分析的に答えるために、1970年代初めに開発されたモデルである。1960年代のアメリカは、コングロマリット（多くの企業を傘下に収めた複合企業）による企業買収が次々に展開した時代である。どの経営者も、傘下に寄せ集められたさまざまな性格の事業群を、いかに全体として運営するかに悩み、事業ポートフォリオ運営の枠組みを探していた。PPMは、そうした時代の要請に応えて生まれた。いまや経営戦略論としては古典的な手法と認識されつつあるが、とかく従来のやり方に対する本質的な問題提起が起きにくい企業のなかで、議論の場をつくり出し、異なった性格の事業を比較・検討する共通の土俵を提供する役割においてパワフルなコンセプトであることに変わりはない。

　では、具体的にPPMとは何かを見ていこう。キャッシュフローの観点から見た場合、数多くの事業を性格づける要因を単純化すると、大きく次の2つが考えられる。

❶キャッシュフロー需要＝その事業の市場成長率
❷キャッシュフロー創出力＝その事業における自社の競争上の地位（相対的マーケット・シェア）

　資金需要（資金の流出量）はその事業の市場成長性によって規定され、資金創出力（資金の流入量）は市場における競争上の地位によって規定されるという考え方である。

　PPMではこの2つの次元でそれぞれの事業を評価する。縦軸に市場成長率を、横軸に競争上の地位を最も反映し、かつ、測定可能な指標として相対的マーケット・シェアをとったマトリックスによって、事業群を4つのカテゴリーに分類する。相対的マーケット・シェアとは、トップ企業の場合、2位企業の

シェアに対する自社のシェアの比率、2位以下の企業の場合、トップ企業のシェアに対する自社のシェアの比率である。それぞれのカテゴリーにはユニークな名前がつけられており、それぞれ「金のなる木」「花形製品」「問題児」「負け犬」と呼ばれる（**図表5－1**）。

4つのカテゴリーは、それぞれ以下のような特徴を持つ。

● **金のなる木（Cash Cow）**
相対的マーケット・シェアが高い反面、成長率の低い事業が「金のなる木」である。特徴は、シェアの維持に必要な再投資分をはるかに超えた多大の現金流入をもたらすことである。

● **花形製品（Star）**
高成長分野で相対的に高いマーケット・シェアを占めている事業は「花形製品」であり、現金の流入量も多い反面、成長のための資金需要も大きいため、差し引いてみると必ずしも現金を創出するかどうかはわからない。しかし、その市場でトップの座を占めている限り、成長が鈍化したときには、再投資の必要が減り、大きな現金創出源となる。

● **負け犬（Dog）**
成長率も低く、相対的マーケット・シェアも低い事業は「負け犬」である。この事業は現金の流入量が少なく、さらに景気変動などの外部要因によって利益率が大きく左右されやすいという特徴を持っている。

図表 5-1 ｜ プロダクト・ポートフォリオ・マネジメント（PPM）とは

	相対的マーケット・シェア＝キャッシュフロー創出力	
	大	小
市場成長率＝キャッシュフロー需要　高	花形製品（Star）	問題児（Question Mark, Problem Child）
市場成長率＝キャッシュフロー需要　低	金のなる木（Cash Cow）	負け犬（Dog）

●問題児（Question Mark または Problem Child）
　高成長期の事業ではあるが相対的マーケット・シェアが低い製品は「問題児」である。この種の事業はほとんどの場合、現金流出（投資）を必要とする。もしその投資を行わなければ他企業に遅れをとることになり、遂には市場から消滅してしまうことになる。また、たとえその投資が行われないとしても、単に現在の低いシェアを維持する程度の投資にとどまった場合は、市場の成長が止まった時点で、今度は完全な「負け犬」にならざるをえない。

　この概念図から、以下のようなことがいえる。

- すべての事業は、市場の成長率が鈍化した段階で「金のなる木」か「負け犬」かのいずれかになる。そしてどの事業も、最終的に資金創出源すなわち「金のなる木」にならない限り、企業に対して資金的に貢献することにはならない。
- いかなる企業にも、資金を投入して育てる事業が必要である。と同時に、その資金を生み出す事業が必要である。そして、バランスのとれた事業の組み合わせ＝ポートフォリオに成功した企業のみが、安定した成長を約束される。
- すべての事業は、上述したような4つのタイプのうち、いずれかの性格を持っている。どのタイプに属するかによって、企業の全体的なポリシーに対する意義や役割はそれぞれ異なる。したがって、投資決定や業績評価の際に単一の尺度で判断を下すことは妥当でない。

── PPMの戦略的意味合い

●内部資金の理想的配分
　PPMの戦略的意味合いは、多数の事業への資金配分をどうするかという企業戦略上の基本的課題に対して、分析の手法と評価の指標を与えてくれる点である。では実際にPPMでは、いかなる資金の流れが理想的資金配分と考えられるのであろうか。
　前述のようにキャッシュフローの視点から見ると、資金需要（資金の流出量）

はその事業の市場成長性（マトリックスの縦軸）によって規定され、資金創出力（資金の流入量）は市場における競争上の地位すなわち相対的マーケット・シェア（マトリックスの横軸）によって規定される。この視点から4タイプそれぞれの資金の流出入を見ると、次のような性格づけができる。

- 「花形製品」は資金流入も多いが流出も多いため、結局、流入も流出も小さい「負け犬」同様、多くのリターンは期待できない。
- 「問題児」は、一般に莫大な投資を必要とする。いわゆる金食い虫である。
- 「金のなる木」は、資金需要の大きい他の事業部門のために現金を生み出す役割を果たしてくれるばかりか、そこでの現金流入量が企業の外部資金調達力を高めてくれるという意味でも、その意義は大きい。

こう見ると、多角化されている企業でも、実際にキャッシュを生み出してくれるビジネスは意外に数少ないことがわかる。それは「金のなる木」だけといってよい。ということは、「金のなる木」を多く持ち、そこから生まれる資金を使っていかにうまく次代の「金のなる木」を育てるかが企業成長のカギとなる。そのための方法は2つある。「金のなる木」が生む資金を「問題児」に投入し、成長性の高いうちにそれを「花形製品」に育て上げるか、あるいは研究開発に投資をして直接「花形製品」をつくり出すか、である。このための理想的な資金配分を図示したものが**図表5－2**である。

理想的な資金配分を実現するにあたり、それぞれのビジネス・タイプに与えられる戦略的位置づけは、次のようになる。

- 「花形製品」では、相対的マーケット・シェアの維持（または拡大）が至上命題である。市場の成長性が鈍化してきたとき、これは「金のなる木」になっていなければならない。ここでは市場成長率と同程度（あるいはそれ以上）で成長できるよう資金配分が行われる必要がある。
- 「負け犬」は通常、多少の現金流入をもたらすものだが、長期的には大きな将来性もなく、景気変動に敏感な体質を持っている。このタイプのビジネスにおいてシェアを増大することは、至難の業といえよう。また、この

図表 5-2 │ 企業内部の理想的な資金配分

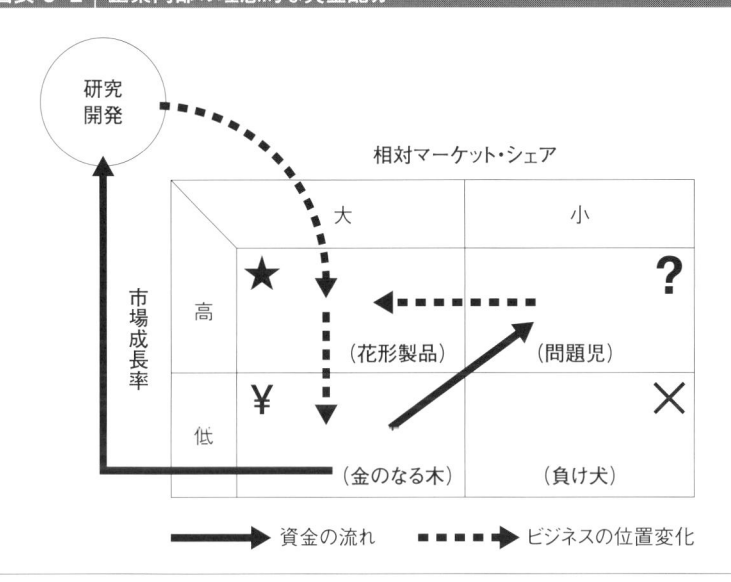

	相対マーケット・シェア	
	大	小
市場成長率 高	★ （花形製品）	? （問題児）
市場成長率 低	¥ （金のなる木）	× （負け犬）

──▶ 資金の流れ　　┄┄▶ ビジネスの位置変化

部門は赤字である場合が多く、ここに多額の投資をしても見返りは少ない。一般的に言って、この種の製品に多額の資金を注ぎ込むことは避けるべきである。

- 「金のなる木」は企業の資金源であり、多くの場合その企業の支柱となる事業部門である。したがって発言力も強く、資金面でも潤沢な部門である。しかし、実際にはこのビジネスに過剰の投資を行うことは得策ではない。シェア維持のために必要とされる以外は、資金はむしろ「問題児」など、将来部門のために振り向けるほうが賢明である。
- 「問題児」への投資は安易になされるべきではない。前述したように、「金のなる木」から生み出された資金の主要な部分は「問題児」か、研究開発投資に振り向けられるべきだが、実は研究開発によって「花形製品」を直接つくり出すことのできる業種はきわめて限られており、しかも長い時間を要する。したがって、「問題児」をいかに選択するかが戦略上重要な課題となってくる。

● 「問題児」の選択

戦略課題としての「問題児」事業の選択については、留意すべきポイントが2つある。

「問題児」の事業は、どれも放っておけば市場から消え失せる運命にある。それらは文字通り多額の投資を必要とし、手をかけて育て上げなければならない。「問題児」は徹底的に投資してシェアを獲得し、「花形製品」にしない限り、資金の浪費となる。しかし、一般に企業の持つ資金には制約があり、すべての「問題児」を「花形製品」にまで育て上げるのは困難であることは言うまでもない。

したがって第1に、一律の投資といったあいまいな施策は慎まなければならない。多角化企業のなかには、「問題児」にまで一律の投資基準、一律の目標成長率を課している企業がしばしば見受けられるが、これは非常に危険なことである。「問題児」への明確な戦略を欠いた投資が、他の部門における過少投資を招き、すべての製品・事業で徐々にシェアを失うことになりかねないからである。

もう1つよくある誤りは、一貫性を欠いた投資政策である。つまり、年によって次から次へと種々の「問題児」に焦点を移していくような投資はきわめて危険だ。このような政策の下では、各事業部門は会計的に黒字になったり赤字になったりを繰り返しながら、成長の鈍化に伴ってやがて「負け犬」の運命をたどっていき、気がついてみるとそこに投入した資金量のほうが創出された資金量よりはるかに大きいということになってしまう。こういう事態を避けるためにも、いくつかの「問題児」の縮小は意図的に行われるべきである。

● 後発企業と先発企業の違い

以上のような資金の流れは基本的に後発企業を想定したものである。新しい事業や新しい市場を創り出している先発企業にとっては、キャッシュフローのパターンは当然のことながら違ってくる（図表5－3参照）。

先発企業は、「金のなる木」で稼いだキャッシュは、すぐさま研究開発に投入されて、新事業や新市場育成のために使われる。研究開発によって生み出された「花形製品」は、最初からマーケット・リーダーであるので、それをどん

図表 5-3 後発企業と先発企業のキャッシュフローパターン

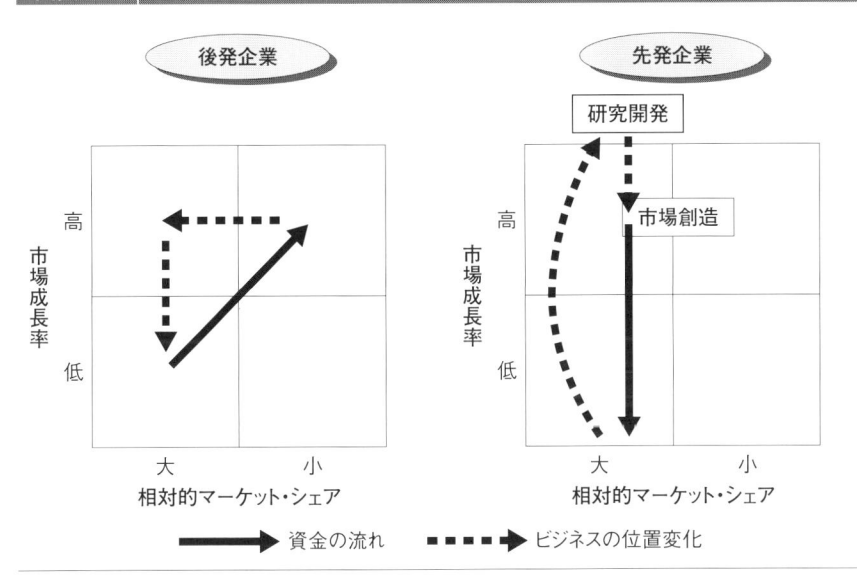

（後発企業・先発企業それぞれについて、縦軸「市場成長率（高・低）」、横軸「相対的マーケット・シェア（大・小）」のマトリクス図。実線矢印は「資金の流れ」、点線矢印は「ビジネスの位置変化」を示す。先発企業側には「研究開発」「市場創造」のラベルが付く）

どん育てていけば、市場が成熟した後は「金のなる木」となって新たな資金の供給源となる。

将来の望ましいポートフォリオを設定し、適切な資金配分政策をとりながら現在のポートフォリオを将来のあるべき姿に近づけていくことは、経営者の大きな使命である。以上見てきたように、PPMはそのための論理的な枠組みを提供するのである。

● PPMによる競合分析

PPMの全社戦略上の意味合いを見てきたが、PPMは競合他社の状況を判断するうえでも有効である。競合他社のポートフォリオから、その企業の資金力が見えてくる。

資金力は、企業の競争力を左右する条件のうち最も重要なものの1つである。どれほど優れた戦略でも、それを裏づける資金力がなければ成功しえない。企業の資金調達としては、借入金、社債、新株の発行など、多様な形態が考えら

れるが、基本的には自社の事業から現金を創出する力が資金ポジションを決定する最大のものといえるだろう。外部資金の調達能力も基本的には、その現金創出力にかかっていると見てよい。したがって、競合他社のポートフォリオを見ることによって、その企業の資金的可能性をある程度推測することは、競争優位の実現にとって強力な要件となる。

たとえば、ここに自社にとっての競合他社A社、B社の2社があり、そのポートフォリオは**図表5－4**のようなものであるとしよう。

A社は「金のなる木」に大きな事業を持っており、この事業はA社にとって大きな資金創出源になっていると考えられる。またB社と異なって、高成長分野（「花形製品」「問題児」）には限られた数の事業しかなく、「金のなる木」からの大きな資金をこれら高成長分野の事業に集中的に投資し、特に2つの「問題児」を将来の「金のなる木」に育て上げる資金的余裕を持った企業、といえるかもしれない。

一方、B社は、「金のなる木」に属する事業がなく、「問題児」に属する事業をたくさん抱えている。これらの事業を将来の「花形製品」、そして「金のな

図表 5-4 ｜ 競合A社、B社のポートフォリオ

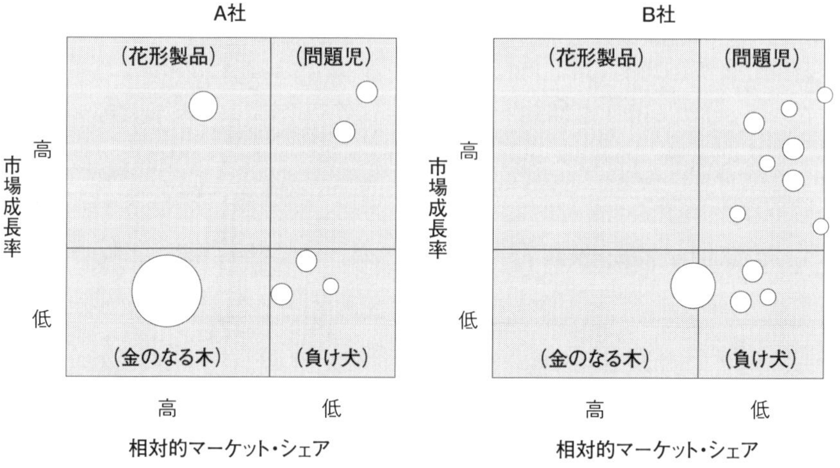

注）丸の大きさは事業の売上げ規模を示す

る木」に育て上げるには莫大な額の投資が必要なことは明らかであるが、そのための安定した資金創出源となる事業はB社には見当たらない。さらに今後長期にわたって投資をし「金のなる木」に育てるべき事業の数がB社においてはあまりにも多い。

　以上のような場合、もし自社が、A社およびB社のそれぞれ「問題児」に属する1事業と競合関係にあるとすれば、その時点でのマーケット・シェアがほぼ同じでもA社は非常に手ごわい相手となるであろうし、B社は比較的組みしやすい相手ということができる。また、B社は早晩「問題児」に属する事業を取得選択していかざるをえないので、自社が提携・買収で事業拡大を目指すのなら、B社はその有力な相手先候補と考えられるだろう。

　このように4つのマトリックスに各事業を整理してみることによって、相手企業の資金創出源となる事業が何であり、また多額の投資を必要としている事業が何かといった、各事業の資金的性格が明確に把握され、相手企業が自社との競争に振り向けてくるであろう資金的可能性も推測することができる。

● ── PPM誕生の経緯

　BCGがPPMの考え方を提唱したのは、1970年代初頭のことである。冒頭でも述べた通り、50年代後半から60年代にかけてのアメリカ企業において、最も流行っていた経営手法は「コングロマリット経営」と呼ばれるものであった。コングロマリットとは、名詞としては「集塊」、動詞としては「凝集する」といった意味を持つ言葉で、もともと地質学で用いられた用語だが、60年代以降、経済学、経営学の分野でも盛んに用いられるようになり、一般的には企業活動がいくつもの異なった事業を行うこと、ないしはそのような多角化複合企業を指す言葉として使われるようになった。

　そもそも事業の多角化には規模の経済や範囲の経済によるコスト削減や、効果的マーケティングの機会があり、企業は過去さまざまな方法で多角化を展開してきた。多角化の方法には、たとえば内部的な事業拡大、他企業とのジョイント・ベンチャー、異なる事業分野の企業の買収などがある。

　企業の多角化経営が非常に活発に行われた時期には、多角化の種類や規模にさまざまなパターンが見られ、歴史的には20世紀のアメリカでは5回の多角化

の波が見られた。

　1960年頃からの企業の統合の動きは、史上3度目の巨大な波であり、この第3の波はさまざまな市場で多様な製品群を擁する巨大コングロマリットを生み出した。多角化複合企業においては、自社が営むたくさんの事業に、限られた経営資源をいかに配分したらよいかが重要な経営課題であった。また、広く多角化を行っている企業を分析するには、その企業がどの事業分野に属するのか、何が重要な経営資源であるのか、個々の事業が企業全体の経営においてどう位置づけられるのか、といった点の特定がきわめて難しい。こうしたコングロマリット経営の経営課題、および競合分析に1つの方法論を提供したのがPPMであった。

　さらにPPMは、経営学の世界にも一石を投じた。それまでの組織論的な流れに加え、科学的分析的論理を主体とした戦略論がPPMによって出現し、その後発展していくこととなった。PIMSなどの分析的戦略論の展開においてはPPMのマトリックスは非常に大きな刺激となっていたし、そもそも発表当初からPPMマトリックスに対しては多くの異論、反論が飛び出し、修正型が出たこともまた、PPMの影響力の大きさを示すものであったと考えられる。

　こうした流れは学問的研究の世界にとどまることなく、経営者にも広く受け入れられていった。分析的戦略論によるコンサルティングが始まる以前のアメリカでは、経営とは経験豊かな企業経営者に任せられるべきものであり、科学的分析の対象とはなりにくい経験的な「技」のようなものと理解されていた。いまでこそ「プロフェッショナルな経営者」という概念のもと若い経営者が多数活躍するアメリカだが、昔からそうだったわけではない。その時代の経営コンサルティングとは、たとえば工場の効率改善といったきわめて限定的な領域での活動にとどまるか、あるいは経営者への第三者的なアドバイスなど経験主義的指導を行っていたにすぎなかった。

　そのような時代に、何よりも「経営を科学する」ことを求め、従来の経験的常識に挑戦していったのがBCG創業者ブルース・ヘンダーソンであった。PPMは彼を中心とするグループが編み出した課題解決の方法論の代表選手として、企業全体のダイナミックな変化を促進する戦略コンサルティングの世界を切り拓いたのである。

3 ……PPMの事例

● ── PPMの使い方

　PPMのチャートはスナップショット的に事業のバランスを見るためのツールとして用いることが多い。また、プロジェクトの位置づけの見直しや、事業間の相対比較を基にした企業戦略の方向性の議論のスタート材料としても有効である。すべての事業をたった4つの象限に分類してしまうことに対して、あまりにも単純化し過ぎるとの批判もあるが、その意味するところが明確であり、組織のなかで共通の議論の土俵を提示することができる。

　ここではBCG出身の相場宏二早稲田大学ビジネススクール教授の分析をベースにキヤノンのポートフォリオを例に、そこから何が見えてくるかを追ってみよう（ポートフォリオ・チャートの作り方は、囲みの解説を参照されたい）。

Column：ポートフォリオ・チャートのつくり方

　ポートフォリオ・チャートを作成するには、①象限の区切り、②円の座標、③円の面積という3つの作業が必要になる。

❶象限の区切り

　縦軸、横軸の境界に関しては、厳格な決まりがあるわけではない。基本的な目安としては、縦軸の境界をその業界の平均成長率、横軸の境界を相対的マーケット・シェア1.0倍（マーケット・リーダーであるか否か）に置く。

❷円の座標

　横軸は相対シェアだが、トップ企業の場合は、2位企業のマーケット・シェアに対する自社のシェアの比率で位置をとる。2位以下の企業の場合は、トップ企業のマーケット・シェアに対する自社のシェアの比率で位置をとる。

たとえば、シェアがA社40%、B社20%、C社10%の場合、相対マーケット・シェアは、それぞれA社2.0（倍）、B社0.5（倍）、C社0.25（倍）となる。縦軸は市場成長率だが、今後3～5年の年平均予想成長率を用いる。本来、今後の予想市場成長率を用いるべきだが、実務上は直近の3～5年の年平均成長率をとることが多い。

❸円の面積

円の面積は、売上高に比例するようにする。あくまで重要なのは各円の面積比なのであり、円自体の大きさは任意で決めてよい。

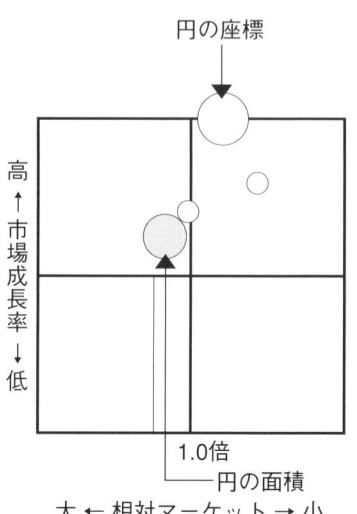

たとえば、売上高がA事業40億円、B事業20億円、C事業の場合、A事業の円の半径を2センチとすれば、B事業は1.4センチ、C事業は1センチとなる。

● シェアの定義についての留意点

なお、実際にグラフを作成する際には、

・全体市場におけるシェアを用いるのか、それともセグメント別シェアや国別シェア、チャネル別シェアを用いるのか

・シェアは売上高ベースで出すのか、それとも数量ベースで出すのか

など、シェアの定義を明確にしておかないと、後に議論がかみ合わなくなる。結論としては、実際に収益性に影響を与える市場セグメント内のシェアを計算することが必要である。わかりやすい単純な例で説明すると、ダイハツの自動車のシェアを計算するときは、乗用車市場全体に占めるシェアではなく、軽自動車市場内のシェアを見たほうが、競合とのコスト比較などを議論しやすくなる。また、商品ミックスの差などを排除するため、数量ベースではなく、金額ベースのシェアを用いることが望ましい。

※本コラムは『MBA経営戦略』(相葉宏二著、グロービス・マネジメント・インスティチュート編、ダイヤモンド社) を参考にした。

●──キヤノンの事例

　以下の6枚のプロダクト・ポートフォリオは、公表データで比較的簡便にわかる範囲で作成したものだが、1971年、75年、80年、84年、90年、95年と、キヤノンの事業内容の変遷がスナップショットのように映し出されている（データの制約から、集計対象となっていない製品の漏れ、データの定義の変更等があることをお断りしておく）。

　ポートフォリオの変遷を、キヤノンのホームページ等に見られる事業領域・製品の大きな動きと合わせて見ていきたい。

　1971年のポートフォリオは、公表データでとれる範囲で描くと、「花形製品」と「問題児」しか見当たらない。当時は、一眼レフカメラでトップメーカーだったキヤノンが、将来のカメラ市場の成熟に備え、事務機へと多角化を図っていた時期である。同社は、1964年にテンキー式卓上電子計算機を発表し、70年10月には、世界最初の携帯電卓ポケトロニックを発売している。電卓ではまだマーケットリーダーにはなっていないが、市場規模が大きいため、売上げはすでにかなり大きくなっている（**図表5-5参照**）。

　本業では、主力製品の一眼レフの売上げが大きい。市場規模が小さいため売上げも小さいが、コンパクトカメラでもマーケット・リーダーである。交換レンズではニコンに大幅に引き離されている。

　このチャートにはまだ表れていないが、コピー機の開発にも投資しており、この年、国産初の普通紙複写機を発売している。

　1975年のポートフォリオチャートを見ると、多角化製品がいくつも登場しているが、多くの製品が「問題児」の領域に位置する構図になっている。オイルショックなどの影響でカメラ市場が低迷するなか、電卓、コピー機、電子会計機など多くの多角化製品への投資が必要となり、その結果カメラのシェアにも悪影響が出たという見方もできる（**図表5-6参照**）。

　電卓市場では、72年に、カシオが従来の3分の1の価格の1万2800円でカシ

オミニを発売し、電卓を事務機から一般消費者向け商品に転換することに成功、市場を席巻した。この影響で、キヤノンの電卓事業は窮地に陥っていた。財務成績も悪化し、75年上期に同社は初の赤字決算・無配に転落した。この頃のポートフォリオに見る課題は、資源の分散を避け、集中投資により「花形製品」を作り出し、資金源と必要投資資金のバランスを好転させることである。この後、賀来龍三郎氏が中心となって経営の再生が進められることになる。

なお、このチャートには現れていないが、プリンタの開発にも投資しており、この年、レーザビームプリンタ（LBP）の開発に成功している。

1980年のポートフォリオチャートからは、多くの事業で競争力が回復していることが読み取れる。カメラ事業では、一眼レフ、コンパクトカメラとも、「花形製品」に返り咲いている。76年の世界初のマイクロコンピュータ内蔵カメラ「AE-1」（一眼レフ）の発売、79年の自動焦点カメラ「AF35M（オートボーイ）」（コンパクトカメラ）の発売により、市場に大ブームを巻き起こしたが、これらの成功が寄与したと考えられる（**図表5－7**参照）。

コピー機事業のシェアも伸ばしている。電卓事業は、成長が鈍化し、負け犬事業になろうとしている。8ミリ撮影機や映写機は、ビデオにとって代わられ、衰退市場となっている。75年に比べ全体のバランスは改善し、資金の循環が向上していると考えられる。また、このチャートには表れていないが、この年、国産初のG2規格ファクシミリを発売している。

1984年のチャートでは、コピー機事業が売上げとシェアを伸ばし、マーケット・リーダーになろうとしているのがわかる。市場成長率が低下しつつあり、全体の資金源の役割をカメラから引き継ごうとしているようにも見える。かつての花形製品だった一眼レフは縮小している（**図表5－8**参照）。

研究開発から生まれたページプリンタ（レーザープリンタ）が「花形製品」として登場している。やはり研究開発から生まれたワープロは、このチャートではデータの制約からはっきりわからないが、パーソナルワープロは好調だが、ビジネスワープロでは苦戦していた。ファックス機も苦戦している。このチャートには表れていないが、パソコン事業への参入も図っている。今後、どの事業を「問題児」から「花形製品」へ育てていくのかが、この頃の大きな課題と考えられる。

図表 5-5 | 1971年のキヤノンのポートフォリオ

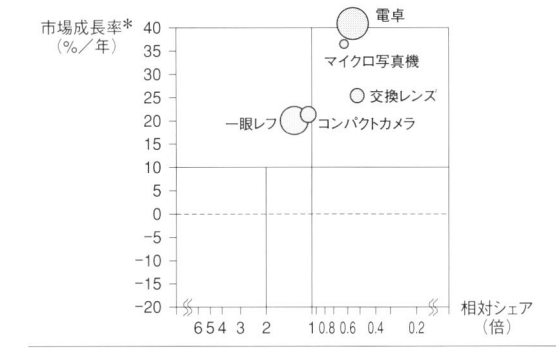

*1967〜1971年
注）コンパクトカメラは35ミリレンズ・シャッターカメラ、一眼レフは35ミリフォーカルプレーンカメラ（以下同様）。電卓、マイクロ写真機は販売高ベース、その他は生産高ベース。

出所：矢野経済研究所
『日本マーケットシェア事典』（以下同様）

図表 5-6 | 1975年のキヤノンのポートフォリオ

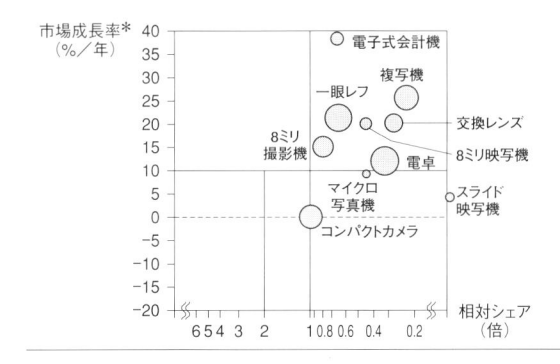

*1971〜1975年。ただし電卓は1974〜1975年
注）生産高ベース。電卓、複写機、電子式会計機、マイクロ写真機は1974年のシェアを用いて算出。

図表 5-7 | 1980年のキヤノンのポートフォリオ

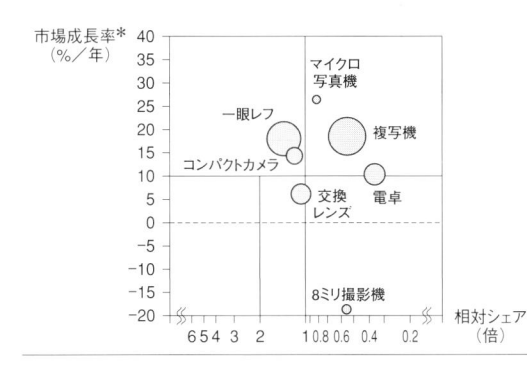

*1977〜1980年
注）生産高ベース。8ミリ撮影機は映画撮影機。

図表 5-8　1984年のキヤノンのポートフォリオ

市場成長率*（％／年）縦軸、相対シェア（倍）横軸のバブルチャート。

プロット：
- ページプリンタ：成長率約40％、シェア約6
- シリアルプリンタ：成長率約40％、シェア約1
- コンパクトカメラ：成長率約35％、シェア約3
- ワープロ：成長率約30％、シェア約1
- ファクシミリ：成長率約28％、シェア約0.8
- マイクロ写真機：成長率約15％、シェア約3
- 複写機：成長率約15％、シェア約1（大）
- 電卓：成長率約7％、シェア約0.5
- 交換レンズ：成長率約-10％、シェア約1
- 一眼レフ：成長率約-13％、シェア約1

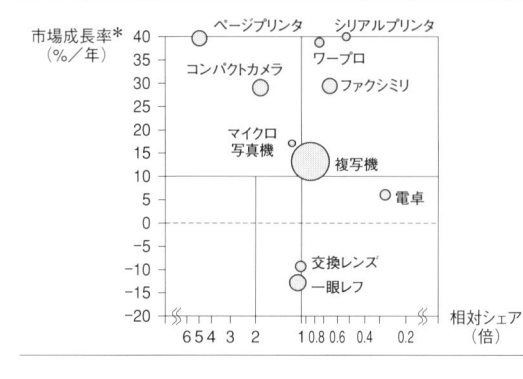

*1981〜1984年。ただし複写機、ページプリンタ、シリアルプリンタは1982〜1984年、ワープロは1983〜1985年
注）ファクシミリ、ページプリンタ、シリアルプリンタは出荷高ベース、ワープロは販売高ベース、その他は生産高ベース。

図表 5-9　1990年のキヤノンのポートフォリオ

プロット：
- ページプリンタ：成長率約33％、シェア約5（大）
- インクジェットプリンタ：成長率約32％、シェア約1
- 一眼レフ：成長率約17％、シェア約2
- コンパクトカメラ：成長率約15％、シェア約3
- ファクシミリ：成長率約15％、シェア約1
- マイクロ写真機：成長率約8％、シェア約3
- パーソナルワープロ：成長率約8％、シェア約1
- 電卓：成長率約7％、シェア約0.5
- 複写機：成長率約0％、シェア約2
- シリアルプリンタ：成長率約-3％、シェア約0.5
- ビジネスワープロ：成長率約-7％、シェア約0.8
- 交換レンズ：成長率約-12％、シェア約1
- スライド映写機：成長率約-10％、シェア約0.4

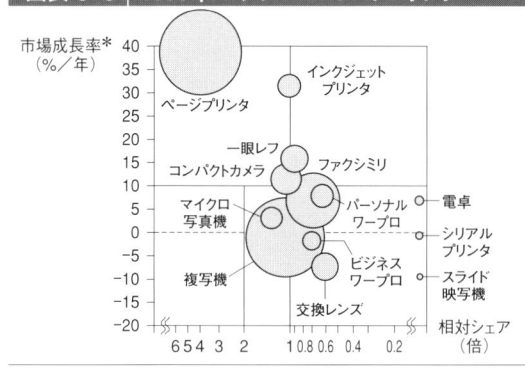

*1987〜1990年。ただしページプリンタ、インクジェットプリンタ、一眼レフ、コンパクトカメラは1988〜1990年
注）ページプリンタ、インクジェットプリンタは出荷高ベース、ワープロは生産台数ベース（ビジネスワープロ1台20万円、パーソナルワープロ1台3万円で算出）、一眼レフ、コンパクトカメラは出荷台数ベース（一眼レフ1台5万円、コンパクトカメラ1台2万円で算出）、その他は生産高ベース。

図表 5-10　1995年のキヤノンのポートフォリオ

プロット：
- インクジェットプリンタ：成長率約37％、シェア約2（大）
- ページプリンタ：成長率約15％、シェア約5（大）
- 一眼レフ：成長率約12％、シェア約2
- コンパクトカメラ：成長率約8％、シェア約1
- ビジネスワープロ：成長率約0％、シェア約0.8
- パーソナルワープロ：成長率約-5％、シェア約0.6
- ファクシミリ：成長率約-7％、シェア約0.6
- スライド映写機：成長率約-8％、シェア約0.4
- マイクロ写真機：成長率約-12％、シェア約3
- 交換レンズ：成長率約-13％、シェア約1
- 複写機：成長率約-15％、シェア約0.8

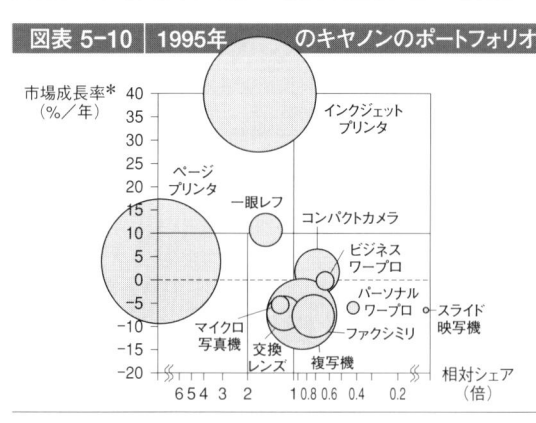

*1992〜1995年。ただしページプリンタ、インクジェットプリンタ、一眼レフ、コンパクトカメラは1993〜1995年
注）ページプリンタ、インクジェットプリンタは出荷高ベース、ワープロは生産台数ベース（ビジネスワープロ1台15万円、パーソナルワープロ1台2万円で算出）、一眼レフ、コンパクトカメラは出荷台数ベース（一眼レフ1台3.5万円、コンパクトカメラ1台1.5万円で算出）、その他は生産高ベース。

1990年になると、コピー機、カメラ、ファックス、ワープロなどの市場成長率が鈍化し、これらが資金源になっていると推定される。ページプリンタが急成長し、強力な「花形製品」に育っている。インクジェットプリンタも「花形製品」になりつつある。電卓、シリアルプリンタ、スライド映写機などの事業は終結に向かっているように見える（**図表5－9**参照）。

　1995年のチャートを見ると、ポートフォリオのバランスをとりながら、各事業をうまく成長させている姿が読み取れる。ページプリンタは市場の成長は鈍化しているが、売上げをさらに拡大させ、「花形製品」から「金のなる木」へ移行しつつある。インクジェットプリンタが「花形製品」として大きな売上げをあげている。逆に、このチャートに表れたその他の製品は、売上高比率が低下しているが、この後も、デジタルカメラ、デジタルビデオカメラ、デジタル複合機等、多くの大型新製品を生み出していったことを考え合わせると、次代を担う製品への投資も積極的に行われていたと思われる（**図表5－10**参照）。

　このようにポートフォリオチャートを描いてその変遷をたどってみると、キヤノンが、中長期的にポートフォリオのバランスをうまくマネジメントし、資金源を活用して、研究開発投資により強力な「花形製品」を生み出すとともに、「問題児」事業から「花形製品」を育て、持続的成長を図っていることがうかがえる。

　以上見てきたような簡便なPPM分析でも、その時点の事業の状況の理解と課題への示唆が得られることがわかるだろう。もちろん、自社の事業や市場についての詳細な内部データが活用できる場合には、より精緻なポートフォリオチャートを描くことも可能である。PPMは、事業構成のバランスを定量的に把握し、全社戦略の議論を行うための有益な材料を提供するのである。

4……「負け犬」をめぐる議論

●──「負け犬」事業の見直し

　PPMの概念で自社事業を見直した場合、最も問題となるのが、「負け犬」事

業である。たしかに「負け犬」事業は、他の事業群に比べて事業の妙味は少なく、また存在価値も小さい場合が多い。しかし、だからといって「負け犬」事業はすべて撤退すべきだというような結論は短絡的すぎるし、また現実的にも多くの問題を残すおそれがある。

　一口に「負け犬」事業と言っても、企業にとってはいろいろの意味合いを持っている。頼りになる「金のなる木」を持たない企業にとっては意外に資金源になっている場合もある。この事業のなかには、現時点では利益を出しているものもあるのだ。

「負け犬」事業の見直しでまずやらなければならないことは、資金的に見てその事業がどのような位置づけにあるかを明確にすることである。「負け犬」事業は、相対シェアも低く、成長率もあまり期待できないため、資金投入もほとんど行われていない反面、すでに大きな減価償却を行っているため、実質的には他の事業への資金供給源となっているような場合もある。

　もちろん、こうした実質的な資金面で見てもお荷物になっているような「負け犬」事業も多数ある。

●── 戦略的領域の発見

　さらに重要なことは、「負け犬」事業の経済的な構造を緻密に分析してみることである。この経済分析は、原料調達、製造、流通・販売、間接部門、場合によっては設計、研究開発も含めて統合的に行う必要がある。加えてこうした分析は、単に社内的な構造に注目するだけでなく、競合他社との比較において考察されなければならない。

　もちろん、こうした「負け犬」事業の経済分析はやさしいものではない。現在採られている標準原価や会計方式が、コストの実体をとらえるうえでかえって壁となることもある。また、競合他社との直接的なコスト比較は非常に困難な場合が多い。しかし、いろいろなコストの決定要因を1つひとつ丹念に究めていくことにより、現在の事業の収益性を決めている要因も明確にすることができる。否、むしろ「負け犬」事業対策には、こうした手順をぜひともとらねばならない。

　こうして事業の経済的構造が明確になってくると、1つの事業が意外にいく

つかの領域に分解できることがわかってくる。つまり、「戦略的領域」の発見である。その結果、事業全体としては「負け犬」であっても、そのなかに「金のなる木」の領域が発見されるかもしれないし、また「花形製品」があるかもしれない。また、現在競合上の地位が低くても、何らかの潜在的な強みがあって、今後資金や人員を集中的に投入することによって強化が可能な領域が見つかるかもしれない。

つまり、「負け犬」事業をどうするかは、こうした事業の経済分析と戦略的領域の発見があって初めて、その解答が導き出せるものなのである。

●──「負け犬」のなかの取捨選択

一般に企業の経営戦略の立案過程では、「金のなる木」に属する事業の社内での発言力が強く、本来必要とされる以上の予算配分を獲得してしまうことがよく見受けられる。

一方、「問題児」に属する事業は、リスクにかける社内的合意を得ることが難しい。かくして、すべての事業を適度に維持せしめようとする妥協の結果、資金流出の合計が多額にのぼるにもかかわらず、先行投資予算がきわめて不十分という事態に陥ることがしばしば見受けられる。また、総論としては「負け犬」事業を縮小することに賛成が得られても、いざどの「負け犬」事業を縮小するかという各論レベルの選択になると、人、組織、対外的影響力などの諸理由から反対が続出して、結局、企業全体の足を引っ張るかたちで温存されるという事態も一般にはよく見受けられる。

これらは結局、各事業のミッションがあいまいで、経営資源の配分に関する優先順位および配分量の基準が確立されていないことに起因している。ポートフォリオ・マネジメントは、事業の戦略的位置づけと固有の貢献・役割、それに応じた経営資源の配分、優先順位の設定、そして固有の役割に対する固有の評価基準設定によって運営されることが肝要である。

「負け犬」事業への取り組みの例として、欧米ではよく日本企業の例が紹介される。日本企業は明らかに「負け犬」とわかっている事業に対しても、いわゆる「撤退」をほとんどせずに何とかそのまま回復できないものかと考える。ミノルタのカメラ事業はその典型的な例といえる。

1985年に発売した本格AF35ミリ一眼レフ「ミノルタα-7000」は、カメラ業界に一大センセーションを巻き起こした。ミノルタは続いて「ミノルタα-9000」を発売、翌年にはニコンが追随して「ニコンF-501」を発売した。これらのAF一眼レフ機は発売とともに圧倒的な支持を得て、国内はもとより北米市場でも需要が集中し、一躍35ミリ一眼レフカメラのスターダムにのし上がった。1986年4月末の国内市場におけるAF一眼レフカメラのシェアは、早くも50％を超えたという。
　当時、カメラ市場でトップの座にいたキヤノンを大いにあわてさせ、その後のEOSシリーズの開発に火をつけたともいわれている。
　当時のミノルタは業界4位の座で、キヤノンとのシェア比は実に2対1であった。にもかかわらず、ミノルタはカメラこそ経営戦略の根幹と考え、その立て直しを最重点に置いた。その結果、技術革新の導入によってキヤノンとのシェアの逆転を図ったのだ。このとき、前述の事例でも見たように、キヤノンはOA分野という「問題児」分野への資源集中を行っていた。その最中に、最も柔らかい脇腹であるカメラ事業に攻撃をかけられるかたちになった。
　このミノルタの事例は、「負け犬」事業のなかからもイノベーションを生み出し、市場を変革して新たな競争優位を生むことができる証である。いまだに日本企業にはこの考え方が根強い。こうした姿勢は、決してPPMのコンセプトと相反するものではない。
　「負け犬」のなかにも将来成長事業に転化する可能性のある宝が存在することを認識し、宝を見分けるのも経営者の役割である。その方法はさまざまだが、取捨選択の結果、「負け犬」事業のなかにあっても「成長戦略をとる」との経営判断を下した事業に対しては、明確なミッションを与え、徹底した立て直しの施策を講ずるべきである。
　余談になるが、ミノルタは、80年代に一眼レフカメラ事業で復権したものの、その後、デジタルカメラ開発の出遅れ、主力事業の情報機器（複写機など）のデジタル化が遅れたことなどから、経営的には苦しい時代を迎えることとなる。「負け犬」事業の「金のなる木」化には成功したものの、「問題児」の育成と「花形製品」化を怠った結果ともいえよう。

5……PPMとSBU（戦略事業）

●——SBUとは何か

　ポートフォリオ・マネジメントは、単に自社のすべての事業をポートフォリオ・チャートの上に表示すれば完結するものではない。チャートは言わば概念図にすぎず、ポートフォリオ・マネジメントはコントロール概念である。ということは、ポートフォリオ・マネジメントの遂行には、具体的、現実的にコントロールする枠組みが整っていなければならない。その役割を果たすのが、SBU（Strategic Business Unit：戦略的事業単位）である。SBUを定義すると、ポートフォリオ・マネジメント戦略上の、計画・実績掌握・評価のための事業単位、ということになる。

　SBUは、市場・製品・競合関係によって定義される戦略上の事業ユニットなので、必ずしも日常のオペレーション上の運営組織と同一である必要はない。通常、事業部制やカンパニー制を維持しながら、それとオーバーラップするかたちで設置される概念上の事業単位である場合も多い。現状のオペレーション上の組織体系に縛られず、戦略的視点で定義すべきである。したがって、規模や設置レベルは自在で、複数事業部にまたがる可能性もある。

　SBUは、他の事業と独立した計画を策定させ、明確に識別されるミッションを定義すべきである。また、そのミッションを遂行するための責任あるマネジャーを置き、一定の資源をコントロールする権限を持たせる。SBUとしての責任と権限を貫徹することにより、各々の事業戦略を計画通り達成することを目指すのである。

●——なぜSBUの考え方がPPMには必要なのか

　SBUは概念上の事業単位であり、実際の組織図上の業務単位とは異なることが多いが、なぜ、このようなややこしい事業単位に分けて考える必要があるのだろうか。

　たとえば繊維産業を見ると、繊維製品の原料となる繊維をその生成過程によ

って大別すれば、天然繊維と人造繊維に分けられる。天然繊維には綿、麻、毛、絹などがあり、人造素材には天然繊維素を化学的に処理してつくられるレーヨン、アセテート、それから石炭、石油、水、空気などから合成するナイロン、ビニロン、テトロンなど多くの合成繊維がある。繊維事業は、通常、これらの素材別に事業部を組織し、開発から製造、販売までを行っている。オペレーション上は、それが最も効率がよいからである。

　しかし、昨今、繊維製品の非繊維分野への用途開発には目覚ましいものがある。たとえば化粧品、食品、薬品分野をはじめ建設、梱包材、農業、漁業にまで、さまざまな繊維関連製品が進出している。さらにごく最近では、生化学、医薬、化成・高分子化学、エンジニアリング、医療機器、情報システム、エレクトロニクス、バイオテクノロジーといった先端・ハイテク産業分野にも応用されている。つまり、繊維事業といっても衣料用等の伝統的なマーケットを見るだけではなく、住宅用繊維、医療用繊維、バイオテクノロジー用繊維……というように、機能ごとのマーケットがどうなっているのか、今後どうなっていくのかを考えていかなければならなくなっている。

　たとえば多岐にわたる繊維製品を持っている繊維メーカーA社にとって、そのうちの1つであるナイロン事業の戦略を立案する際、原料の調達や工場の稼働率など日々の業務を考えれば、従来通り「ナイロン事業部」として生産管理するのが、規模の経済も効いてくるので最も効率がよいだろう。しかし、仮に梱包材市場が急成長していたとすると、全社として戦略的な資源配分を考えて、この分野に投資して競争に勝たなければならない。この場合、ナイロン事業部という枠を超えて、他の事業部、さらには新しい事業への進出もとり込んだかたちでの梱包材用繊維への資源配分を考える必要がある。このような検討のベースとなる戦略的な事業単位がSBUである。

　まず梱包材事業を統括するSBUマネジャーを置く。そしてこの事業を育成すべき戦略的事業と位置づけ思い切った投資を行ったあと、複数の事業部を統括してそれぞれにおける梱包材マーケットでの業績を評価しながら最終的に成果をあげる。これらの活動を統括し、梱包材事業の戦略目標を達成するミッションを負うのが、SBUマネジャーである。SBUマネジャーは、ナイロン事業部長、ポリエステル事業部長、炭素繊維事業部長等、その戦略的事業に関わるすべて

の業務上の事業部長とうまく連携をとり、目標を達成する責任があり、そのための権限が付与される。これが、PPMにおけるSBUの役割である。

　同様の例は、多くの市場で見受けられる。これらの市場では、複数の製品や事業を戦略的事業単位として定義するSBUが、必要となってくる。むろん、SBUが現状の事業部と一致すれば、その事業部ですべてが完結し、オペレーション上もねじれがなく理想的といえる。しかし、市場構造、競合状況ともにますます複雑化するなかで、もはや従来の現場のオペレーションに基づく組織体系のみをベースに、市場での優位性構築のための施策を検討することは難しくなってきている。市場がグローバル化、ボーダレス化している分野ではなおさらである。PPMは、市場をどのようにとらえ、どう定義するかでその実効性が決定づけられる。SBUの視点から市場をとらえ直し、ポートフォリオを考えることが今後さらに重要となっていくであろう。

● ──SBUで見ると違う姿が見えてくる

　ここで、戦略的な事業単位であるSBUの視点からポートフォリオを切ると、

図表 5-11 ｜ X社ポートフォリオ

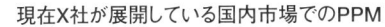

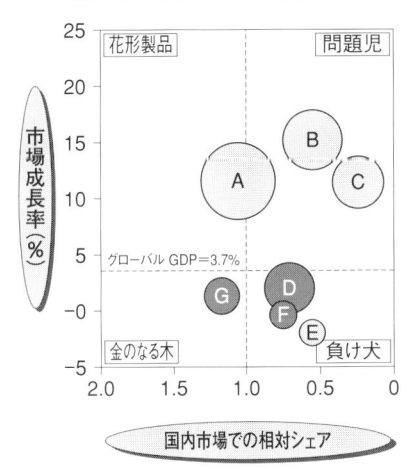

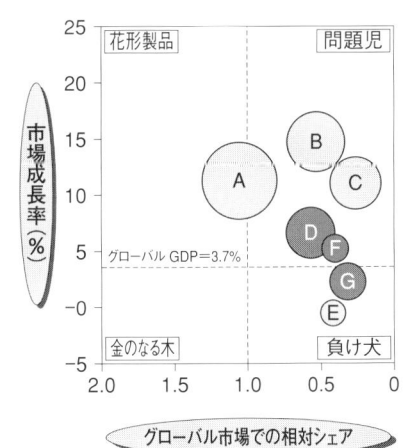

従来の組織体系ベースで見たポートフォリオとは明らかに異なった姿が浮かび上がってくるという例を紹介しよう。

図表5-11は、産業機械メーカーX社の事業部ベースで見たポートフォリオである。1つひとつの円は、各事業部を表している。

左側の図は、X社が自社で認識しているポートフォリオを示しており、横軸の相対シェア、および縦軸の市場成長率は、現在X社が各事業を展開している対象市場をベースとしている。たとえば、日本国内市場のみで戦っている事業であれば、成長率・シェアともに国内市場での値をとっている。

しかし、市場構造と競合状況を分析してみた結果、X社の製品・サービスはどれも、今後の戦略を考えるうえでは、グローバル市場をベースに検討する必要があることがわかった。そこで、すべての事業について、市場の定義をグローバル市場ベースに置き換えた場合のポートフォリオを描いたものが、右側の図である。

左右の図を比べてみると、D事業、F事業、G事業の位置づけが大きく変わっている。現在X社では、D、F、Gの事業は、主に国内市場のみで展開しているためである。このようにこれからの資源配分を検討する場合は、現在自社が戦っている戦場の枠内での議論ではなく、今後戦うべき戦場を前提としての議論が必要であり、そのベースとなる市場の定義を再考する必要がある。

さらに、**図表5-12**を見て頂きたい。これは、図表5-11のA事業部のなかの各事業をSBU単位に分解したポートフォリオである。事業部全体として見る

図表5-12 | X社A事業部ポートフォリオ

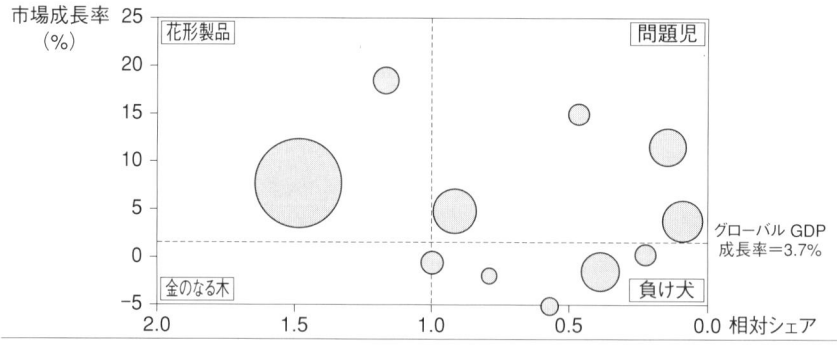

と、さまざまな事業の位置づけが加重平均された姿となってしまい、資源配分を議論する材料にはなりにくい。ところが、図表5－12のようにSBU単位に分解すると、個別の事業の位置づけが明らかになり、A事業部内での各事業の間で、どのような資源配分を図っていくべきかという議論の出発点となる。

6……PPMとキャッシュフロー

●──PPMの実践とミッションの重要性

PPMは、冒頭にも述べた通り、資源をどう配分するかを議論するための枠組である。PPMの実践に際してのポイントは、各事業のポートフォリオ上の位置を分析した後、それぞれの戦略的位置づけを明らかにし、個々のSBU（戦略的事業単位）に明確なミッションを与えることである。このミッションがあいまいだと、いくらすべての事業を正確にポートフォリオ上にプロットしても、資源をどのような優先順位で配分するのか、どこに設備投資するのか、どこに重点的に人材を配置するのか、といった戦術は何も決まらない。

PPMでは、横軸のマーケット・シェアからその事業のキャッシュを稼ぐ力を、縦軸の成長率からはその事業がキャッシュを必要とする度合いを、おおよそつかむことができる。むろん個々の事業にいかなるミッションを与えるかという経営判断は、決してポートフォリオ上の位置によって自動的に決まるものではない。しかしながらPPMは、それら2つの軸によって、各事業に次のような固有の戦略的位置づけと役割が与えられるであろうことを示唆している。

- ●「金のなる木」
  企業全体の収益性に貢献し、資金源となるべき高いマーケット・シェアを維持しつつ、キャッシュ・フロー上は投下資金を大幅に上回る回収が期待される事業。
- ●「花形製品」と一部の「問題児」
  今後の成長を目的に積極的に資金の配分を受け、先行投資を行い、マーケ

ット・シェアを拡大することによって将来安定的な競争上の地位を築くことを期待されている事業。
- 「金のなる木」と一部の「負け犬」

資金調達のため、あえてマーケット・シェアを失ってでも積極的に資金の回収が期待される事業。
- 一部の「問題児」と「負け犬」

成長目的にも収益目的にも貢献しないために、戦略的観点からできる限り資金の回収を図りながら事業規模を縮小することが期待される事業。
- 「負け犬」

縮小も成長もしない範囲で最大限の資金回収を図ることが期待される事業。

　事業に与えられる以上のような戦略的位置づけは、ポートフォリオ上の位置を基本に、事業の付加価値構成や、市場での競争上の地位の変化、およびその結果としての経済性の変化などによって最終的に決定される。より適正な判断を導くためには、マーケット・シェアの改善に要する必要投資額、リスク、その結果としての収益の改善、キャッシュフロー・パターンの変化などの裏づけが必須となる。それらの「マーケット・シェアの価値」が測定できないのであれば、ポートフォリオ上の位置そのものは戦略的意味をもちえない。

　つまり、事業の将来の戦略的役割を明確にするためには、市場の将来性のみならず、その事業の現在の経済性、マーケット・シェア拡大の可能性とそのコストおよびリスク、マーケット・シェアを売り渡す場合の資金供給見込み、マーケット・シェアを維持するために必要な資金需要と資金供給、競合他社におけるその事業の戦略的位置づけ等の各要因から、その事業の将来価値を測定することが必要となる。そのうえで、各事業のミッションを決定するのである。ミッションが明確になれば、どのような優先順位で経営資源を配分するか、また配分量はどうするかは自ずと決まってくるはずである。

　企業の長期的経営戦略とは、人、資金、設備、技術、ノウハウ、のれん等、経営資源を各事業に配分する優先順位と量を決定することにほかならない。決められた優先順位または配分量が適当なものであるかどうかは、その事業の与えられた戦略的位置づけ・役割から判断される。各事業の企業全体に対する貢

献・役割が明確に認識されていけなければ、優先順位決定の基準があいまいとなり、戦略としての有効性を欠くことは自明である。

● ── 両極端の戦略オプションの検討

　PPMには、SBUに明確なミッションを与えることが何よりも大事であると述べたが、企業内にはこのミッションの策定と遂行を阻害する要因がある。それは旧来の事業部制における事業間の壁、セクショナリズムである。

　一般に経営戦略の立案は、企業全体の長期的な目標を各事業単位に割り当て、事業単位の個別戦略を修正・統合して最終案を策定する。ところが、個々の事業単位は自分にとって望ましい計画を立案しがちであり、与えられた目標や制約条件に一致した計画を策定することは、現実的にはむしろ稀である。各事業部長は、自分のところの投資収益率はこれだけあったのだから、これだけの資金を投入してほしい、これだけ人を配置してほしいと、経営者に要望を申し入れるだろう。自分の部門の明るい将来像の説明にも余念がないはずである。ともすると、声の大きい部長の事業部門が、資源配分の優先順位になるなどといったことにもなりかねない。本来、経営者はそれらの要望をすべて聞いていたのでは、全社的戦略を構築できないのであるが、結局、妥協案が策定されることになりがちである。

　さらに、各SBUで策定された計画を、企業全体の計画としてまとめ上げる過程で、再び同様なことが起こりうる。たとえば、一律予算削減などはしばしば見られる妥協の方策である。ここにも、伝統的なセクショナリズムの弊害が顔をのぞかせる。必死で稼いだキャッシュが自分たちのところに戻ってくるのではなく、他の事業へ投入されるとなれば、不平不満が噴出するのは当然といえば当然である。しかも、前述のPPMにおける理想的な資金の流れに沿えば、「金のなる木」事業がせっせと稼いだキャッシュは、「問題児」事業へと注ぎ込まれることとなる。「問題児」とは、社内においては「金食い虫」的存在である。「金のなる木」事業といえども、努力せずしてキャッシュが生み出せるわけではなく、努力の結果がどんどん「金食い虫」に吸い取られてしまうのはどうにも納得できない。こうした不公平感は、実はポートフォリオ・マネジメントにはつきものである。かくして企業の長期経営計画は妥協案の妥協案となり、

企業目標からますます乖離するおそれがある。

　このような弊害を避け、全社的に最適となるような個々の事業計画の組み合わせを可能にするためには、複数の戦略オプションを用意して、それぞれの場合にどんなポートフォリオ・マネジメントを行うかを具体的につくり込んだうえで議論することが必要である。

　たとえば「成長戦略」と「キャッシュ戦略」という２つの戦略オプションを考えたとしよう。「成長戦略」は当面の収益性を犠牲にしてでも、事業の成長を第１優先にする戦略であり、「キャッシュ戦略」は事業の成長よりも収益性を高めることを優先する戦略である。それぞれの戦略オプションのもとにおいては、各事業は次のような方向性が考えられる。

	〈成長戦略〉	〈キャッシュ戦略〉
金のなる木	シェア維持	シェア漸減
花形製品	シェア増大	シェア維持
問題児	シェア急増	市場撤退
負け犬	シェア維持	段階的縮小

　このとき、成長戦略とキャッシュ戦略のそれぞれについて、相互に両極端の計画を可能な限り具体的につくり込んで用意し、徹底的に議論することが重要である。各SBUは具体的な方策と、その結果予想される資金需要、および事業リスクなどの詳細を提出し、中央で各事業計画を統合する際には、目標と財務その他の制約条件を勘案しつつ、企業にとって最適の組み合わせを選択する。最適な組み合わせが成立しない場合は原案にたち返って、戦略案の練り直しをすることはもちろん、場合によっては各事業に与えられた役割を定義し直すこともありうる。

　複数の戦略オプションをベースにした経営戦略の策定は、トップマネジメントに対して全社的に最適となるような個々の事業戦略を組み合わせる機会を与えると同時に、分権化と集権化という基本的な企業ジレンマの解決を図るのにも役立つ。ポートフォリオ・マネジメントは伝統的な事業部制の弊害を克服するきわめて有効な戦略概念だが、SBUによる適切な事業の定義、戦略オプショ

ンの徹底的検討による現実的にして柔軟な運営によって、それはより一層有効なものとなる。

◉――事業の位置づけと経済的価値

　ポートフォリオ・マネジメントを実際に企業の戦略立案に応用しようとする場合、自社のすべての製品・事業をポートフォリオ・チャート上に図示したあと、次のようないくつかの疑問につき当たるかもしれない。

　すなわち、「金のなる木」と定義されながら必ずしも収益性が高いとはいえない事業が存在すること。あるいは「負け犬」と定義されながら「金のなる木」より収益性が高い事業が存在すること。あるいは同じ「負け犬」に位置し、市場成長率もマーケット・シェアもほぼ等しい2つの事業の収益性があまりに違いすぎること等々である。

　このような疑問のうち、いくつかのものは評価の時間軸の長さに起因している。すなわちポートフォリオ・マネジメントは少なくとも3〜5年以上長期的な経営戦略立案の手法であり、各製品・事業の経済性・収益性によって定量的に把握することをその出発点としているが、その際、同じマーケット・シェアであっても、その価値は必ずしも同じとは限らない。なぜなら、第1に、その市場規模の大きさによって、事業の規模も価値も異なってくるだろう。第2に、その事業の付加価値の多い少ないによってエクスペリアンス・カーブ（第6章参照）の勾配が異なるとすれば、同一のマーケット・シェア、同一の市場規模であっても、事業によって付加価値生産性は異なり、したがって収益性ならびにマーケット・シェアの価値は異なってくる。

　さらに事業のポートフォリオ上の位置づけは時系列的に必ず変化している。市場の成長性の変化、マーケット・シェアの獲得・喪失などの動きは、事業の経済性・収益性に決定的な影響を与えているはずである。すなわち5年前のポートフォリオと現在のポートフォリオとを比較した場合、ポートフォリオ上の位置づけの変化と、事業の経済性・収益性との間に明白な相関関係を読み取ることができる。現在同じ程度の事業規模、同じ程度のマーケット・シェアの事業であっても、過去にシェア獲得のための積極的な投資・マーケティング活動を行ったか、あるいは資金吸い上げのための投資を手控えたかによって、現在

の収益構造に基本的な相違が生じている。そして、このこともまた、マーケット・シェアの価値を決定する要因となっている。

　以上のようにポートフォリオ・チャート上に「金のなる木」「負け犬」「問題児」「花形製品」などと事業を定義しても、それはあくまでも、事業の戦略立案の出発点である概念整理をしたにすぎず、それぞれの範疇における事業の価値は同一ではない。要はポートフォリオ上に位置づけされた各事業の経済性ならびにマーケット・シェアの価値が測定され、監視されていることがポートフォリオ・マネジメントの基本である。

　企業の長期的な戦略とは、各事業単位への経営資源の配分を通じて、このようにポートフォリオ上に表示される企業の成長性と収益性、可能性と限界のバランスをコントロールすることである。そしてそのためには、マーケット・シェアの経済的価値、ならびにマーケット・シェアの変化に伴う経済的価値の変化を明確に把握しておくことが必要となる。

　ところで、事業の経済性・収益性の測定は、どのように行われるべきであろうか。

　どの企業においても、製品別または事業別に収益管理が行われているのが一般的である。粗利益、営業利益、税引前利益等の絶対額の推移による管理、あるいは対売上高・対総資本などの利益率の推移による管理である。しかし、企業あるいは事業が自己資金・借入金を上回る資金回収がなければ長期的に企業または事業として存続することが難しいという前提に立てば、事業の経済性・収益性は、利益額や利益率のみではなく、キャッシュフロー（資金運用）ベースの基準により測定・評価される必要がある。

　各事業のキャッシュフローの時系列の変化に着目することも必要である。成長性の高い事業もしくは積極的にシェア拡大戦略に出た事業では膨大な先行投資資金を必要とし、その回収が可能となるのは市場が成熟期にさしかかったときか、あるいはシェアを大幅に改善したときである。一方、成熟した事業では、仮に利益額は少なくても過去の投資の償却に加え、投融資・運転資金の回収・圧縮によって資金を創出することが可能である。

　企業にとって価値のある事業とは、長期的に資金を生み出してくれる事業である。それは現在のキャッシュフローがプラスである事業か、あるいは現在の

キャッシュフローはマイナスでも、今後の事業の拡大によって将来プラスに転じ、過去の投資を回収してくれる事業かである。そしてこれらの戦略的事業を、補強してくれる（たとえキャッシュフローがマイナスでも）事業も価値がある。

ポートフォリオ上に位置づけられた事業の経済的価値、すなわちマーケット・シェアの価値は、現在のキャッシュフローと将来予想されるキャッシュフローのパターンによって初めて決定される。「金のなる木」「負け犬」などの定義は、キャッシュフローの裏づけがあってこそ、戦略的に意味を持ち、また個別事業戦略の出発点ともなりうるのだ。

7……事業構造と本社の役割

●——ポートフォリオ・マネジメントと企業のガバナンス

昨今、日本でも多くの企業が事業部制、カンパニー制を導入し、ガバナンスの手法を変えようとしている。さらには持ち株会社への移行、連結決算の重視など、これまでの単体中心の経営モデルからグループ企業全体を見る経営スタイルに変える動きが急速に進んでいる。背景には、持ち株会社の解禁、国際会計基準の導入による連結決算制度への移行の必要性などがある。

カンパニー制の導入も持ち株会社への移行も、要はグループ全体の企業価値を最大化することが根源的なミッションである。そのためには、本社はかつていわれた「総合力」という幻想を捨て、かつ「どんぶり勘定」的な従来の管理体制から脱却し、真のポートフォリオ・マネジメントを行わなければならない。具体的には、各事業の評価を社内での比較ではなく、社外で同様の事業を行っている企業との比較において判断し、各事業を自立させなければならない。それと同時に、企業価値への貢献度によって、個別事業への資源投入、撤退・売却などの意思決定を下していくことが求められる。

このように、本社の役割がダイナミックに変化するなかで、当然のことながらポートフォリオ・マネジメントにおける戦略構築も変わってきている。本社の役割とポートフォリオ・マネジメントが相互に進化してきた過程は、おおよ

そ次のように説明できるのではないだろうか（図表5－13参照）。

● 伝統的本社

「伝統的本社」とは、いわゆる「どんぶり勘定」的に、いろいろな事業を総体として儲かっているか儲かっていないか、あるいは全体でどれぐらいの資金流出入があるのかを見るやり方である。つまり本社がすべての事業を統合した戦略像を持たないタイプである。組織を見ても、営業部門はすべての商品を売る、研究開発部門は、多様な製品の研究開発をする、技術部門や製造部門も多種多様な製品を製造するというように、機能分化した組織構造となっている。形式上は事業部制をとっていても、資源配分という意味では旧来型のマネジメントをしていたのが「伝統的本社」タイプで、日本の電機メーカーなどかつてはこのようなガバナンスをしいていたところが多い。

● 自律型カンパニー

「自律型カンパニー」では、事業部門、あるいは最近のカンパニー制における社内カンパニーなど、個々の事業領域ごとに完結してマネジメントを行う。ポ

図表 5-13　ポートフォリオ・マネジメントの進化

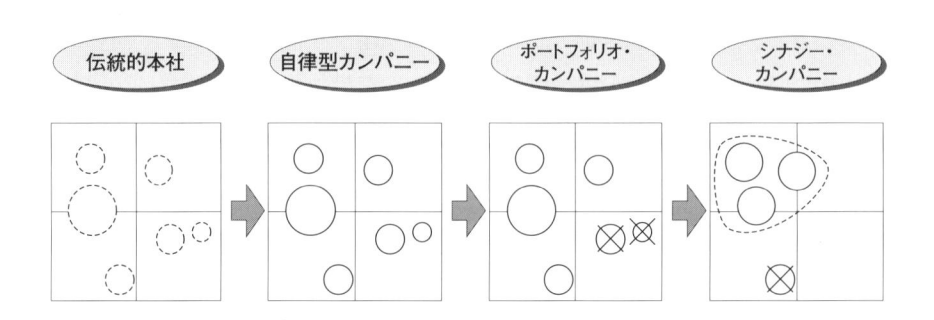

事業単体としての評価にとどまらず、
事業間のシナジーも考慮

ートフォリオは各事業のなかで管理し、資金の流れ自体も事業部内・カンパニー内で見ていくのがこの「自律型カンパニー」のガバナンス・スタイルである。

● ポートフォリオ・カンパニー

「ポートフォリオ・カンパニー」では、まさに事業間で資金の配分が行われ、本社がその配分を行っていくというガバナンス・スタイルである。さらには、うまくいかなくなった「負け犬」事業については撤退することを指示したり、将来のある「花形製品」となる事業の育成を指導したりするのが、ここでいう「ポートフォリオ・カンパニー」である。

● シナジー型カンパニー

「ポートフォリオ・カンパニー」から発展して、最近出てきたのが「シナジー型カンパニー」である（図表5－14参照）。

ポートフォリオ・マネジメントは、それぞれ違う特性の事業ユニット間の資金のやりくりによって管理される。その際、資金自体は全社のものであるという認識に基づき、それをどこに投入するかは全社的視点で検討して決めることが前提となる。ただ、よく考えてみると、事業に必要な資源は資金（キャッシ

図表 5-14 「シナジー型カンパニー」（概念図）

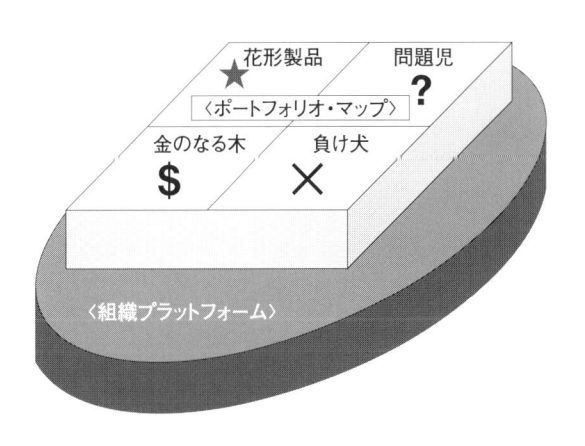

● 資源配分に加え、永続的かつ圧倒的競争優位を構築するためのグループ経営資源を共有する仕組みづくり

① テクノロジーシナジー
② 人材シナジー
③ 知識シナジー

ュ）だけではない。キャッシュ以外にも、人材、技術、ノウハウ、場合によっては営業チャネルや流通の方法、あるいはブランドにいたるまで、転用可能な資源は多々存在する。ならば、これらの資金以外の資源についても、各事業ユニット内だけではなく全社的に共有できるようにし、シナジー効果を狙おうというのが「シナジー型カンパニー」である。

「シナジー型カンパニー」では、そのためにはどのような組織の仕組みをつくり、どのように人材を交流させ、ITでどのようなサポートをするかといったことを考え、事業間のシナジー効果をより発揮できるような施策を打ち出している。「組織プラットホーム」と呼ばれるような、シナジーを起こす土壌となるプラットホームをいかに構築するかというレベルまで踏み込んで全社のガバナンスを考える企業が最近増えてきている。

◉──持ち株会社のポートフォリオ・マネジメント

　本来カンパニー制や持ち株会社制では、個々のカンパニーや事業会社がおのおのポートフォリオ・マネジメントを展開できなければならない。つまり、どのカンパニーもそれぞれ自分たちの事業のなかに「金のなる木」「花形製品」「問題児」「負け犬」の4つに当てはまる事業単位をバランスよく持っていなければならない。「問題児」しかないカンパニーは投資するばかりで資金回収ができないし、逆に「金のなる木」しかないカンパニーは利益を上げても再投資する先がない、これではそれぞれのカンパニー内での適正な資金配分などそもそもできない。その結果、どのカンパニーも同じ「花形製品」分野に進出することになってしまったりする。分割民営化後のNTTがまさにこの典型例であった。

　NTTが分割・再編成されたのは1999年7月。新しいNTTは純粋な持ち株会社として存続し、その下にNTT東日本、NTT西日本、NTTコミュニケーションズが誕生した。持ち株会社のNTTは、NTTドコモやNTTデータなどを傘下に収め、また旧日本電信電話の研究開発部門を継承している。持ち株会社のNTTは株主権の行使により、地域会社のサービスの安定的な提供の確保と基盤的な研究を推進し、NTT東・西日本は地域電気通信事業を経営する。NTTコミュニケーションズは国内の長距離通信事業を行うとともに国際通信にも進

出した。この再編は、とにかくNTTを分割して弱体化し新電電との競争を加速させようという思惑の下に、きわめて政治的なプロセスのなかで行われたため、各事業会社を切り分ける際に、ポートフォリオ・マネジメント的発想は薄かったと考えられる。その結果、分割後どのような事態が発生したか。NTT東日本のように利益を上げても自社のポートフォリオ内にはその資金を投入すべき新しい事業分野を持たない会社がある一方で、ポートフォリオ上、資金回収の可能性に乏しく赤字を増大させるだけの会社も存在するといったように、各社間の差がはっきりと出てきた。さらに通信事業の経営環境の悪化に伴いどの会社も一様に業績が悪化するようになると、いつの間にかどの会社もこぞってインターネット事業に進出し、それぞれがそれぞれのやり方でサービスを展開するという事態を招いている。

　本来であれば、持ち株会社であるNTTが、グループ全体のポートフォリオ・マネジメントをコントロールすべきであるが、そもそも各事業会社が戦略的事業ユニットという発想で切られていないため、戦略的な資金配分の自由度が小さく、ポートフォリオ・マネジメントが機能しない。

　ここには2つの問題が潜んでいる。1つは、各事業会社がそれぞれ自立し、自律的にポートフォリオ・マネジメントを行える状況になっていないことである。さらに2つ目として、その結果生じた各事業会社間の資金の流出入の不均衡に対して、グループ全体の視点から資金の再配分を行う本社機能と戦略が欠けている点である。

　これまでグループ内のポートフォリオ・マネジメントが未発達だった日本企業は、持ち株会社への移行に際し、事業会社のくくりと、持ち株会社の関わり方の再定義を、往々にしてあいまいなままに放置しているケースが見受けられる。結果、現実問題として、各事業部間、会社間の資金配分においては、余剰資金の多いところが赤字のところの面倒を見るしかないという理屈がまかり通ってしまう。

　そうしたコントロールを行うためには、当初より全社的、あるいは全体としてのポートフォリオ・マネジメントの管理体制を構築する必要がある。どのような仕組みが必要か、コントロール機能をどこが担い、だれが責任をとるのか、担保は何か、そうしたことをすべて考えなければならない。また、年度ごとの

事業計画も、たとえばＡ事業部の今年度の目標はＸ製品で100億円の利益をあげること、一方、Ｂ事業部はＹ製品の開発と量産化に集中し予算上の利益目標はマイナス10億円とする、といったように、ミッションおよびゴールを含めた中長期的な戦略が、ポートフォリオ上で明確に示されなければならない。そうした戦略が共有されていない限り、100億円儲けたＡ事業部の余剰資金のうち20億円を赤字のＢ事業部に渡すといったことは、そう簡単に行えることではない。事業部制、カンパニー制への移行で、多くの日本の企業が、こうしたポートフォリオの管理運営体制の構築に問題を抱えているのではないだろうか。

第6章

コスト優位
エクスペリアンス・カーブ

Experience Curve

1……競争要因としてのコスト

　どのような企業や業態でも、またどのような戦略を実行しようとも、優位性を築くための基本となるものがある。それらの要因を本書では競争要因と呼んでいるが、そのなかでもすべての事業の基本となるのが、コストである。
　競争優位を生み出すための戦略については、さまざまの類型が提示されている。そのなかでも最もよく知られているのがマイケル・ポーターによる以下の3つの分類である。

❶差別化戦略
❷コスト優位戦略
❸ニッチ戦略

　ポーターの分類は、競合との関係を意識した分類となっており、いかに競合より優位に立てるかを3つに分類しようとしたものである。
　このなかで、コストが戦略上重視されるのは❷だけではない。当たり前のことであるが、企業の戦略上の最終目標は「利益」の最大化であり、企業価値の極大化である。その場合、売上げを大きくするか、コストを小さくするかの少なくともどちらかが必要となる。そして売上げの拡大が主眼となる戦略でさえも、コスト優位を築くことなしには、利益の継続的確保はおぼつかない。差別化戦略においても、顧客が欲しいのは「独自の便益を提供してくれる商品を妥当な価格で購入すること」であり、価格も無視してよい要素ではない。また、ニッチ戦略でも、価格が大きな競争優位となるわけではないが、対象とする市場自体が小さいため、高い利益率の実現が必要であり、そのためには、コストをしっかりコントロールすることが不可欠である。
　では、コストはどのようにすれば下がるのか。多くの企業の歴史はこの問題を解くための活動と呼べるほど、終わりのない課題である。生産プロセスを短縮したり、流通経路を変えてみたり、製品開発で原料費の削減を図ったりするなど、その取り組みには枚挙に暇がない。本章の趣旨は、こうしたコスト削減

の手法を１つひとつ紹介するものではないが、コスト低減のダイナミズムを考えるうえでの戦略的な視点を提示するのが、ここでご紹介するエクスペリアンス（経験）・カーブである。これは企業が経験を重ねることでコストが下がる現象に見られる法則性を、多様な事例の分析から見出した経験則である。この概念の特徴は時間の変化とともに、コスト構造がどのように変化するのかを推論できることである。それによって、将来のコストが推論でき、戦略立案時に勝算を測る大きな要素を手に入れることになる。また、競合他社の新規参入や自社の参入戦略の効果やコスト上の影響力を推測するのにも役立つのである。

2……エクスペリアンス・カーブとは何か

●──エクスペリアンス・カーブの基本原理

「エクスペリアンス・カーブ」（経験曲線）の概念は、「ある製品の累積生産量が２倍になると実質コストは一定の割合で低下する」（経験則で言うと大体20％～30％低下する場合が多い）というものである。BCGは1960年代初頭、さまざまな製品のコスト構造を観察するなかで、累積生産量（過去の生産量の累積）と単位当たり実質コストとの間には明らかに一定の相関があることを発見した。同じものをたくさん生産して経験を積めばその経験がノウハウになってコストを下げるということは、だれもが実感として持っている感覚だが、BCGはこの経験による効果をビジネスの現場で数千に及ぶ製品のコスト推移を徹底的に分析することによって定量化し、そこから経営戦略上きわめて示唆に富む理論を見出した。

発見のきっかけは、アメリカのある半導体メーカーにおけるコストダウンの研究であった。分析の結果、半導体の累積生産量とコストの間には、累積生産量が２倍になるごとに実質コストが20％ずつ低下していくという法則性が見出された。この関係をグラフ化したものが図表６−１である。

この法則性をごく簡単な数字で説明しよう。操業開始以来の累積生産量が１万個の時点で単位当たりコストが100円であったとき、累積生産量が２倍の２

図表 6-1 　単位コストと累積生産量の関係

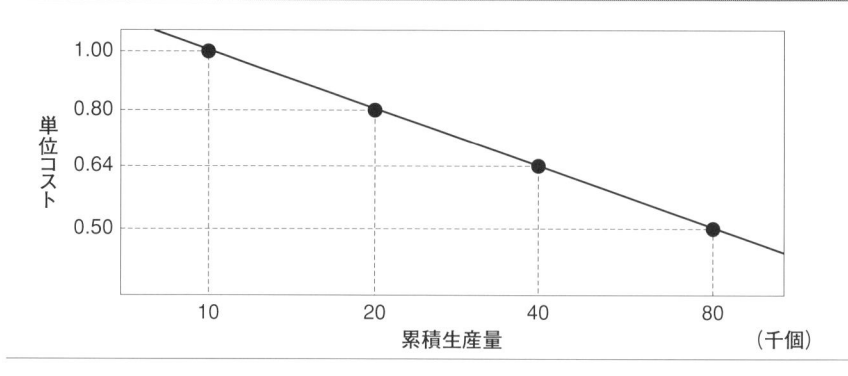

（縦軸：単位コスト　1.00／0.80／0.64／0.50、横軸：累積生産量　10／20／40／80（千個））

万個になった時点では単位コストは80円（100×80％）に、さらに2倍の4万個になればコストは64円（80×80％）に、8万個になれば51.2円（64×80％）に下がっていくのである。このような累積生産量と実質コストの相関を示すカーブ（図は目盛りが対数なので直線で表されている）が、「エクスペリアンス・カーブ」（経験曲線）であり、累積生産量が2倍になるごとにコストが80％に低下していく場合は80％カーブと呼ばれている。

　エクスペリアンス・カーブは、もともとはこのように観察事実に基づいた1つの経験則であったが、その後数多くの製品、事業においてもこの傾向が共通して見られることが実証され、累積生産量と実質コストとの相関関係を表す理論として認知されるようになった。

　このカーブが成立する理由についてはさまざまな要因が考えられるが、経験を積むことによる労働者の習熟と能率向上のみならず、組織としての継続的な業務改善や設備の改良、作業の専門化や標準化、さらには技術革新など、あらゆる要素が相乗的に作用していると考えられる。また、通常、累積経験の増大に比例して規模も拡大していくことが多いため、規模の効果も含まれると考えるべきであろう。

　また、エクスペリアンス・カーブには、いくつかの前提がある。まず、市場が健全な競争状態にあることが大前提となる。独占事業である場合は、企業は努力してコストを下げようとはしないからである。また、当然のことながら、製品をつくるうえでより優れた生産技術、より高い品質、より効率的な販売・

流通へと、改善が継続的になされて初めてコストは下がっていくのである。つまり、健全な競争状態のなかでよいものをより安くあるいはより速くつくろうという努力が続けられるとき、そうした経験の蓄積がコストを低下させていくこの理論が成り立つのである。

さらに、エクスペリアンス・カーブの特徴は、ある一時点でのコストを割り出す指標ではないことである。過去から現在までコストはどう変化してきたか、そして将来コストはどう変化していくかという動態的なコストの変化（コストダウン）をとらえる理論なのだ。すなわち、エクスペリアンス・カーブを使えば、現時点のコストだけではなく、時間的な変化のなかでコストの変化を考慮し、価格戦略、マーケティング戦略などさまざまな経営の意思決定に用いることができる。こうした視点から、エクスペリアンス・カーブ理論が競争優位の戦略にどのような効果を発揮するかを以下で見てみよう。

● エクスペリアンス・カーブと競争優位

エクスペリアンス・カーブの前提に立てば、ある製品において、業界最大の累積生産量を持つ企業すなわち最大のマーケット・シェアを維持してきた企業のコストは、どの競合他社よりも低いことになる。一方、市場価格は企業間で大差がないとすると、トップ企業の利益は最大となる（**図表6－2参照**）。これらのことから、シェアの高い企業ほど、エクスペリアンス効果によるコスト低減によって高い利益が保証されるという原則が見出される。すなわち、初期段

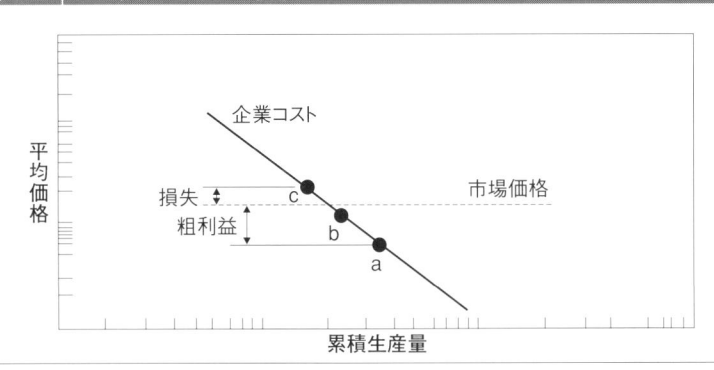

図表 6-2 │ マーケット・シェアの価値

階において競争相手より多くの量を生産し販売した企業は、エクスペリアンス・カーブに沿って速く下方に移動し、競合に比べて安いコストを達成できる。

ではコスト優位性は、競争優位上どのような意味を持つのか。以下3つのポイントがあげられる。

第1に、エクスペリアンス効果によってコスト優位性を築いた企業は、自社の利益を保持しつつ、競合他社に価格競争を挑むことができる。第2に、競合他社と同じ価格をつけても、生産コストが低い分、機能やサービスを向上させることで製品の差別化を図ることができる。第3に、価格競争で優位に立ち収益を上げることによって、当然、企業の株価も上がるので、資金調達の面でもあるいは企業内での余剰資金の再投資の面でも自由度が増すこととなる。経験の蓄積が最も大きい企業はエクスペリアンス効果により、こうした競争優位を獲得し、これがさらに累積生産量を高め、先々のコスト優位性をも強めるのである。

さらに、先に触れたように、エクスペリアンス・カーブは、将来のコストの変動についても示唆を与えてくれる。ある製品の生産において、累積された経験がどのように将来のコストに影響を与えるかを近似値として知ることができるので、動態的な戦略立案の分析ツールとなる。

たとえば、現在、メモリ・デバイス市場では、新技術が相次いで登場し、激しい競争が繰り広げられている。この市場にいる各メーカーは新技術に挑戦するか否かという選択の岐路に立たされており、どの種類のメモリ技術を開発するかが大きな意思決定である。そのポイントは、メモリを搭載する機器の開発と市場開拓をセットで考えなければならない点だ。機器のメモリ・アーキテクチャーが変われば、メモリ市場は大きく塗り変わる可能性が高い。他社が開発しているからといって闇雲に開発競争に参加しても競争優位を構築できる保証はないのだ。

このような場合、現在の市場の動向から将来の自社の価格競争力を推論することが求められる。たとえばパソコン、携帯電話、デジカメ、PDAなどそれぞれの機器において、最も数量が出ているメモリ・デバイスがどれくらいのコストであるかは、その累積生産量から知ることができる。さらに1年後、2年後、5年後……には、そのコストがどこまで下がるかをエクスペリアンス・カ

ーブから推測できる。こうした分析から競合他社との相対的なコスト優位性が見出せる。

　マーケットのリーダーに対抗して、後発の新技術なり新方式が競争優位を築くためには、当然のことながらコストを競争相手以下に下げなければならない。たとえば5年後に追い越したいのであれば、その期間で競争相手より急勾配のエクスペリアンス・カーブを下りていかなければならない。そのとき、5年間で競合以上のエクスペリアンス効果を実現するためには、その間にどれだけの累積生産量を積まなければならないかを、競合他社のマーケット・シェアと市場の成長率から試算することができる。果たしてそれだけの規模を5年間に獲得することが実現可能かどうか、である。

　エクスペリアンス・カーブの勾配は、生産量の成長率に影響される。いま年率10％成長している市場において、20％成長しているA社と、5％で成長しているB社を比べると、現在は同じシェアを持ちコストに差がないとしても、5年後には両者の間には20〜30％のコスト差が生じることになる（**図表6－3**参照）。つまり、生産量の成長率がエクスペリアンス効果によるコスト低減のスピードを左右するのである。

　したがって、後発企業が先行企業のコストを下回るためには、高い成長率で累積生産量を上げていかなければならない。それが可能と判断されれば競争を挑むことができるし、不可能であれば新技術による製品が先行製品とのギャップを埋めることは難しく、開発計画を根本から見直す必要があることになる。

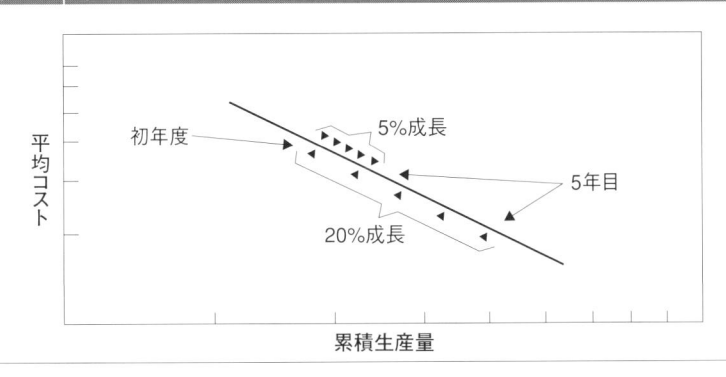

図表 6-3　市場拡大（成長）の価値

このようにエクスペリアンス・カーブは、競争優位に大きく関わる技術開発戦略においても、その方向性を判断するための重要なツールとなるのである。

Column：日本経済とBCG

　BCG創業当時の1960年代、利益率を上げることが企業経営にとって最重要課題であるというのがアメリカ企業の基本的な考え方であった。コストを下げてシェアをとり売上げを伸ばすより、高い価格で売って利益を上げるほうが企業としては賢明であるという考え方が主流であった。

　ところが、BCGの創設者たちのなかに、日本の企業に強い興味を持つコンサルタントが何人かいた。当時の日本は高度経済成長期に入り、55年以降の日本製品の輸出の伸びは、一部の産業でアメリカ企業の脅威になりつつあった。64年には東京オリンピックが開催され、日本の急激な経済成長が広く世界にアピールされた。そのような時代背景のなかで、ボストン事務所の数人のグループが急成長する日本企業の行動原理に強い関心を寄せ、66年にはBCG東京オフィスを開設した。63年のボストン事務所開設からわずか3年後に第2号店として東京にオフィスを開いたという事実からも、当時のBCGがいかに日本企業と日本経済に注目していたかがうかがえる。

　彼らが、高度成長期の日本企業を観察していて最も理解しにくかった点は、その売上げ重視・シェア重視の姿勢であった。当時の日本企業はおしなべて、マーケット・シェアをどんどん拡大して売上げを伸ばすことで成長を遂げていた。また一般にもシェアが高く売上げが大きい企業が一流企業であり、しかも売上げがどんどん伸びている企業が優良企業であるという認識が根づいていた。この点で、アメリカ企業の行動原理とは明らかに異なっていた。企業経営において足元の収益性を軽視してシェアや売上げばかりに着目するのは、当時のアメリカの経営者からは、三流経営者のやることだと見られていた。ところが、そのような手法を平然と使う日本企業が、自分たちに脅威を与えるまでに急成長をしていること自体が不可解かつ驚異になってきた。時代の空気を敏感に察知したBCGのコンサルタントは、「なぜ彼らはシェアを追いかけるのか？」という命題に対する解を

求めるべく、日本企業の強さの源泉について徹底的な研究を始めた。

　この疑問を解くカギが、まさにエクスペリアンス・カーブにあったのである。実際に日本企業を調査してみると、マーケット・シェアを伸ばすことは、すなわち累積生産量を伸ばすことにほかならないという事実が判明した。価格を下げてシェアを取る戦略は、今日の利益を上げることより、むしろ明日のコストダウンを目指す発想であると、彼らは気づいたのである。

　逆の見方をすれば、シェア拡大を目標に掲げ一貫して低価格政策をとり続ける日本企業にとって、低価格政策を実現・継続するためには、累積生産量を伸ばすことこそが必要であった。シェア重視の経営はまさにエクスペリアンス効果を積極的にとり入れた経営であり、日本企業の行動原理の妥当性はエクスペリアンス・カーブで説明できると、BCGのコンサルタントは考えるに至った。このような経緯から、このコンセプトは、日本ともたいへんゆかりの深いものの1つだといえる。

　66年に紹介されたこの概念は、その後、多くの経営者から注目を集め、日本のみならず世界各国の産業界に急速に浸透した。

3……コスト構造が変化する法則

　では、実際にエクスペリアンス・カーブがどのように実証されるか。ここでは、時代も業種も異なる3つの事例で紹介しよう。

◉──蒸気タービン発電機（1946〜63年）

　まずは、エクスペリアンス・カーブが発表された頃の古典的な事例として、蒸気タービン発電機の例を紹介する。

　図表6−4は1946年から63年までのアメリカの蒸気タービン発電機のエクスペリアンス・カーブである。縦軸には、蒸気タービンの直接製造コストがとってある。蒸気タービンには大きいものから小さいものまでいろいろな種類があるので、単位は1製品当たりではなく、「1メガワット当たり（ドル）」となっている。つまり1メガワットを発電するのにどれだけのコストが必要かを示し

図表 6-4 　蒸気タービンの経験効果（1946〜63年）

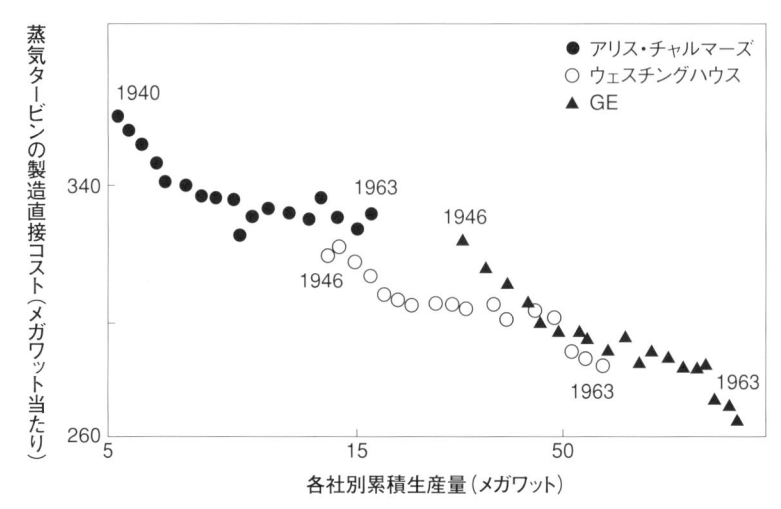

縦軸：蒸気タービンの製造直接コスト（メガワット当たり）
横軸：各社別累積生産量（メガワット）

● アリス・チャルマーズ
○ ウェスチングハウス
▲ GE

データソースは反トラスト訴訟による公開記録
出所：ジョージ・ストーク／トム・ハウト『タイムベース戦争戦略』ダイヤモンド社（1993）

ている。横軸には、アリス・チャルマーズ、ゼネラル・エレクトリック（GE）、ウェスチングハウスの大手3社の累積生産量をとっている。すると、3社のコスト、累積生産量はそれぞれ違うが、きれいに同じ線上に乗っていることがわかる。この勾配は15％ほどで、当時の蒸気タービン発電機は累積生産量が2倍になるとコストが15％ずつ下がっていたことが見てとれる。

　各社は互いに技術提携や情報交換を行っていたわけではなく、それぞれに自力で経験を積み上げ別々に生産していたのであるが、図の通り3社のエクスペリアンス・カーブは一直線上でうまくつながっている。このように50年以上前の経済環境においても、エクスペリアンス・カーブが有効に働いていたのだ。

　ところで、このアメリカの発電機業界のエクスペリアンス・カーブは、特殊な事情により通常は公表されない企業秘密の製造コスト・データが開示された貴重な例である。蒸気タービン発電機が当時アメリカで独占禁止法の調査対象となっており、裁判で各社のコストが公表されたのである。

● ──半導体素子（1961〜87年）

　では、次に1960年代から1980年代のデータを使って見てみよう。先の例のように通常は、コスト・データをとることは難しい。そのため、実務上コストの代わりに価格データを使用することによって、それらの製品のエクスペリアンス・カーブを分析することが多い。価格というのは実際に市場で取引されている値段であり、過去から現在までのデータを入手することが可能な場合が多いからである。

　価格データによるエクスペリアンス・カーブの事例として、半導体素子のエクスペリアンス・カーブを紹介しよう。1961年から87年までの累積生産量と単価の関係を見ると、**図表6−5**のようになる。こちらのグラフでは横軸の目盛りが10倍の対数となっており、勾配は68％カーブなので、生産量が2倍になるごとに単価は32％下がっていったことがわかる。マーケットの急成長と、それにともなう急激なコストダウンの様相がうかがえる。

図表 6-5　半導体素子のエクスペリアンス・カーブ

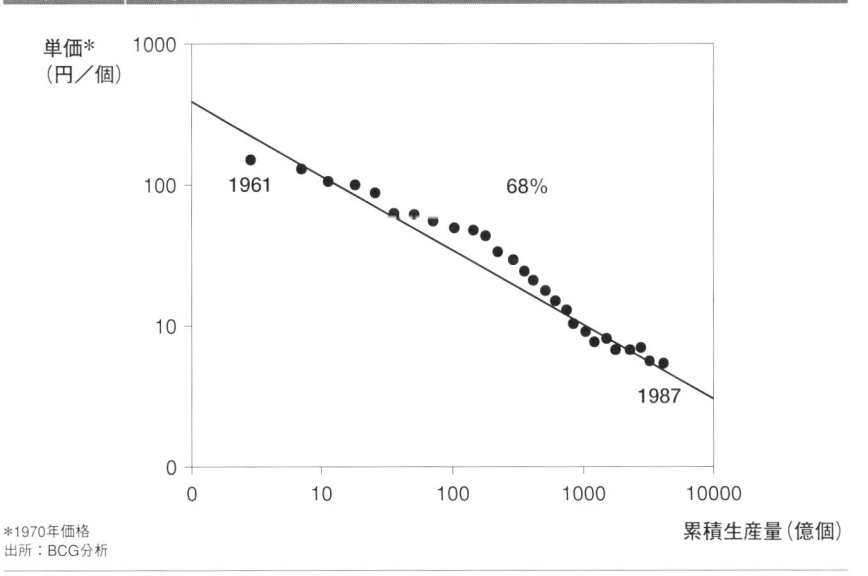

単価*（円／個）

*1970年価格
出所：BCG分析

◉──コールセンター(1995〜2000年)

　最後に、経済のソフト化・情報化が進んだ1990年代以降の例を見てみよう。経済の主役が製造業からサービス業に移行した時期である。ここでは今日では大きなサービス部門と化しているコールセンターのデータを取り上げる。

　コールセンターにおける電話受付業務はノウハウのかたまりである。そのため経験量が増えれば増えるほどコールフローは効率的になり、1コールにかかるコストは低下していく。このときのコストには、人件費、設備費などが含まれる。

　とはいえ、製造業のように70％カーブ、60％カーブといった急勾配のカーブが描けるわけではなく、**図表6－6**が示す通り91％カーブすなわち累積コール数が2倍になると単価は91％に下がるという程度である。このようにサービス産業でもエクスペリアンス効果があるのだが、特にマニュアルのような定型化が可能な種類の業務においては、はっきりとエクスペリアンス・カーブによるコスト低下が見られる。

図表 6-6 ｜ 電話1次受付けの経験曲線分析(1995〜2000年)

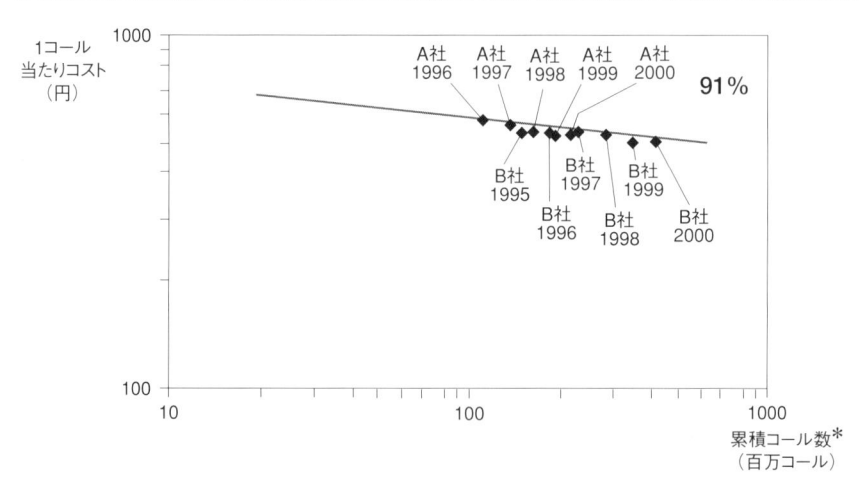

出所：BCG分析

4……コストにおける規模の効果と経験の効果

●──規模の経済とは

　エクスペリアンス・カーブの概念は、経済学で言う「規模の経済」に似通っているため、規模の効果を示すスケール・カーブとよく混同されることがある。また、先にも述べたように、通常経験の増大に比例して規模が拡大していくことが多いため、純粋なエクスペリアンス効果と規模の効果を区別することは難しい。

　しかし、両者の違いを認識しておくことは重要である。基本的な違いは、スケール・カーブが一時点をとったスタティック（静的）なコスト競争力分析に使われるのに対し、エクスペリアンス・カーブは時間とともにコストが低下するダイナミック（動的）なメカニズムを示唆しているという点に集約される。エクスペリアンス効果が小さくてもスケール効果が非常に大きいこともある一方で、スケール効果が小さくてもエクスペリアンス効果が非常に大きいこともある。前者は単純ではあるが資本集約的な産業に見られる傾向で、後者は複雑で労働集約的な産業において多く見られる。

　規模の経済があるとは、一言で言えば「大きいことはいいこと」である。スケール・カーブとは企業の規模やある製品の生産の規模が大きければ大きいほど、単位コストは低くなることを表したものである。製品の生産にかかるコストは、生産量とは無関係に必要となる固定費と、量に応じて変動する変動費に分けられる。固定費には、生産設備、訓練や研修費用、生産を立ち上げるまでの準備にかかる費用などが含まれる。変動費は主に原材料費である。変動費は、生産量と比例して増えるが、固定費の場合、生産量が増えても新たに追加されることは少なく、量が多くなればなるほど単位当たりのコストが下がることになる。

　また、マーケティング・コストの1つである広告宣伝費なども、この規模の効果が効くコストである。たとえば、テレビコマーシャルを打つ場合、CMを制作するコストは固定費である。また、消費者への認知を獲得するには、CM

の放送を一定の量は流さなければ効果が出ない。この状況で市場シェアに差がある2社を比較してみよう。トップ・シェア企業のA社と、A社の2分の1のシェアを持つB社が互いにCMを展開しようとしたとき、B社はシェアが2分の1でも、CMの制作費を半分で済ますことはできない。またCMの放送量も、A社と匹敵したものでなければ、それ相応の宣伝効果は期待できないであろう。当然のことながら製品1個当たりの広告宣伝費は、B社に比べA社のほうが圧倒的に少なくて同じ効果を期待することができるのである。これが規模の効果である。

広告宣伝費のほかには、研究開発投資なども規模の格差が大きいものとしてあげられる。新製品の開発にかかるコストは、その企業の生産規模にかかわらずある一定の負担が強いられるからだ。また、情報システム投資なども規模の効果が表れる。生産量や情報量が2倍になっても、投資コストは2倍以下で抑えられるはずだからである。このように考えていくと、規模の大きさによって単位当たりのコストを他社よりも低くできる項目はたくさんある。これらが積み重なって全体のコストを形成するとなると、規模の効果が一段と際立つことになる。これが、スケール・カーブの意味するところだ。

●──ダイナミックな概念としてのエクスペリアンス・カーブ

一方、エクスペリアンス・カーブは、累積生産量とコストの相関を表したものである。コスト削減のスピードに大きな影響を与えるのは、その製品の生産量の成長率である。先にも述べた例だが、いま年率10％成長している市場において20％成長しているC社と、5％で成長しているD社を比べると、現在は同じシェアで同じ生産規模を持ちコストに差がないとしても、5年後にはC社とD社の間には20～30％のコスト差が生じることになる。これは規模の問題ではなく、成長率による差である。つまり成長率が競争相手より高ければ、相対コストは有利になるのである。先にエクスペリアンス効果がダイナミックな概念だと述べたのは、このように時系列をまたがってコスト低減のメカニズムを解明するものだからである。

したがって、コストダウンの要因も、エクスペリアンス・カーブとスケール・カーブでは当然、異なったものとなってくる。スケール・カーブでは、先

ほどの宣伝広告費、研究開発費、システム経費などの例からもわかるように、単位当たりの固定費の負担軽減がまずコストダウンの要因としてあげられる。加えて、設備効率、購買力、交渉力などが規模の効果によるコストダウンの要因となってくる。これに対してエクスペリアンス・カーブでは、技術革新、業務改善、設備投資、労働者の習熟など、まさに経験の累積に基づく動的な要因がコストダウンを実現していくのである。このように、現時点だけでなく、将来的なコスト構造を理解しようとした場合、スケール・カーブよりもエクスペリアンス・カーブが効果的な示唆を与えてくれるのである。

5……エクスペリアンス・カーブのつくり方

●──コスト・データのつくり方

　では、実際にビジネスの現場で競争相手との間に累積経験の差に起因するコストの差がどれだけあるかを、数値に落とし込んで把握するにはどうしたらよいであろうか。

　先に紹介したアメリカの半導体メーカーをもう一度例にとって、そのコストダウンのメカニズムをどう数値化してエクスペリアンス・カーブをつくるかを説明しよう。

　エクスペリアンス・カーブは、基本的には縦軸に単位コスト、横軸に累積生産量をとったグラフ上に表される。両軸の目盛りを標準目盛に設定すると、エクスペリアンス・カーブは右下がりで原点に凹型の曲線を描く（**図表6－7**参照）。しかし、これでは累積生産量とコストの関係が把握しにくいので、通常は両軸とも対数目盛のグラフを使用することによって直線として描かれる（**図表6－8**参照）。これを両対数グラフという。

　ちなみに両対数グラフというのは、普段はあまり見慣れないが、ある2つの数量の複雑な数学的関係をグラフ上でいろいろな傾きの直線に見せてくれる効果がある。そのため、傾きが分析の対象となる場合、両対数グラフを使うことが多い。

図表 6-7 典型的なエクスペリアンス・カーブ（標準目盛り）

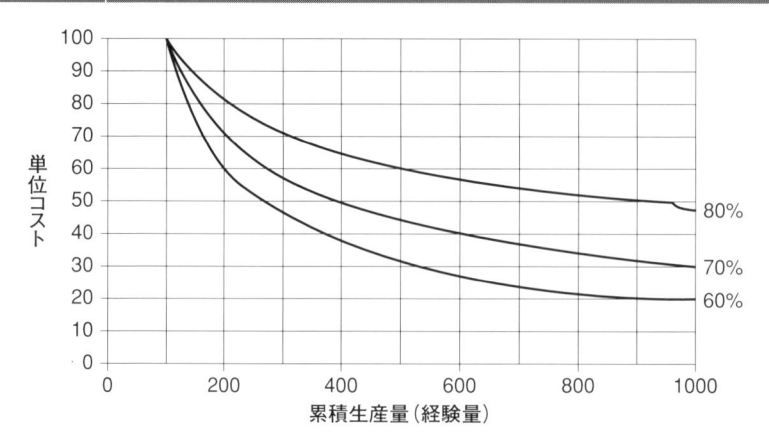

（縦軸：単位コスト、横軸：累積生産量（経験量））
80%、70%、60%

図表 6-8 典型的なエクスペリアンス・カーブ（両対数目盛り）

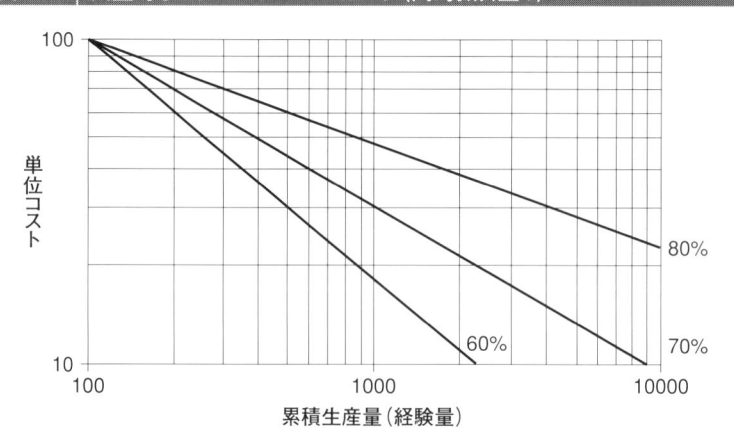

（縦軸：単位コスト、横軸：累積生産量（経験量））
80%、70%、60%

エクスペリアンス・カーブの数値例

累積生産量		100	200	400	800	1000	5000	10000
単位コスト	経験率80%	100	80.0	64.0	51.2	47.7	28.4	22.7
	経験率70%	100	70.0	49.0	34.3	30.6	13.4	9.4
	経験率60%	100	60.0	36.0	21.6	18.3	5.6	3.4

ここでエクスペリアンス・カーブをつくる際に気をつけなければならないのは、コストの値は各年インフレの効果を除去して実質値を割り出す必要がある点である。
　また、縦軸は本来は単位コストを示すが、コスト・データは通常、企業秘密で公表されないため、代わりに価格を使うことが多い。特に、業界全体のエクスペリアンス・カーブを描く場合などは、業界の平均出荷価格を採用することになる。
　さて、前述の半導体のエクスペリアンス・カーブでは、生産量とコストの関係は、累積生産量が倍になるごとにコストは80％になるという法則性が見出された。これを両対数グラフに示すと直線になるが、これは傾きが一定であることを表す。つまり、減り方の割合が同じなのである。

6……エクスペリアンス・カーブによる戦略構築

◉──企業戦略とエクスペリアンス・カーブ

　一般に、企業の競争力を決定づける最も重要なファクターは、ライバル企業との相対的なコスト格差である。この視点からエクスペリアンス・カーブを考察すると、たとえば経営者が以下のような基本的な問題にぶつかった際、有効な助言と問題の核心に対する深い洞察を与えてくれる。

- 競争相手のコスト構造を知りたい。
- 新製品の価格をいくらにすべきか。
- ある製品のマーケット・シェアを拡大すればどれくらいコストが下がり、利益が上がるのか。
- 低廉な労働コストと集中生産と、どちらが企業にとって有利か。

　以下で、戦略立案にエクスペリアンス・カーブを活用した例をいくつか紹介しよう。

● 価格戦略

エクスペリアンス・カーブの原理を発展させると、製品の価格を設定するときにどのような方針をとればよいかという価格戦略上きわめて有効な原則を見出すことができる。

価格戦略を考える際、とりうる方策は基本的に次の2つがある。①エクスペリアンス・カーブとは無関係に比較的高レベルに価格を維持するか、②エクスペリアンス・カーブに沿って価格を下げていくか、である。①のように価格を当初はほぼ一定のレベルで維持し、ある点から急激に下げるパターンは、かつてのアメリカ企業に多く見られたことから、「アメリカ型価格パターン」と呼ばれる（**図表6−9**参照）。一方、②のようにコストの低下にほぼ並行して一様に価格も下げるパターンは、高度経済成長期の日本企業によく見られた例なので「日本型価格パターン」と呼ばれる（**図表6−10**参照）。

いずれの価格パターンの場合でも、コストと累積生産量との間の関係はエクスペリアンス・カーブに乗っているので、アメリカ型価格パターンのほうが利

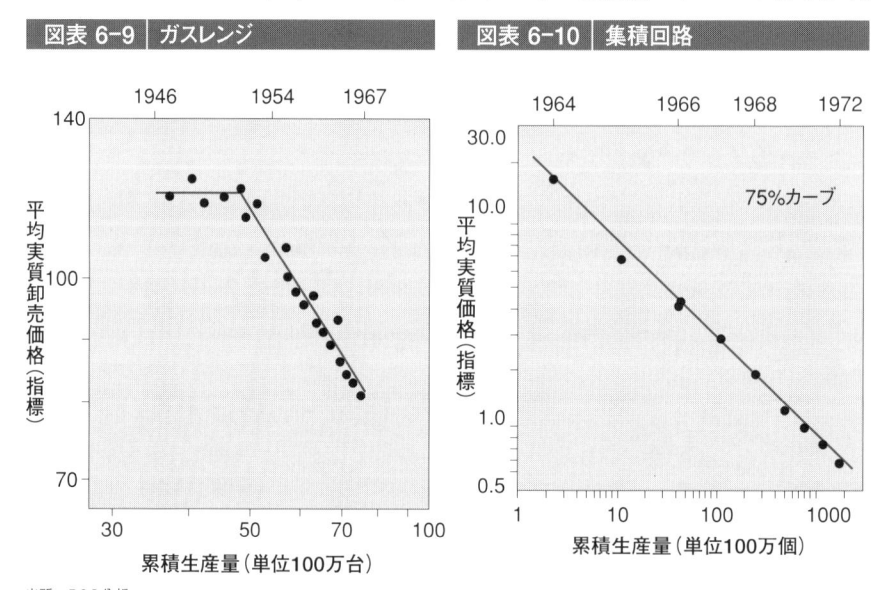

図表 6-9	ガスレンジ

図表 6-10	集積回路

出所：BCG分析

益が大きい。しかし、価格を高く設定すれば、短期的には高利益を収めることができても、長期的にはシェアを失いかねない。シェアが低下した場合には、累積生産量の増加も鈍化することになり、エクスペリアンス・カーブに従えば、結果としてコスト優位性を失うことになる。

　逆に低い価格を設定すれば、短期的な利益はともかく急速な事業拡大を図ることが可能となる。日本型のパターンは、中長期的にシェア拡大を狙う戦略だといえる。そして、シェア拡大に伴うコスト優位性を常に価格に反映させることにより、競合企業の長期的な投資意欲を失わせることが可能となる。短期的な収益性の向上を犠牲にし、追加投資も必要とする戦略だが、成功の暁には大きなマーケット・シェアを占め、莫大な利益をあげることも可能となる。

　特に、ある業種に新規参入する場合、先行している会社がいまどれくらいのコストになっているか、自社がそのコストに追いつくためにはどれくらいの期間が必要か、そのためにはどれほど投資しなければならないか、といったことを見極めるためには、エクスペリアンス・カーブがきわめて有効である。新規参入企業にとっては、成熟期までにシェアを獲得してしまうことが重要な課題となってくる。たとえ導入期や成長期の段階に高いシェアを獲得している先発企業であっても、累積生産量が少ないうちはコスト面での優位性を十分に発揮することができない場合が多い。したがって、後発企業が導入期や成長期に先発企業にキャッチアップするためには、先発企業のエクスペリアンス・カーブを分析し、先発企業以上のコスト低下率を実現することが求められる。

　いずれにしても、製品価格をどのレベルに設定するかは、企業戦略の基本ともいえる重要問題であり、どちらの戦略をとるかは、その製品の成長性、市場の競争状況、自社のポジションなどを十分考慮して決定されるべきであろう。

　また、断るまでもなく最近のアメリカ企業、日本企業が、必ずしもそれぞれに「アメリカ型価格パターン」と「日本型価格パターン」をとっているわけではない。アメリカ企業が、日本企業の追い上げに遭い、利益だけでなくマーケット・シェアや売上げを重視した価格戦略をとるようになったことは前述の通りである。ボリューム・リーダーになるためには、エクスペリアンス・カーブによるコストダウンを反映した価格設定が必要となる。一方、日本企業においては、多くの産業が成熟期を迎えマーケット自体の成長が止まりつつある。売

上げも伸びない、コストも下がらないという状況下で、いま多くの日本企業は数量による売上げ増から付加価値をつけることで価格を上げて売上げを増やす、あるいは売上げを維持しながら収益向上を狙う戦略に転換しつつある。かつてのように、エクスペリアンス効果を追いひたすらシェアを追いかける日本企業は圧倒的に少なくなった。

Column：アメリカ型価格パターンとプライス・アンブレラ

　図表6－11は電卓のエクスペリアンス・カーブである。通常エクスペリアンス・カーブは1本の直線で表されるが、この図は明らかに折れ線となっており、1970年から78年までの間に2か所で線が折れている。この折れ線が何を意味しているのだろうか。

　図を見ると、電卓の価格（このエクスペリアンス・カーブは縦軸にコストではなく価格をとっている）は68年から70年あたりまではごくゆっくり下がり、その後急激に低下し、さらに75年以降はまたなだらかな勾配の下降と

図表6-11　電卓のエクスペリアンス・カーブ

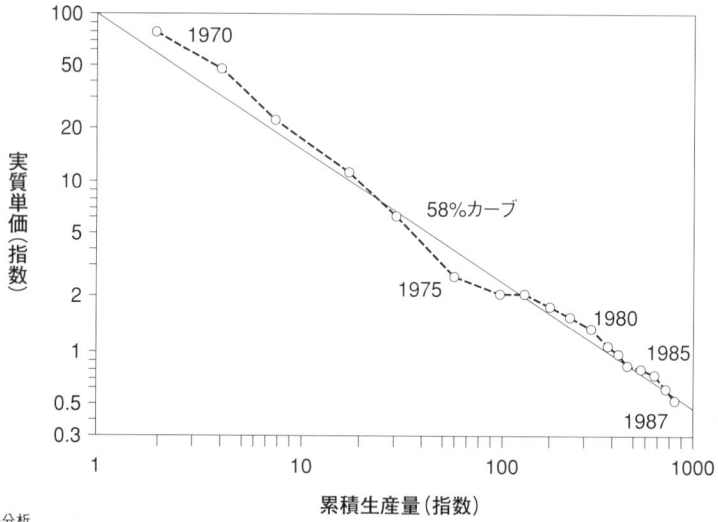

出所：BCG分析

なっている。このような価格の推移に対して、コストは累積生産量の増大にしたがい直線で下がっていると推測できる。このことから、70年あたりまでは、価格は実質コストの低下に連動せず高いまま維持されたことが読み取れる。

　なぜコストに連動せずに高い価格が維持できたのだろうか。それは、その製品を開発し初めて市場に導入した企業が、新規参入企業が現れ成長するまでの期間、コストが低減しても価格を下げずに利益を得る戦略をとったからである。これがいわゆる創業者利益である。創業企業にとっては、導入した新製品がヒットして需要が伸びたとしても、当初は開発のためのさまざまな投資が重くのしかかり、導入期はむしろ赤字となることが多い。この導入期の損失を成熟期で刈り取るために、需要も拡大し累積生産量の増大とともにコストも低下しても、価格を維持し大きな利益を獲得しようとする。そして、新規参入企業が現れ、価格競争が始まった時点で価格を下げるのである。

　これをグラフに表すと、導入期は価格の推移はコストのエクスペリアンス・カーブよりもゆるやかな勾配で下がり（一定の高レベルで推移するものもある）、新規参入期に入るとガクンと急激な下降を示す。その部分が傘のように見えることから、こうした価格戦略の型を「プライス・アンブレラ」（価格の傘）と呼ぶ。

　電卓のように大ブームを巻き起こす魅力的な製品が出ると、市場は急激に拡大しその市場を目指して多くの企業が新規参入してくる。新規参入企業もシェア獲得を目指して低価格の戦略をとる。1社が価格を下げれば他社も追従し、市場は値下げ合戦となり価格はますます下がっていく。そうした価格競争を反映しているのが、70年から75年までのエクスペリアンス・カーブの急激な下降である。

　そのなかで、いち早く累積生産量を伸ばしてコストを下げる企業もあれば、なかなかコストを下げられず苦戦する企業も出てくる。値下げ合戦についていけず赤字が増大する企業は次々と撤退し、しだいに企業の数が絞られてくる。導入期の創業企業のように圧倒的に優位な企業もいなくなり、累積生産量の増加率も小幅になっていく。こうなると市場は安定期に入り、

図表 6-12 　後発の企業Bが一定の利幅でマーケット・シェアを獲得する典型的なパターン

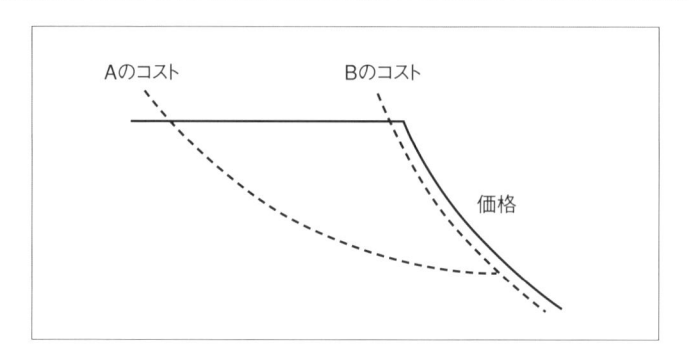

価格の推移はエクスペリアンス・カーブにほぼ平行な緩やかな線に落ち着いてくるのである。

前述したようにこのようなプライス・アンブレラができる価格戦略は、かつてのアメリカ企業に多く見られた。しかし、アメリカ型価格パターンでは、通常、ある時点から急激な価格低下が見られる。この変化は、新規参入企業が攻撃的な低価格政策をとった場合、あるいは新規参入企業が、業界リーダーの成長を阻止するような高成長を遂げる場合などの条件によって起こると考えられる（図表6－12参照）。

●——技術革新とエクスペリアンス・カーブ

技術革新の激しい産業では、競合優位性に与えるエクスペリアンス効果の影響はきわめて大きい。現実に、昨今のエレクトロニクス産業において、いかなる戦略立案が可能かを考察しよう。まずは実際に、高度な技術革新によってマーケットにはどのような現象が起こっているかを、コンピュータ端末の事例から見てみることとする。

エクスペリアンス・カーブを丹念に調べると、技術革新によってジャンプする現象が見られる。アメリカにおけるコンピュータ端末機の実質コストの推移を累積生産台数との関連で見たのが図表6－13である。

コンピュータ端末においては、ディスクリートセミコンダクタ、MOS／LSI

図表 6-13　コンピュータ端末における技術革新

（縦軸：実質コスト　横軸：累積生産量　ディスクリート→MOS→マイクロプロセシング）

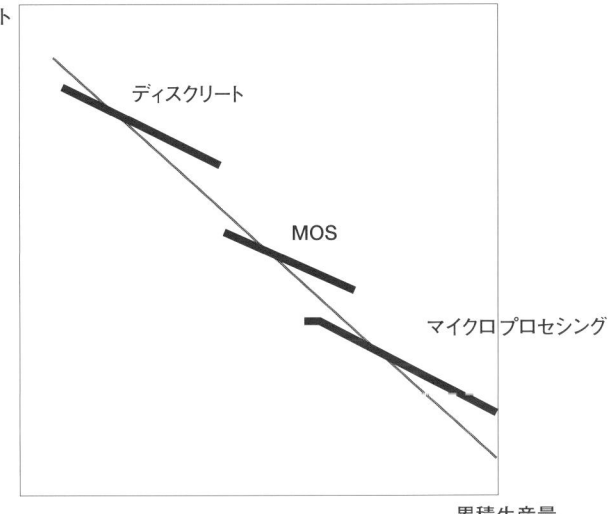

出所：BCG分析

技術、マイクロプロセシング／VLSI技術等々、それぞれのブレイクスルーの段階ごとに、コストがジャンプして低減している事実がわかる。これは、エクスペリアンス・カーブが連続した直線として表れるのは、そもそも同じような技術コンセプト、同じような技術体系のなかで、同じような労働者が働いている環境下での経験の蓄積を扱った場合であり、コンピュータ端末のようにまったく違った技術、あるいは新しい部品を使うといった技術革新が起こると、その時点で非連続となりジャンプして下がっていくことがあることを示している。ただし、旧技術から新技術への移行期には非連続となるが、全体を眺めるとコンピュータ端末の実質コストは長い直線のように下がっているのである。

このように製品・産業によっては、技術革新はエクスペリアンス効果の重要な要因となる。技術革新は製品の付加価値に対するエクスペリアンス効果を高めるだけでなく、原料、ユーティリティ（供役）の単価削減など、省資源、省エネルギーを通じてコストダウンを実現するのである。したがって、これらの製品・産業においては、他社に先んじた積極的な設備投資もさることながら、意欲的な技術開発投資が企業の地位強化の要となっているのは周知の通りであ

る。しかも、技術革新の度合いが急速であればあるほど、設備の陳腐化も速く、設備投資のリスクも大きい。技術動向に対する鋭い洞察が必要とされる所以である。

● ── 技術動向と研究開発戦略（エクスペリアンス・カーブを活用した戦略立案）

では、激しい技術革新が起こりやすい環境のもとで、研究開発戦略を立案する際にエクスペリアンス・カーブはどのように活用できるのだろうか。

たとえば、あるハイテク系の部品メーカーの戦略を考える際、Aというデバイスのエクスペリアンス・カーブが**図表6－14**のようになり、現在その部品のコストが x であり用途は X という機器だけだとしよう。

X製品向けにデバイスを生産していくと、2年後には累積生産量が r まで伸びることが予想されるとしよう。すると、コストは y まで下がり、A部品の新たな用途としてYという機器が視野に入ってくる。Yに搭載されればさらに累積生産量は増加し利益を上げられるので、できる限り早く r までエクスペリアンス・カーブを下りていこうというのが1つの方向である。

図表 6-14 あるデバイスのエクスペリアンス・カーブ

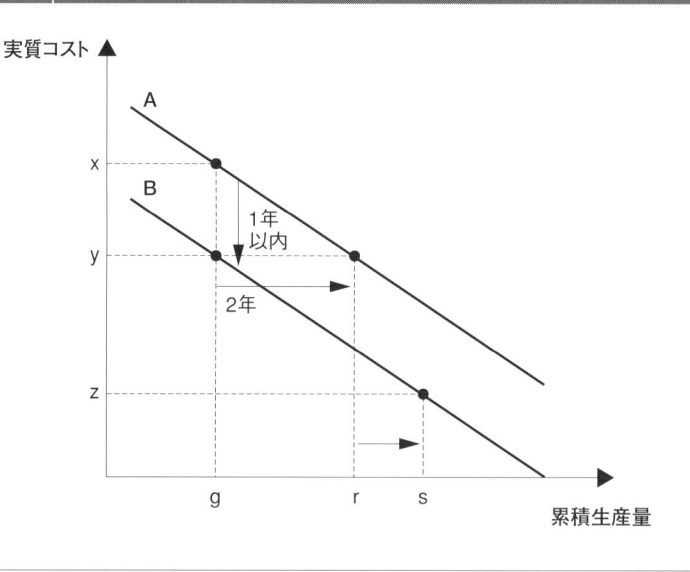

もう一方で、Aという部品においては、新しい技術開発課題があり、それによる技術革新が実現するとコストレベルは2年後を待たずに一気にyまで落とすことができる。この新技術によりエクスペリアンス・カーブを1年以内にBまでシフトすることができれば、Y機器への採用が早まり累積生産量の伸びが加速される。2年後には累積生産量はsまで達していると考えられるとしよう。さらに、そうなると、XやYなどの用途とはまったく違ったZという新機器への採用が決まるとしよう。この場合、一気にコストダウンを実現するためには、この画期的な技術革新が必要であり、そのための研究開発が急務となる。すでに競合他社はこの新しい技術課題に取り組んでいるとすれば、リスクを取ってでも研究開発に乗り出さなければならない。そのとき経営者は、いくつかの技術的シーズのなかから、どれを選んでその開発課題を実現するかを判断しなければならない。

　研究者の立場からそれぞれの技術シーズを検証すると、実現可能性、開発にかかる時間、予測される効果等、条件は多様で、どれにフォーカスすればよいのか実際には判断できないケースが多い。経営課題としての技術革新、すなわち新しい用途Zをにらみ1年以内にコストを下げ、現在のエクスペリアンス・カーブより下方に新しい曲線（B）を出現させること、そのためにはどの程度の実現可能性が求められ、どれくらいの開発期間で、どこまでの効果を実現しなければならないかを判断するのはあくまでも経営者である。その判断と研究開発への投資が、先の事例のコンピュータ端末のようなエクスペリアンス・カーブのジャンプ現象をもたらすのである。

◉────プラズマテレビのエクスペリアンス・カーブ

　いまテレビ市場において熾烈な競争を繰り広げているプラズマテレビと液晶テレビだが、**図表6－15**はプラズマテレビ用PDPモジュールのエクスペリアンス・カーブである。このグラフから、PDPモジュールは累積生産量（ここでは累積販売数量）が2倍になると1インチ当たりの単価（出荷価格）は20％ずつ下がっていくことがわかる。

　見方を変えれば、このカーブから、この価格で販売できるようになればこれくらいの需要が見込めるという、価格に対する需要創造の可能性を予測して、

図表 6-15　PDPモジュールのエクスペリアンス・カーブ

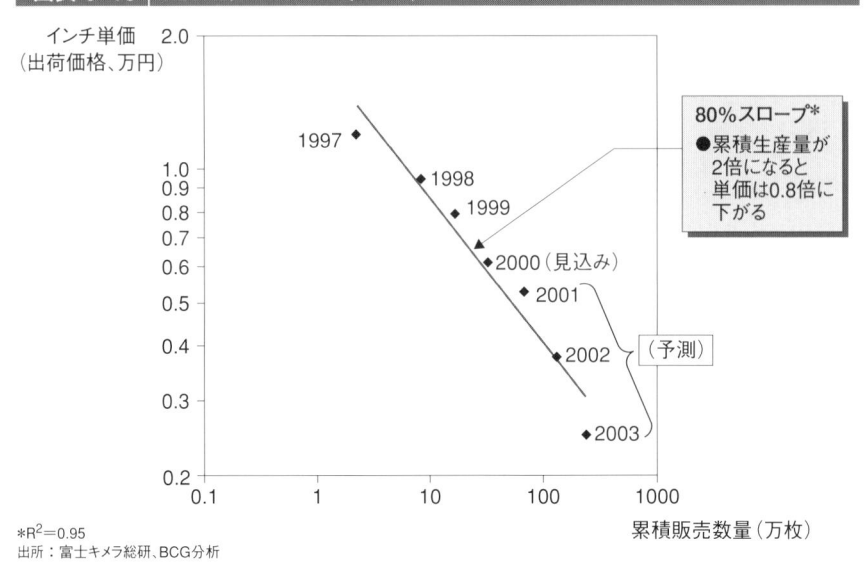

インチ単価
（出荷価格、万円）

80%スロープ*
●累積生産量が2倍になると単価は0.8倍に下がる

1997　1998　1999　2000（見込み）　2001　2002　2003　（予測）

累積販売数量（万枚）

*R²＝0.95
出所：富士キメラ総研、BCG分析

　企業はプラズマテレビへの開発投資戦略を立てることができる。いくら画質が良くても30インチで100万円以上するテレビに気軽に買い替える消費者は少ないが、仮に10万円まで価格が下がれば、一般家庭でのプラズマテレビへの買い替えは一段と進むであろう。価格においては未だプラズマテレビより不利にある液晶テレビの戦略を考えるうえでも、エクスペリアンス・カーブの示唆するものは大きな意味を持つ。液晶テレビのエクスペリアンス・カーブの勾配が何％で、いかなるスピードでカーブを下がっているかを見れば、両者の将来の競争状況を予測することができる。

　また、プラズマテレビのエクスペリアンス・カーブは、部品メーカーにとっても深い意味を持つ。将来の普及率を見込んだかたちで方式の選択と技術開発への投資計画、生産計画、コスト予測と価格設定といった一連の戦略立案が可能となるからだ。先端技術の分野では特に、製品の将来の普及率が予測できれば、部品メーカーは先々の製品販売数を見込んだうえで研究開発投資、あるいは設備投資へのコミットメントができる。競合他社より早めに的確なコミットメントを行い、先行して累積生産量を上げてコストを下げ、他社より安い価格

で市場に出すことによって、一気にシェアを獲得するという戦略が、これによって可能となる。

● エクスペリアンス・カーブが通用しない局面

最後に、エクスペリアンス・カーブが通用しない局面についての考察を述べたい。多くの製品や市場に適用可能なこの原理にも、例外は存在する。たとえば、個人の農家が行っている農業や漁業では、エクスペリアンス・カーブは成り立たない。漁師さんが10年経験を積んだ時点と、20年経験を積んだ時点で、累積生産量はたしかに増えていくが、毎年コストダウンが進み漁獲量が着実に増えていくということはない。

これは、エクスペリアンス効果というものが大規模な工業生産といった複雑なプロセスにおいて顕著に観察される現象であり、その原則からはずれた業種では成り立ちにくいことを示している。逆に言えば、農産物や畜産物、海産物においても、個人の農業的生産から大規模工業生産に移行した瞬間から、エクスペリアンス効果が効き始めるということだ。アメリカにおけるブロイラーの価格と累積生産量を示したのが**図表6－16**である。大規模農業がオートメーション設備等を活用して工業化し始めた1945年から、エクスペリアンス効果が出てきていることが如実に見てとれる。

もう1つは、成熟産業である。どの産業でも基本的にはエクスペリアンス・カーブは下がり続けるが、過去の膨大な累積生産量に対して現在および将来の累積生産量増加の割合が小さくなってしまっている業界では、カーブの降下がほとんど見られなくなる。厳密に言えばそれでも生産コストは下がってくるのだが、累積生産量の増加率、すなわち対数グラフでの右への移動幅がごく小さくなる。対数グラフを見ればわかりやすいが、目盛りを刻むに要する生産量が累積量に比例してますます大きくなっていくのである。成熟産業で技術革新も進まない状況では、ある意味でエクスペリアンス・カーブが下がり切ってしまう状況が発生している。したがって、これらの産業では、エクスペリアンス・カーブは成り立ってはいるが、もはやどの企業も似たようなコスト水準に下がってしまい、企業間の格差もほとんどなくなり、だれもまともに儲からない構造になる。これがいわゆる構造不況業種の姿である。

図表 6-16 ブロイラーのエクスペリアンス・カーブ

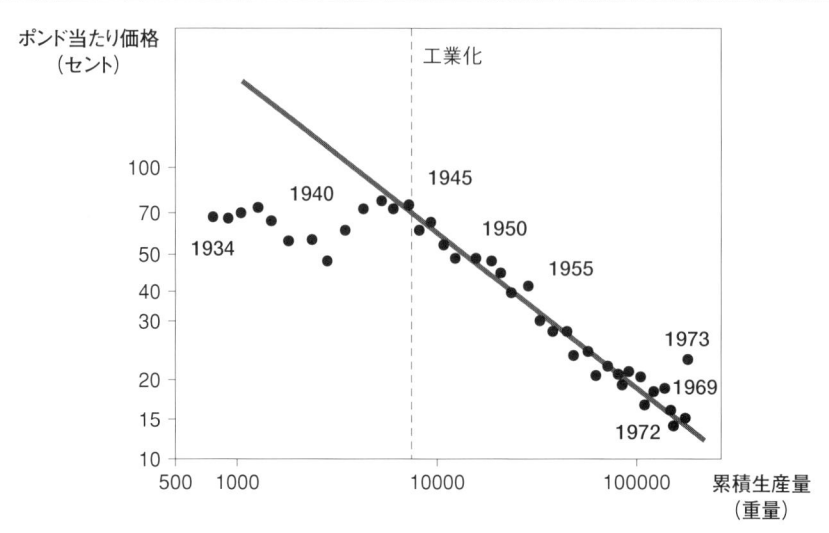

縦軸：ポンド当たり価格（セント）
横軸：累積生産量（重量）
工業化

1934, 1940, 1945, 1950, 1955, 1969, 1972, 1973

出所：BCG分析

　BCGがエクスペリアンス・カーブの概念を提唱してから、もうすぐ40年が経とうとしている。66年に世に出て以来、エクスペリアンス・カーブは注目すべき現象として一般に受け入れられ、世界各国の産業界に急速に浸透した。しかし同時に、その概念を短絡して事業に応用しようとした結果、弊害を招くケースもあらわれるようになった。

　経験を多く積めばコストが自動的に低下するわけではない。コストが下降を続ける理由としては、規模の効果、習熟曲線、新技術の採用、新設備の利用、専門化等、さまざまな理由があげられる。しかしそのどの１つをとり上げても、それでエクスペリアンス・カーブの存在を必要十分に説明したことにはならない。また、スピードと変化の時代、同じことをやり続けること自体がコストを上昇させるケースも見られるようになってきた。エクスペリアンス・カーブの皮相な解釈や、マーケット・シェアの安易な解釈は誤った戦略を生み出す元となることを改めて認識しなければならない。

　しかし、多くの製品のコスト行動にはエクスペリアンス・カーブのような原理・原則があてはまるとすれば、その普遍的妥当性を知り尽くし、エクスペリ

アンス効果を抽象論ではなく実際の数値に落とし込んで分析することの価値はきわめて高い。その価値は、エクスペリアンス・カーブが、競争上の優位性を持ったセグメントを増大させる戦略立案の指針を与えてくれるだけにとどまらない。原理・原則を真に理解して初めて、過去のエクスペリアンス効果が無意味になるような、つまりエクスペリアンス・カーブという原理が働かなくなるような画期的な戦略をもって、圧倒的なシェアを誇る大手企業に対抗することも可能になるのである。自社にとって何が独自の戦略であるのか、そのことを見極めるために立ち戻る普遍的な拠り所の1つとしても、エクスペリアンス・カーブの意味は大きい。

第 7 章

時間優位
タイムベース競争

Time-Based Competition

1……競争要因としての時間

◉──進化する企業

　企業の競争優位の決め手の1番手は、言うまでもなくコスト競争力である。どの企業もここで優位に立つべく間断なき努力を重ねている。1960年代初頭に起こった、コストの動向を鋭く見抜いて企業戦略の基礎として利用するという戦略的イノベーションは、エクスペリアンス・カーブの洞察をはじめ、その後の企業経営に大きなインパクトを与えた。

　コスト競争の次なる競争軸は品質である。多くの日本企業が国際競争力において弱者として出発したにもかかわらず、強者の地位を手に入れてきたのは、安い労働力でコスト競争を戦い、コストの差がなくなると次には品質で競争優位を勝ち取るためにさまざまな努力を重ねてきたからにほかならない。コストだけの1軸の世界から、コストと品質という2軸の世界へと土俵を広げたことが大きな勝因と考えられる。

　しかし、こうした2次元経営での競争優位も限界は明らかである。多くの事業において、顧客ニーズに立脚して競争力を確保するにはさらに次元を拡張しなければならない時代に突入している。そしてコスト、品質の次なる競争軸として、1980年代以降世界的に注目されだしたのが「時間」すなわちスピードである。時間という要素は、コストや品質と同じように大きく企業の競争力に影響を与えることがさまざまな分析結果からわかってきた。企業のマネジメント能力がこれから問われるのは、柔軟性と迅速性である。

◉──時間短縮の御利益

　時間を短縮すると、企業にとってはさまざまな御利益があるわけだが、それらを整理すると、企業戦略のうえで時間短縮が持つ意味は以下の4つであるといえる。

- ●生産性の向上

- 価値向上とそれに応じた価格設定
- リスクの軽減
- シェアの拡大

　まず、時間を短縮すれば同じ時間内でより多くの数をこなすことができるようになり、ムダが省けるため生産性が上がる。第2に、顧客からすると、同じ商品、サービスであれば注文してから届けてもらうまでの時間が短ければ短いほど価値が上がる。今日の午前中に頼んだら午後には届けてくれるのなら、少しくらい値段が高くても払ってもいいと思うだろう。これは企業からすると、迅速性によって同じ商品、サービスに高い値段をつけられることになり、言わば値上げのチャンスとなる。

　第3はリスクの軽減である。企業は当然、新製品や新サービスの開発、発売にあたり、いろいろな予測をしている。その予測が当たれば利益は上がり、はずれてしまえば利益には結びつかない。予測はその通りになるとは限らず、見込み違いは往々にして起こる。どの企業もある程度腹をくくって、今回この見込みでいこうと決断するのである。そこには当然のことながらリスクが伴う。現実に需要予測の過小、過大は、大きなコストとなって企業を襲う。こうした数字はめったに表に出ることはないが、見込み違いによる事業コストの増大は時として致命傷となることさえある。しかし、この見込み違いというリスクは時間と強い関係を持っており、時間短縮でリスクを軽減することができるのだ。

　たとえばファッション・ビジネスを考えたとき、翌年の夏にどんなファッションが流行るかを予測するにはいろいろな要素がある。まずはその夏がどれほど暑くなるか、雨は多いのか少ないのかといった天候の予想、ここ何年かの流行色からの予測、あるいは人気タレントのステージ衣装が話題となっていればそこから予測することも必要である。それらの要素から、どんなデザインでどんな色合いの服が流行るかを割り出すのである。このとき、予測する企業の立場からすると、実際に売り出す時期に少しでも近づいてから予測するほうがより精度は上がる。つまり、リードタイムが短ければ短いほど、予測がはずれる確率は小さくなるのである。

　婦人用のスカートと紳士用のズボンを例に、実際にリードタイムの長さと予

測の正確さを分析すると、**図表7-1**のようになる。明らかに、リードタイムの短縮により予測の正確さは上昇している。さらにこの図は、予測がはずれる度合いは製品によって異なることも示している。

　紳士用のズボンでは、1年前の予測でもそれほど外れていない。これは、その製品の流行上の性格によるもので、ビジネススーツや男性のズボンには、それほど大きな流行の変動はまず考えられない。一方、女性のスカートは、その年の流行で色も、デザインも、丈も、大きく違ってくるため、リードタイムが長くなるほど、予測は難しくなるのである。

　このことを企業の側から見ると、予測が難しい製品は開発・生産リードタイムを短くすることに重点を置くべきであるという法則が見出される。特にアパレルメーカーのように、デザインは日本で行い、糸や布の調達はイタリア、縫製は中国で、というようにグローバルなネットワークのなかで工程を組む企業は、リードタイムとコストのトレードオフを慎重に分析しなければならない。

　仮に発注に9か月のリードタイムが必要だとすると、購買注文は販売時点の9か月前に行う需要予測を根拠とせざるをえない。ファッション性の強い女性

図表 7-1　時間短縮でリスクは減る：アパレル産業

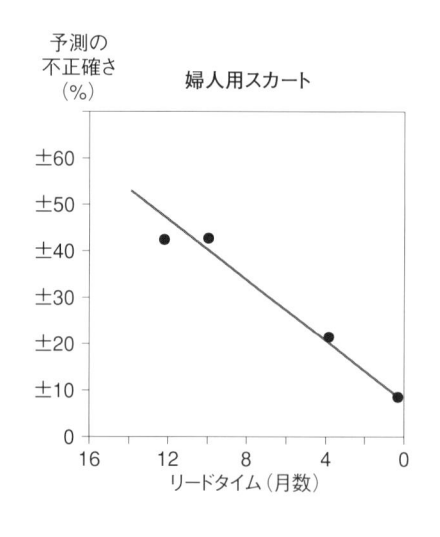

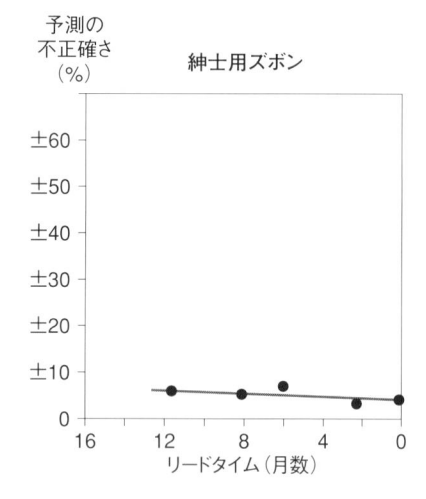

スカートの場合、デパートの仕入係の推定では実際の需要は予測の上下40%に及ぶことがよくあるという。予測の過大による40%もの売れ残り商品を、値引き販売するのは大きな負担だ。しかしそれよりはるかに重くのしかかってくるのは、過小予測による40%もの売り逃しという機会逸失コストである。このことから、ファッション性が強く需要が不安定なものについては、できるだけリードタイムを短くすることを最優先し、そのうえでさまざまな工夫をして経済性を確保すべきである。他方、ファッション性の低い紳士用ズボンのような商品は、海外の安い労働コストを利用して生産すればよいのである。

リードタイムの短縮が予測精度を上げることにつながり、結果として在庫リスクや欠品リスクが減少してコストが下がる。そうなると、値段的にも競争優位に立てるので、魅力ある製品に魅力あるプライシングが実現でき、シェアの拡大につながっていく。シェアが増えれば、エクスペリアンス・カーブをどんどん下っていくことができ、ますますコスト優位を築くことができる——。スピードという競争要因で競合他社を出し抜くことによって、このような好サイクルに入ることができるのである。

2……タイムベース競争とは何か

●──タイムベース競争とコスト優位

スピードや迅速性が競争力を増強するということは、時間を短縮すれば利益につながるのだが、時間短縮とは何をどうすれば実現できるのか、そのためにはどのような経営をするべきなのか。1980年代、そうした問題意識のもとにBCGが開発したコンセプトがタイムベース競争である。

タイムベース競争の基本原理は実に単純明快である。それは、時間こそが顧客と企業の双方にとって最も貴重な資源であるという考え方である。事実、多くの事業において、消費者の需要には高い時間弾力性がある。すなわち、同等の価格、品質、性能やサービスであれば、それを届けるまでの時間が短いほど顧客満足度は高く需要は大きくなるということだ。情報コミュニケーションが

スピードアップし自由度も増して、似たような技術、商品、サービスを多くの企業が遅かれ早かれ開発し供給することが可能な時代であるだけに、需要の時間弾力性はますます高まってきている。

従来、特急で何かを提供するにはコストがかかるので、特急料金が設定され、消費者も急いでいるときは納得のうえで特急料金を払っていた。特急にするとコストがかかるのは、同じことでも短い時間でやるには不規則な作業をすることになり、不規則な作業をするとその分の計画の書き換え、生産の切り換え、段取りなど管理に余分なコストが発生するからである。

したがって、コストとスピードは、従来はトレードオフの関係にあると考えられており、そのため特急料金が存在していたのだ。その意味では、特急料金は消費者の弱みにつけこんで高い代金を要求しているわけではなく、供給者からすると不規則かつ複雑な作業によるコスト増というやむをえぬ事情があったというべきであろう。

ところが、タイムベース競争の考え方を推し進めて行くと、コストとスピードはトレードオフの関係ではなくて、工夫しだいで時間を短縮して同時にコストも下げられることがしだいに明らかになってきた。

そのメカニズムについて説明しよう。まず、製造業において物をつくるコストは2つの大きな要因で決まると従来は考えられてきた。それは「生産量」と「品数」である。

生産量によるコスト変動は、量が増えれば規模の経済が効くので、共通費の低減や稼働率の向上によってコストが下がるというものである。もう1つの「品数」によるコスト変動とは、製品ラインが多様になるとコストは上がるというものである。同じ製品ラインで100個の物をつくるときに、1種類の同じ物を100個つくる場合と、20種類の物を5個ずつつくる場合では、1種類の物をつくり続けるほうが20種類の物をトータルで100個つくるよりも、単位当たりのコストは低い。

つまり、物をつくるコストには、量が増えれば単位コストは下がるが、一方で種類が増えれば単位コストは上がっていくというメカニズムがある。このメカニズムのもとでは、ある製品の総コストはその両方を足したものとなり、グラフに表すと**図表7－2**の実線で示した曲線となる。ここで、スピードとコス

図表 7-2 | 従来の比較考量

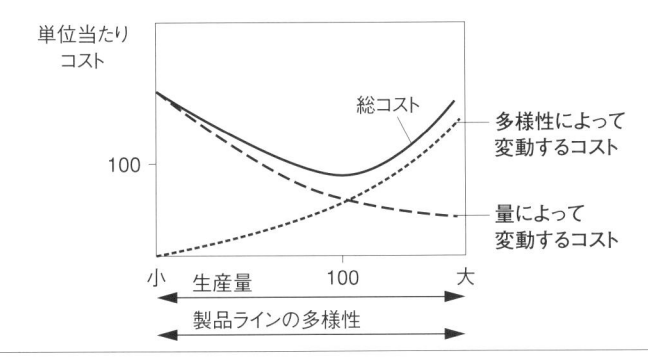

(図：単位当たりコスト vs 生産量／製品ラインの多様性。総コスト、多様性によって変動するコスト、量によって変動するコストの3曲線。縦軸に100、横軸に100の目盛り)

トの関係に立ち戻ってみると、短い時間で次々といろいろな物をつくるということは、多様性を増やすことになるので、単位コストは上がると考えられてきた。これが従来の考え方である。

　ところが、よくよく考えてみると、多様性によるコスト変動は、工夫によっていくらでも抑えられることがわかってきた。具体的な例で説明しよう。**図表7－3**は自動車用シートカバーのサプライチェーンで、原糸メーカー、織布メーカー、シートメーカー、組立工場において、それぞれどれだけ時間がかかっているかを示したものだ。このチャートは、実際にそれら4社から選抜されたメンバーがチームを作り、それぞれにデータを持ち寄って描いたものだが、この図ができあがると彼ら自身が驚いた。第1に完成品の提供と組み立てに4つの段階合計で71日も要していたことが初めて明らかになった。そのうえ、71日のうち、実質的な価値の付加に費やされたのはわずかに19日（図の黒い部分）であった。その他の52日（図の白い部分）は、次の工程の順番待ちや何らかの部品の在庫待ちに費やされていたのだ。

　この事実と、先ほどから問題にしている多様性によるコストを関連づけて考えると、多様性が増えるとコストが増えるのは、この白の部分が増えるからである。1つのラインでいろいろな物をつくるとなると、種類ごとの設備の切り替えや、次の工程の順番待ち、あるいは部品の在庫切れによる納品待ちといったことが次々と起こり、物をつくるという本質以外の白い部分がどんどん増えることになる。結果、その分のコストがかかってしまうのである。

図表 7-3　自動車用シートカバーの供給連鎖

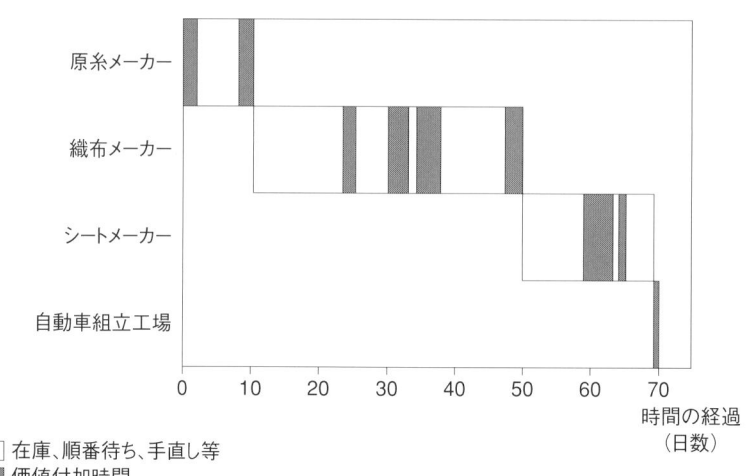

原糸メーカー
織布メーカー
シートメーカー
自動車組立工場

0　10　20　30　40　50　60　70
時間の経過
（日数）

□ 在庫、順番待ち、手直し等
■ 価値付加時間

出所：BCG分析

　このことから言えることは、多様性によって白の部分が増えるのであれば、その白の部分をうまく工夫して減らすことによって、多様性のコストを減らすことができる、ということだ。すなわち、待ち時間などの時間を短縮することによって、実はフレキシビリティが高まり、フレキシビリティを高めると、多様性を増やしてもコストが増えない工程をつくり上げることができる。そうなると、多様性はコスト増を招くという従来の考え方は、時間短縮によってフレキシビリティを高めることで克服できることになる。従来の工程では多様性によって総コストがV字型に押し上げられ、生産量と多様性の最適点以降は総コストが急激に増えてしまっていたが（**図表7－4の左グラフ**）、フレキシブルな工程では最適点が右に移動するとともにそれ以降の総コスト上昇もわずかなものとなる（**図表7－4の右グラフ**）。つまり、フレキシブルな工程では、生産性と時間の両面で競争優位が加わる。

　2つの図を見比べるとわかるように、フレキシブルな工程では、多様性により変動するコストは最初から低く、多様性が増えてもコスト上昇は少ない。したがって、フレキシビリティが高まると、従来型工程に比べて安いコストで幅

図表 7-4　多様性の障害打破

従来の比較考量

単位当たりコスト

- 総コスト
- 多様性によって変動するコスト
- 量によって変動するコスト

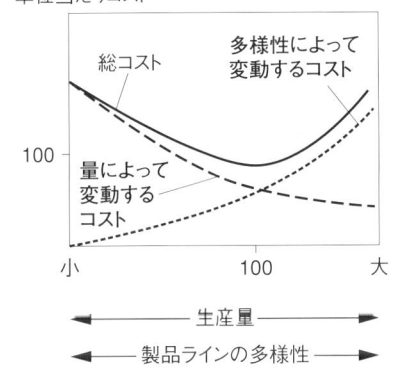

小 ← 100 → 大
← 生産量 →
← 製品ラインの多様性 →

フレキシビリティは高まる

単位当たりコスト

- 総コスト
- 量によって変動するコスト
- 多様性によって変動するコスト

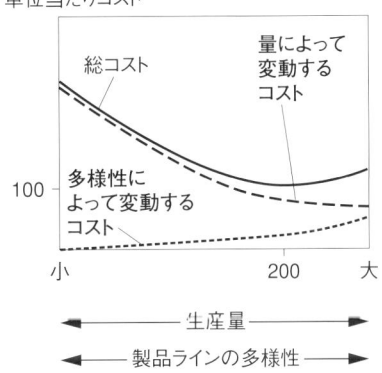

小 ← 200 → 大
← 生産量 →
← 製品ラインの多様性 →

広い多様性を提供できるが、従来型工程では、もっと早い時点で、多様性をとるか規模をとるかを判断しなければならない。

　実例をあげて説明してみたい。図表7－5は70年代から80年代にかけての大手自動車メーカーの年間1人当たり生産台数すなわち生産性と、フレキシビリティの関係を指数化して、トヨタ、日産、マツダ、欧米自動車メーカーの各年の数字をプロットしたものである。このグラフから言えることは、1つは先に述べた通りフレキシビリティと生産性は相関するということだが、2点目としてメーカーによってそのフレキシビリティのレベルが違うことである。さらに3点目として、フレキシビリティを上げることによる生産性の向上を具体的に数値で見ると、フレキシビリティが倍になるとコストは3割から4割も低減するというかなりの効果があることだ。

　従来から、エクスペリアンス・カーブや規模の経済によってコストダウンが実現することは一種の常識として認識されてきたが、規模の経済を追求するうえで、こうしたタイムベース経営がどこまで行われているかによって、コストダウンのレベルは大きく変わってくるのである。

図表 7-5　時間短縮で生産性は増す（自動車の組み立て）

生産性
（年間1人当たり生産台数、台／年）

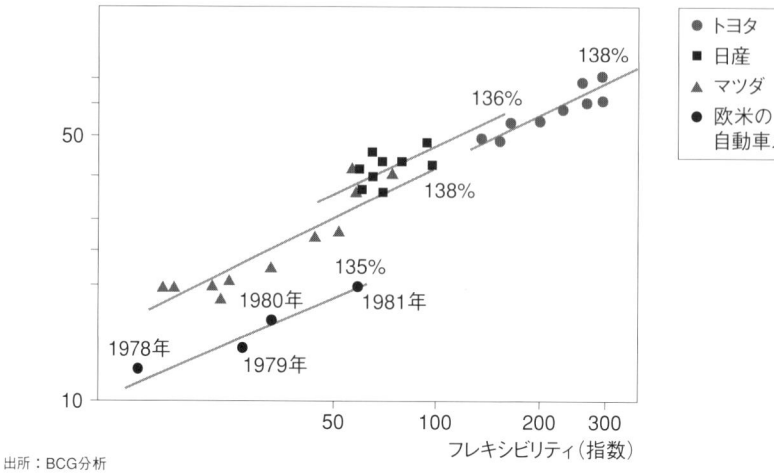

凡例：
● トヨタ
■ 日産
▲ マツダ
● 欧米の自動車メーカー

138%
136%
138%
135%
1978年
1979年
1980年
1981年

フレキシビリティ（指数）

出所：BCG分析

●── 経営のフレキシビリティと間接費

　図表7－6は、ある欧米の産業用の部品メーカー3社における、売上げ当たりの間接費を分析したものである。売上高100万ドル当たりの間接部門の人数を縦軸にとり、事業所全体の規模を製品1種類当たりの売上高で示したものを横軸にとって比較している。3社ともに規模の経済を反映した右肩下がりの線になっているが、線の高さがそれぞれ違う。この違いは、3社の間接部門がそれぞれ異なったタイプであることを反映している。

　3社のタイプをそれぞれ「官僚型経営」「企業家型経営」「タイムベース経営」としているが、官僚型経営の会社はかなり古い規模重視の工場を代表するような大企業で、今日の多様性と短いリードタイムに対応し損ねている。この会社では、中央にプランニング機能が集中しており、そこですべての計画立案が行われ、部門ごとの役割分担が明確になっている。このような企業では、変化する環境に対応するために組織を複雑化させ、結果として間接費の増大を招いてしまう。

図表 7-6　タイムベース経営でコストは下がる（産業用部品メーカーの例）

売上高百万ドル当たり
月給制人員・間接人員

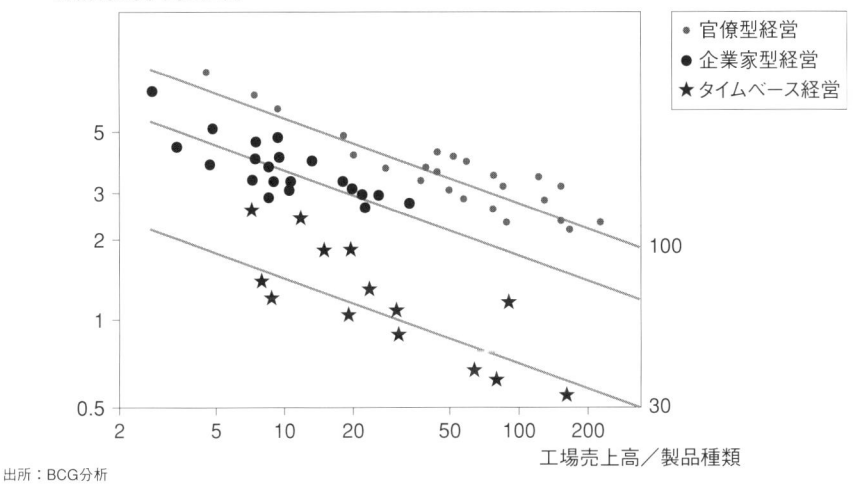

- 官僚型経営
- 企業家型経営
- ★ タイムベース経営

工場売上高／製品種類

出所：BCG分析

　製品の多様化と同時に、新しい製品ラインを追加して量を増やし続けてきた。それは工程の能力や共通性を考慮して計画されたものではないため、間接費は増大の一途をたどってきたのだ。しかも、こうした企業の本社経営者は、間接費の増加は製品多様化と技術の投入に必要な対価だと信じ切っていることが多く、フレキシブル工程の重要性がなかなか認識されにくいため、タイムベース経営への移行はかなり難しいと思われる。

　企業家型経営は、中央コントロールはあまり強くなく、各部門の裁量に任せているが、タイムベース経営の意識は持ち込んでいない企業である。この会社は官僚型経営に比べると組織の複雑さも少なく、それほど分断もされておらず、また形式ばったところがないので、多様化しても間接費の削減は可能であった。しかし、これ以上の間接費削減は難しいといえる。

　そしてタイムベース経営が、まさにこれまで述べてきたような時間を基軸とした考え方を導入している企業である。この会社では組織のヒエラルキーをうまく平坦にし、急速に変化している市場のニーズを満足させるように工程管理を適応させている。多様な生産を短いリードタイムでこなす能力や、また顧客

の要求する水準まで素早く、間断なくイノベーションを行う能力がある。こうした企業のサイクル時間は抜本的に凝縮されていて、多様性やスピードがいま以上に増してもバランスを失ったり歪みを受けないように計画されている。結果、企業家型経営よりも、さらに間接費の削減を進めることができるのである。

　これら3社は、規模の経済の効果はそれぞれ同様に効いているが、コストダウンの効率を見ると、タイムベース経営を実践している企業が圧倒的に大きい効果を生み出していることがわかる。

◉──戦略上の4つの法則

　1980年代、BCGはこのような分析を多くの企業を対象に進めてきた。その結果、タイムベース競争によってもたらされるさまざまな効果を、経験則的に把握するに至った。それが、以下4つの法則である。

❶ 0.05〜5の法則
❷ 3分の3の法則
❸ 4分の1と2と20の法則
❹ 3×2の法則

❶ 0.05〜5の法則

　先ほど自動車用シートカバーの例で、実際の工程の中で価値を生んでいる時間は実はとても限られているという話をしたが、BCGのさまざまな製品やサービスの分析から、価値を生んでいる時間は全体のわずか0.05％〜5％にすぎないことがわかった。実際に物を注文してから物が来るまでのすべてのプロセスのなかで、0.05％〜5％ぐらいしか価値を生んでいないのである。

　オーダーメイドの家具を注文したとき、実際にその家具を組み立ててつくるのに12時間ぐらいしかかからないのに、家具がお客様に届くまでには2か月かかるといった例はよくあることであった。最近でこそ、企業が時間短縮しようとタイムベース競争に目覚めてきたが、80年代のアメリカ企業にはそのような例はいくらでもあった。12時間以外の時間はそのほとんどが待ち時間であり、2か月＝1440時間のうちの12時間は約0.8％。これが「0.05〜5の法則」である。

この法則は、ほとんどの企業の「時間生産性」の低さを浮き彫りにするものである。ほとんどの製品やサービスが実際に価値を受け取るのは、その企業の価値提供システムにとどまっている時間のわずかに0.05〜5％にすぎない。

❷3分の3の法則
「3分の3の法則」とは、その家具の例で言えば、実際に家具をつくる12時間以外の時間についての法則である。残りの時間が何に使われたかは、大きく3つに分けられる。

1．前の工程の待ち時間
2．手直しにかかる時間
3．次の工程に進む決定までの待ち時間

ほとんどの企業における待ち時間＝ロス時間は、この3つにほぼ均等に分けられる。これが、「3分の3の法則」である。

次の工程に進む決定までの待ち時間について補足説明をすると、次の工程に進んでよいということはだれかが決めるわけだが、たとえば製品が完成し出荷搬送のプロセスに行くには検査をして、検査結果がOKとなれば検査報告書を書き、検査印を押して初めて次の搬送というプロセスに進むことができる。そうすると、検査をする人が実際に検査をするまでの時間、その検査報告書を書いて判子を押すまでの時間、それを次のところに指示として出すまでの時間……、これらの待ち時間すべてが、次工程への進行を決定するための時間となる。

❸4分の1と2と20の法則
これは、企業がこういった実態のなかでタイムベース競争を徹底して経営改善をしたら何が起こるかを、実際の経験則から示した法則である。まず、サービスや製品を提供するのに要する時間を4分の1に減らすことができる。時間が4分の1に減ると、労働の生産性、資本の生産性はたいてい2倍になる。こうした生産性向上によるコスト削減は20％にも及んでいる。タイムベース経営を実践した企業はみな、こうした素晴らしい業績改善を経験している。

ある耐久消費財メーカーでは、製品提供に要する総時間を、5週間から1週

間強にまで短縮した。これにより、労働生産性と資産の生産性は2倍以上向上し、20%を上回るコスト削減が可能となった。結果として、利益はかつてない水準に達している。

❹3×2の法則

　タイムベース競争を実行している企業とそうでない企業では、当然パフォーマンスに差が出てくる。どれくらい差が出てくるかというと、業界平均の3倍の成長率と、2倍の利益率となる。利益成長を考えると、3×2で6倍程度の差がついてくることを意味する。これも、経験則として明らかになったことである。

　たとえば、アメリカのある建材半製品メーカーは、競合他社が注文対応に30～45日を要するなかで、あらゆる顧客のどんな注文に対しても、10日未満で対応できるようにした。注文の大半は、発注から1～3日で顧客のもとに届けられるようになった。過去10年間の業界平均成長率が年率3％を下回るなかで、この企業は年10%超の成長を記録し、市場リーダーになった。この企業の純資産税引前利益率は80%と、業界平均の2倍を上回っている。

●── タイムベース競争の源流

　BCGがこのコンセプトを唱えると、その後同じような「リエンジニアリング」というコンセプトが登場した。タイムベース競争もリエンジニアリングも基本的には「時間で競争優位を築く」という同様の原理に基づくもので、これらが世の中で流行ることによりアメリカ企業は時間ベースの経営革新に猛烈に取り組んだ。その結果、80年代から90年代初頭にかけてアメリカ企業は生産性向上を果たし、タイムベース競争の本家本元である日本企業に対して競争力を回復していったのである。

　タイムベース競争というコンセプトの誕生の経緯をさかのぼると、時間競争力の探求を他のどの国よりも早くから始めた日本にその源をたどることができる。BCGのジョージ・ストークとトーマス・ハウトは、共著『タイムベース競争戦略』（原書1990年刊、邦訳1993年・ダイヤモンド社）で、1980年代のアメリカ産業に大きな脅威を与えた日本企業の強さの秘密こそ、時間競争力による競争

優位であると唱えて大きな反響を巻き起こした。

> 「1979年のことだが、ある顧客が我々にかなり驚くべきデータを示してくれた。その顧客は、アメリカとヨーロッパにある主な工場の実績を日本の関連会社と比較していた。日本の関連会社は断然高い生産性、優れた品質、ずっと少ない在庫、無駄のない空間、はるかに短い製造時間で運営されているとわかったのだ。しかもこのすべてが、顧客の自社工場よりもはるかに少ない生産量と多様な製品という不利な事情にもかかわらず、成し遂げられていた。こうした実績の核心は時間にある、と我々にはわかった」

両コンサルタントは、同書の冒頭でこのように述べている。

今日では、時間という競争要因が、競争優位の最も強力な新しい源泉であるとの認識において、タイムベース優位を求める欧米企業はますます増えているが、時間を競争の武器として活用することに先鞭をつけ、先導して実行したのは主に日本の有力企業だったのである。日本が時間の価値を見つけ出す下地は、第2次世界大戦後の1950年代に早くも用意されていた。戦後まもなくの時期には日本企業は低い賃金を利用して、賃金が大幅にコスト競争力を押し上げるさまざまな産業に参入して成功を収めた。次に規模の優位に転じ、さらにはコスト優位と品質の優位、加えて製品の多様性とを結びつけたフレキシブルな工程を確立した。日本の産業は、コスト、品質という競争要因の段階を経て、いち早く時間競争の段階へと進んだのである。1981年、ヤマハとホンダが繰り広げた二輪車市場をめぐる多様性戦争、いわゆる「YH戦争」は、「時間」がまったく新しい競争優位の源泉であることを世界に知らしめた。

その年、新しい工場の建設を機に、ヤマハは世界最大のオートバイ・メーカーになると宣言した。二輪車から四輪車へシフトしつつあったホンダを見て、一気に二輪車でホンダを抜いてトップになると宣言したのだ。ホンダはこの挑戦に応えて、前代未聞のスピードで次々と新しい製品を市場に投入して反撃した。結局、資金力を活かしたコスト戦略でホンダが勝利するのだが、ホンダの勝利の決め手は規模でも品質でもなく、製品の多様性であった。YH戦争が始まったときに、ホンダには60のモデルがあったのだが、その後の1年半の間に

ホンダは113のモデルを新たに市場に投入した。つまりその全製品ラインを事実上2回更新したことになる。そして、戦いが終わってみると、ホンダはヤマハを打ちのめしただけではなく、タイムベース競争の先駆者になっていた。

勝利を収めるために、ホンダは、時間を決定的な手段として活用することによって、その中核的な工程を編成し直し、組織を合理化し、コミュニケーションの系統を短縮し、結果として経営システム全体を完全につくり変えてしまった。それまでコストの動きや顧客の行動について常識とされてきた仮説が、タイムベース競争によって覆されてしまったのだ。一連続作業時間が短くなればコストは上がるはずなのに、逆に下がった。品質にかける投資が増えればコストは上がるはずなのに、低下した。そのうえ、製品の多様性が増し対応時間を短くすればコストは上がるはずなのに、これも低下した。

さらに選択の幅を広げ、対応を速めても、顧客の需要にはほとんど影響しないと思われていたのに、実はこうした優れたサービスに顧客の需要は驚くほど敏感だったのである。そして、素早く顧客の期待を選択の幅や対応の速さに向けることができた企業は、需要のなかで一番利益の大きいセグメントを手に入れる。ホンダは、こうしたタイムベース競争の競争優位のあり方を、あざやかに演じてみせたのである。

その後、多くの企業がタイムベース競争の威力に目覚め、実践するようになった。タイムベース競争は、発祥の地・日本から世界中の企業へと広がっていったのである。

3……タイムベース競争の事例

●——価格よりスピード：フェデラルエクスプレス

時間という競争要因は、生産サイドのコストダウンだけではなく多面的な意味を持つ。時間の概念を企業活動に組み入れることで、これまでにはなかった新しいビジネスを創出することができるのである。

少々概念的な話になるが、お客さんが物を買おうと決めてから、実際望みど

図表 7-7 | 利益率の時間弾力性

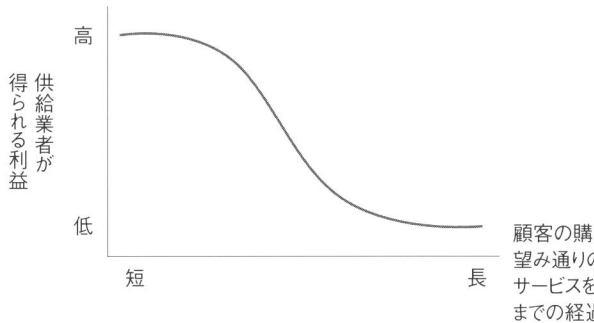

縦軸: 供給業者が得られる利益（高～低）
横軸: 顧客の購買決定から望み通りの製品やサービスを入手するまでの経過時間（短～長）

おりの製品やサービスを入手するまでの経過時間と、供給側の企業が得られる利益の間には、**図表7－7**のような相関がある。これには消費者心理が大いに関係しており、たとえばパソコンを購入したのでADSLをわが家も入れようと考えて注文の電話をしたとき、A社の対応は2週間先の工事まで待ってほしいというもので、一方B社は翌日午前中の工事が可能だったとする。その場合、ほとんどの消費者は、料金は割高でも翌日午後からADSLを使えるほうを選択するであろう。したがって、B社は早い対応＝経過時間の短さによって、遅いA社よりも高い利益を得ることができるのだ。

洋服などでも同じように、この服が欲しいと思ったとき、その店では在庫がないので取り寄せに時間がかかると言われ、別の店では1割ほど高めだが同じような服がすぐに購入できるとなると、1割高くても明日から着られるほうを選ぶだろう。

このように消費者はリードタイムの短さに対して価値を見出し、高い値段を払うのである。供給業者からすると同じ物を売る場合、リードタイムが短いほうが高い利益を得られるという構図ができあがる。このことから、さまざまな商品やサービスが現在どれくらいのリードタイムで供給されているかを見て、その時間よりも明らかに短時間で供給する仕組みをつくることで新しい市場を開拓することができるのである。

その代表例がフェデラルエクスプレス（以下フェデックス）である。フェデックスがアメリカに登場したときの基本コンセプトは、まさにこういう発想か

図表 7-8 │ 情報伝達方法が時間の価値を示す（シカゴからロサンゼルスへ）

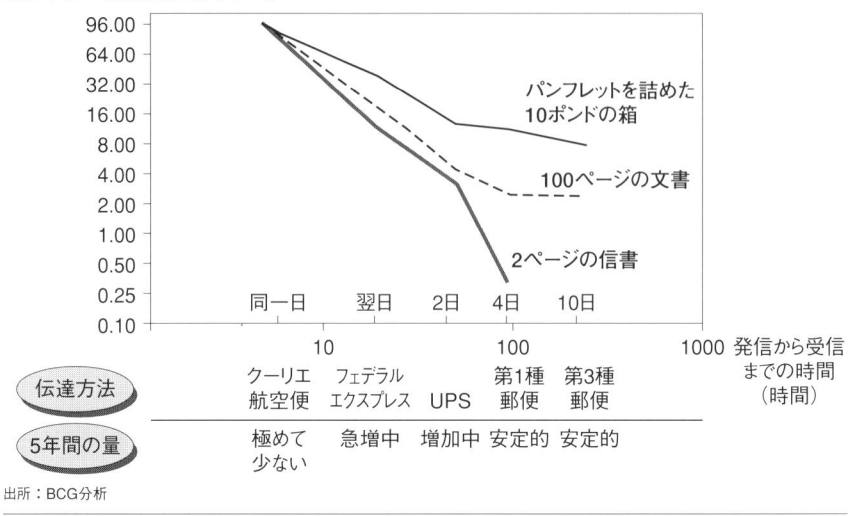

価格（1回の情報伝達当たりドル）

（グラフ：縦軸は価格 0.10〜96.00ドル、横軸は発信から受信までの時間（時間）10〜1000）

- パンフレットを詰めた10ポンドの箱
- 100ページの文書
- 2ページの信書

伝達方法	クーリエ航空便	フェデラルエクスプレス	UPS	第1種郵便	第3種郵便
5年間の量	極めて少ない	急増中	増加中	安定的	安定的

同一日　翌日　2日　4日　10日

出所：BCG分析

らであった。

　図表7－8は、ある情報（2ページの信書と100ページの文書）が、シカゴからロサンゼルスまで届けられるスピードと料金を示したものである。2ページの信書について見てみると、4日ほど待てる消費者は、普通（第1種）郵便を使えば伝達にかかる料金は一番安い。しかし、その日のうちに書類を届ける必要のある人は、シカゴのクーリエ航空便のような即日配達専門サービスを利用しなければならない。かかる料金は2ページの書類でも100ページの書類でも10ポンドの小包みでも100ドルである。2ページの書類のために、普通郵便の400倍の料金を支払うこととなる。すなわち、書類を送る際の価格の時間弾力性は約150％である。つまり、このサービス産業では、配達を待つ時間が半減するごとに、顧客は喜んで50％ずつ多く支払っているのだ。

　このように迅速な情報伝達のためには、非常に高いプレミアムを払わなければならないにもかかわらず、迅速な配達に対する需要は急速に伸びている。

　こうした状況を読んだうえで、フェデックスは「翌日配達」の新サービスを打ち出した。当初は、小包みや手紙を差し出した翌日の正午までに配達すると

請け負っていたが、その後、翌日の午前10時30分までに配達するようになった。料金は、こういった競合状態から、翌日に届けられるのであればこれぐらいの価値が取れると判断した。

彼らは、既存のサービスよりコストがかからない方法を考え出し、需要を掘り起こすことで利益を稼ぎ、さらなるコストダウン施策への再投資をするという好循環をつくりあげた。価格の時間弾力性をうまく利用して、1つの産業をつくり出したのである。

● ── タイムベース・イノベーター：ソニーのCDプレーヤー開発

もう1つ、マーケットに新商品を投入する際に競争優位を築くために、時間がきわめて有効な手段となる実例を紹介しよう。

ソニーがCD（コンパクト・ディスク）を発売したのは80年代初めだが、このときソニーはフィリップスと組んでCDの規格を進め、一時はソニー＝フィリップス連合対日本ビクターのAHDという構図でどちらの規格が勝つかといった戦いが予測された（その後の80年代後半におけるVHS対ベータの戦いを想起されるであろう）。にもかかわらず、蓋を開けてみたら一気にCDが市場を取り、オーディオ業界の規格の座を奪取した。このときソニーがとった戦略が、まさにタイムベース競争であった。

1970年代の初頭、消費者にデジタル・オーディオ・サウンドを提供する方法は、3つの技術がしのぎを削っていた。その1つがCD技術で、1976年にソニーが開発し、その後フィリップスと協力して1979年から改良を加え始めた。実際に、ソニーのCDと、対抗するテレフンケンのMD、日本ビクターのAHDは、それぞれに異なるメリットを持ち、どの技術も決め手を欠いていた。29社からなるDAD（Digital Audio Disc懇談会）が1978年9月に発足したものの、3年間あれこれと議論を重ね、結局1981年4月に結論を出さないことが決定され、CDとAHDの2方式に集約され評価が終了した。この決定は、ソニーとフィリップスにとって、きわめて不満であった。

しかし、CDはあくまでもまったく新しい技術である。通常であれば、新しい技術に基づいた新しい商品を出すにあたっては商品のコンセプトをどうしたらいいか、一体だれに向けて訴求するのか、価格帯はどうしたらいいか、機能

はどこまでつけるかと、大規模な消費者リサーチを入念に行ったうえで商品化するのが従来の一般的なやり方だった。しかし、これには相当の時間がかかる。そこで、ソニーはこの時間を短縮することを考えた。2社が選んだ道は、広範な市場調査は行わず、市場にいち早く製品を投入し、それにより市場の反応を探ることであった。

1982年末、CDプレーヤーは16万5000円の価格で発売された。最初に市場に出たのはこの1種類のみで、次に数か月後、さらに4機種を追加した。そのうち2機種は最初のものより高価格で、2機種は低価格というように、価格帯の違うものを出していった。一連の異なる価格帯のものを投入したところ、**図表7－9**のような展開となった。市場は価格にきわめて敏感に反応、低い価格帯がよく売れることが明らかとなった。そこで、実際に市場が反応した価格帯で次々と新商品を出していき、売上げをどんどん伸ばした。ソニーだけが24か月足らずの間に低価格の新製品8機種を発売したのである（**図表7－10**参照）。こうしてCDは瞬く間に普及した。

ソニーは、あらかじめ時間をかけてマーケット・リサーチを行うのではなく、

| 図表 7-9 | CDプレーヤーの発売製品と見込み寿命 | | 図表 7-10 | CDプレーヤーの発売製品と価格の動向 |

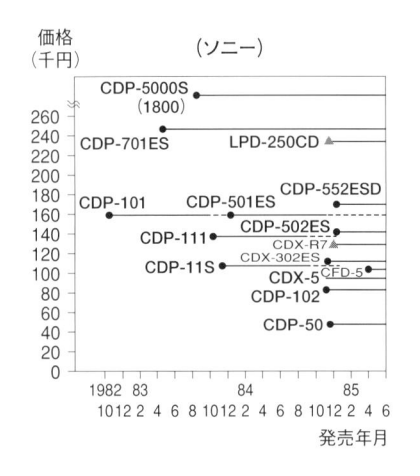

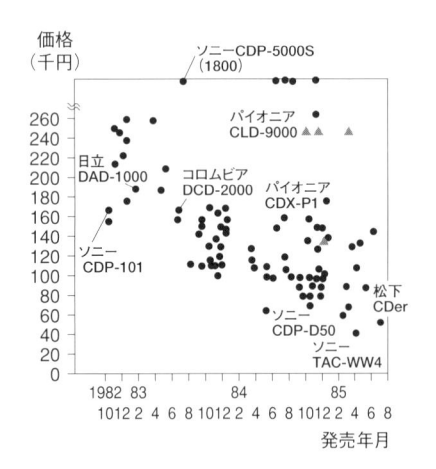

出所：BCG分析

実際に物をマーケットに投入して消費者の生の反応を見ながら、それに合ったものをどんどん出して行くという戦略をとった。必要な機能は随時追加し、強化すべき機能は強化する、代わりにいらない機能はどんどんはずしていく。同時に、消費者が望む価格レベルに合った設計をしていく。こうしたイノベーションを、非常に短い期間で集中的かつ継続的に行っていったのである（図表7－11参照）。

CDプレーヤーに対する日本での需要は爆発的に拡大し、市場は年率200%以上成長した。その間、ソニーはわずか3年程度の間に嵐のように新製品を発売し、消費者ニーズにマッチした商品群を確立することで、市場のリーダーとしての地位を守り通した。つまり、消費者ニーズをつかむ時間、そのニーズに合った商品を出す時間を徹底的に縮めたのである。

ソニーは、開発のサイクルタイムを縮めることによって、消費者ニーズにビタッと合ったものを次々と出していき、結果としてデファクトスタンダードを勝ち取るに至った。ソニーのCDプレーヤーの勝利は、まさにタイムベース・イノベーターとしての成功例である。

図表 7-11　ソニーのCDプレーヤー開発

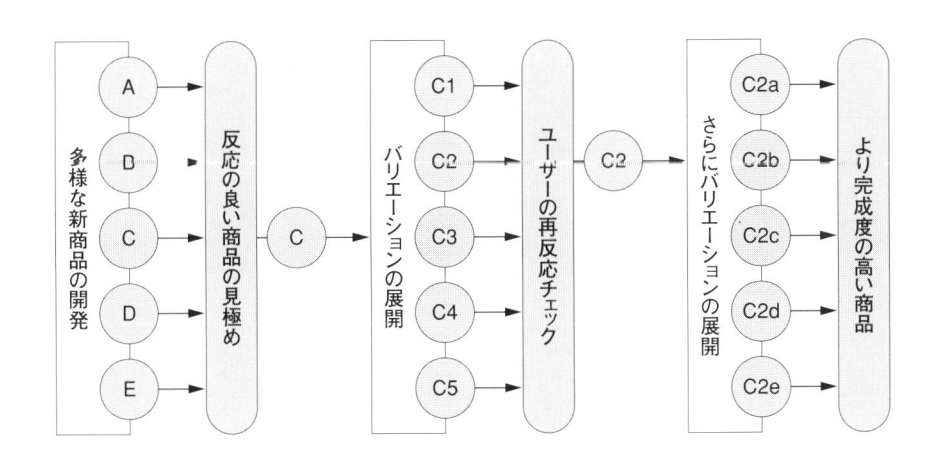

4……タイムベース競争による戦略構築

●──競争優位への4つのポイント

タイムベース競争による戦略立案にあたり、大切なポイントは4つある。

❶ビジネスチャンスは何か？
❷ボトルネックはどこか？
❸時間短縮のオプションは何か？
❹どんなトレードオフがあるか？

❶ビジネスチャンスは何か？
　スーパーマーケットの食品売り場では、非常に大ざっぱに言えば、閉店時間が来ると売れ残りの生鮮食料品は捨ててしまう。閉店間際にマークダウンして、どんどん売り値を下げるが、それでも残ったものは基本的に廃棄処分となる。このことは、スーパーマーケットの立場に立つと、本来売れる値段よりも安い値段で売るので損をすることになる。
　それから、生鮮食品は基本的にすぐに消費することを想定して買うものなので、たとえば牛乳がそろそろなくなりそうなので牛乳を買っていこうと思ったとき、牛乳が品切れしていると、消費者は明日まで待つことはせずに他の店で牛乳を買うこととなる。つまり、スーパーの食品売り場での品切れは、収益機会の喪失にダイレクトに結びつく。
　すると、これらの売れ残りをなくしたり、品切れをなくすことによって、捨てるはずのものが売れる、捨てるためのコストをかけずに済む、値段を下げないで済む、あるいは他店に客をとられなくて済むといったように、利益は確実に上がると考えられる。つまり、入荷した分だけきっちり全部売れる、そこにビジネスチャンスがある。そのことをまず見極めることが重要である。

❷ボトルネックはどこか？

　次に重要なことは、そのビジネスチャンスを実現するために、ボトルネックとなるところはどこかを見極めることである。スーパーの例で言えば、欠品をなくし、売れ残りをなくすためにはどこが改善されればいいのかということだ。

　仮に、1日のうち何度も発注できるようなシステムをつくろうとするのであれば、発注してから物が来るまでの時間で最も時間がかかるのはいったいどこなのかを突きとめる必要がある。それは、在庫状況の把握に時間がかかるのか、在庫状況の把握から実際に発注する行為に移るまでに時間がかかるのか、発注してから物が届けられる輸送に時間がかかるのか、あるいは商品の納入業者の作業が手間取るのか……、ボトルネックの可能性はいろいろありうる。それらのうちで最も重大なボトルネックがわかれば、それを解消することでビジネスチャンスが実現できる。

❸時間短縮のオプションは何か？

　ボトルネックがはっきりしたら、次にはそれを解消して時間短縮を実現するにはどのような手段があるかというオプションを考えなければならない。これが3つ目のポイントである。スーパーの例で考えると、欠品をなくすためにはいくつかのオプションが考えられる。配送頻度を増やす案、在庫レベルを思い切って上げる案、棚在庫チェックの頻度を上げて発注精度の向上を図る案、などが考えられる。

❹どんなトレードオフがあるか？

　オプションを考え出していくと、時間短縮のための打ち手にもいろいろなものがあることが明らかになるだろう。しかし、なかにはその手を打つことで失うものが出てくる可能性もある。たとえば、1日のうちで何度も発注して何度も品物を運ぶと、品切れや売れ残りは改善される反面、輸送コストが膨れ上がってしまうだろう。あるいは、品揃えの数を減らすことも売れ残り防止策になるが、逆に店の魅力を失うリスクがある。こうしたトレードオフが、経済合理性から見るとどのような位置づけになるかを考えることが4つ目のポイントとなる。

そして、トレードオフにおける負の部分を最小化するためには、さらにどのようなオプションがあるのかを考えて、そこでのトレードオフを見極めていく。そのうえで新しいプロセスについても、ボトルネックがどこにあって、ビジネスチャンスはどう実現されるのかと、このようなサイクルでビジネスを考え続けていくのがタイムベース戦略である。

◉──常勝パイロットとタイムベース企業の共通項

　従来型企業とタイムベース企業では、情報の創造、共有、利用のサイクルにも大きな違いが出てくる。際立った違いが、情報の創造から共有のプロセスに見られる。従来型企業では、専門家がつくり出し、その後管理者が組織をつなぐ架け橋をつくりそこを伝って情報が共有される。一方、タイムベース企業では、チームでつくり出すと同時にチームが利用できるよう、多数の機能を擁したグループが日常業務に必要な独自の情報源をつくり、そこが情報共有のプラットフォームになる。さらに、情報が中央処理されフィードバックに時間がかかる従来型企業に対し、タイムベース企業では情報は分散処理され、フィードバックはきわめて早い。

　情報の創造とそれに続く行動というサイクルは、ビジネスの核心であり、顧客に迅速に対応したいと望む企業はこのサイクルの短縮に多大な努力を注いでいる。実験室のなかでも、工場の生産ラインでの仕事でも、どんな種類の仕事でも情報処理という面では本質的に同じである。行動することを目的にして人々は情報を処理し、その行動の結果を見て再びそのサイクルをたどる。たとえば、新製品開発においては、その製品を市場に出すのが速いほど、顧客からのフィードバックが早く利用できて、設計者が次のサイクルにとりかかる助けとなる。

　こうしたタイムベース企業における情報サイクルと仕事の進め方は、戦闘機のパイロットが空中戦で相手のパイロットと戦うモデル、OODAサイクルと同じである。

　かつてアメリカ空軍では、戦闘機パイロットたちがほぼ同じ性能の戦闘機を与えられていながら、いつも決まって一部のパイロットだけが勝つことに注目し、常勝パイロットたちの行動がどう違うのかを研究した。その結果、撃墜王

たちは、敵機を不利な位置に追い込み撃墜できるまで、空中戦に要求される行動サイクル全体を圧縮して迅速に繰り返していることがわかった。そのサイクルがOODAサイクルと呼ばれるものだ。

OODAサイクルのそれぞれの文字は、最初のOは観察（Observation）、2番目のOは情勢判断（Orientation）、次のDが意思決定（Decision）、最後のAが行動（Action）を意味している（**図表7－12参照**）。常勝パイロットは、どのような未知の敵との遭遇戦でも直ちに状況の全貌を見て取り（観察）、そのなかで危険がどこにありチャンスはどこにあるかを読み取る（情勢判断）。それから、相手を撃ち落とすために自分はどうすべきか、急降下して後ろに回りこむのか、一気に機銃掃射するのかを決定し（意思決定）、作戦行動に入る（行動）。そして、行動を起こしたら直ちにまた周囲を観察し、情勢判断をして……、というように次のOODAサイクルを回す。どの空中戦も、高度の短縮されたOODAの環の連続である。すなわち、このサイクルをきわめて速く行えることが、常勝パイロットの条件なのである。

1986年に大ヒットした、トム・クルーズ主演のアメリカ映画『トップガン』をご覧になった方も多いだろう。この映画は、アメリカ海軍がパイロットのトップ1％のために設立したエリート訓練学校「トップガン」を舞台にしたストーリーで、OODAサイクルの実践の様子がかなり劇的に描かれていた。エリートパイロットたちは敵機に先んじて状況を把握し行動を起こし、少しでも早く有利な位置を占め、主導権を握ろうと試みる。その目的は、敵のパイロットを

図表 7-12 ｜ OODAサイクル

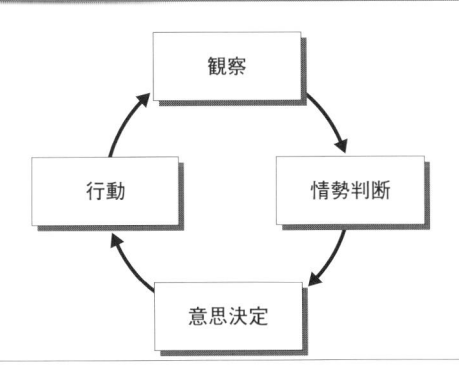

観察 → 情勢判断 → 意思決定 → 行動 →（観察へ戻る）

常に後手に回らせ、挙げ句の果てに対応を混乱させて無防備な状態へと追い込むことである。

タイムベース企業も、このOODAサイクルをぐるぐる回すパイロットと同じことをしている。どこにビジネスチャンスがあるかを観察し、どういうボトルネックがあるかの情勢判断をし、そのために何をするか意思決定して、実行していく。これはまさにOODAサイクルである。ビジネス戦は空中戦よりはるかに長く続き、組織で演じられる。しかし、そこで勝つ者は、情報に基づいて他社よりも迅速に行動し、最も良い位置を占める競争企業である。アイデアを得ると直ちに会社の全部門を結集させて行動し、敵の予想を欺いて奇襲攻撃をかけられる企業が勝つのである。

●───時間のマネジメントとは

こうしたOODAサイクルがうまく機能している企業は、組織自体がコミュニケーション・ネットワークのようなもので、どの端末も個々の役割を果たしながら、絶え間なくメッセージを送受信している。その好例が、外国為替の取引をするトレーダーたちの部屋である。為替の動きが平穏な日でも、たいてい彼らの成果は一匹狼の独立したトレーダーを凌いでいるし、為替変動の大きな日は、複雑な状況にも素早く相互に連携し学習できるので、成果は必ず上回る。状況の変化に伴い、ネットワーク化されたトレーダーたちはますます多くのパターンに気づき、売買ポジションの変更を速められる。状況の複雑性や多様性が増すごとに、情報の量も、とることのできる行動の組み合わせも増える。トレーダーたちが緊密に連携している部屋では、それらを選り分けて、独立トレーダーよりも適切な行動を多くとることができるのだ。

しかし、多くの企業は、多様化・複雑化する状況に対処しようとして、ネットワークで情報の流れを加速させる代わりに、それとは正反対のアプローチをとってしまう。ネットワーク学習よりも組織構造を増やすことで対処しようとし、結果としてネットワークを途切れ途切れにしてしまう。たとえば、新たな技術が出現すると個別技術ごとにエンジニアを専門化させ、製品が複雑になると製造に関わる社員を増員して組織上の管理ポイント数を増やす。こうした対処の仕方が、製品の多品種化によるコストの増大、在庫の積み増しをもたらす

のである。

　タイムベース競争を実践している企業と、そうでない企業では、次の2つのポイントが決定的に異なっている。まずタイムベース競争を実践している企業は、時間をマネジメントすることはコスト管理や品質管理以上に重要であり、時間マネジメントはコスト管理や品質管理をも包含するものと考えている。その結果、商品力向上、品質アップ、コストダウン、業務効率化等をシステマティックに相乗効果を発揮しながら進めている。

　次に、時間マネジメントを経営のあらゆる局面で活用できると考えている。役員室の机上に積まれている決裁書類の在庫削減や、市場変化に関する新鮮情報が営業部門で滞留して開発部門に迅速にフィードバックされていないという情報の在庫削減は、製品在庫や工場の中間在庫を削減することと同様に重要であると考えている。商品開発、生産、物流、マーケティング、経営の意思決定といった経営の諸局面における本質はよく分析すると、実に共通部分が大きい。消費者が欲する商品やサービスを供給するだけではなく、消費者が欲するときに供給することがビジネスの成功にとってますます重要な時代になっているのである。

5……意思決定スピードと競争優位

●──なぜ意思決定にタイムベース競争が応用できなかったか

　多くの日本企業は、これまでのところ欧米企業と比べて迅速性が高く、商品開発も速いし、生産計画サイクルも短い。いろいろな部署を持つ企業にとっては、OODAサイクルを速く回すためにはなるべくループが短いところで回るようにしなければならないが、日本のメーカーが伝統的に得意とするTQCなどはまさにOODAサイクルの理にかなっている。現場の人間が現場を観察して、現場で情勢判断をして、何を改善するかを現場で意思決定して、実際自分たちで行動をとる、そして新たなプロセスを築き、さらにまた改善のために観察をして情勢判断をする。この現場レベルでのOODAサイクルが、日本企業では実

に素早く確実に回っている。だからこそタイムベース競争の手本であったのだ。

しかし、企業活動は現場だけで行われているのではない。開発、生産、営業、物流、事務処理等あらゆる現場業務の上には、トップを含めた意思決定の層があり、日本企業は残念ながらその意思決定プロセスにおいてタイムベース競争が意識されているところがきわめて少ない。多くの企業のトップや中間管理職に聞いても、「わが社は意思決定のスピードには絶対の自信があります」と胸を張って言える人はとても少ない。ほとんどの企業の経営層の方が、「うちの会社は意思決定のスピードに問題がある」と語る。現場プロセスの短縮に成功した日本企業が、なぜ経営意思決定プロセスに同じ手法を持ち込めなかったのであろうか。

● ――事例:海外投資案件での意思決定と時間

図表7-13は、ある企業で、海外投資案件が検討された際に、経営トップの意思決定が行われるまでに実際いつ何にどれだけの時間が費やされたかを示したプロセス・チャートである。この案件の意思決定に関わったすべての関係者

図表7-13 │ 事例:投資決定の社内プロセス

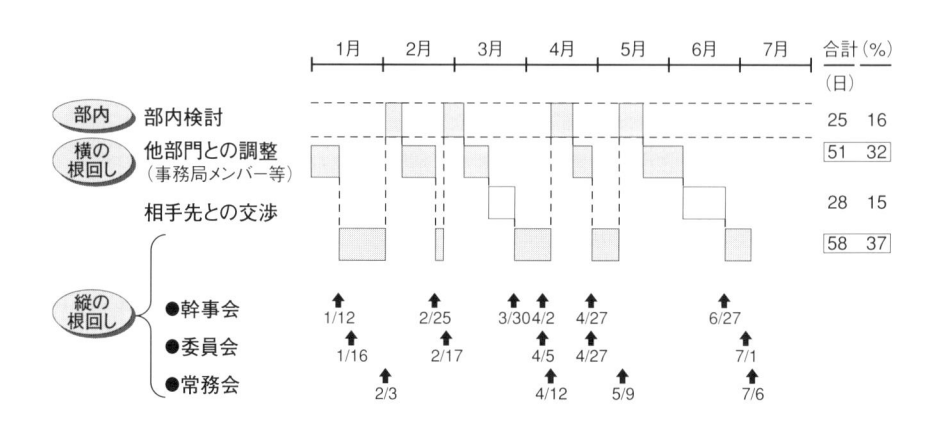

		合計(日)	(%)
部内	部内検討	25	16
横の根回し	他部門との調整(事務局メンバー等)	51	32
	相手先との交渉	28	15
		58	37

縦の根回し
● 幹事会 1/12, 2/25, 3/30・4/2, 4/27, 6/27
● 委員会 1/16, 2/17, 4/5, 4/27, 7/1
● 常務会 2/3, 4/12, 5/9, 7/6

出所:BCG分析

のスケジュールを洗い出して分析して描いた。

　グレーの部分はすべて社内の根回しに費やされた時間で、実際に相手先との交渉が行われたのはわずかに白い部分だけである。根回しには横の根回しと縦の根回しがあるが、ここでの横の根回しは他部門との調整が主なもので、一方縦の根回しは部長会にかけ、次に常務会にかけ、最後に経営会議にかけるといった意思決定の階段を上っていくプロセスでの調整である。現実にどれくらい時間をかけているかというと、実に意思決定プロセスの7割近い時間が横と縦の根回しに使われており、提携相手との交渉に使われたのはほんの15％ぐらいしかなかったことが判明した。

　次に、横と縦の根回しに使われた時間の中身を見ると、実は前述したアメリカ製造業の生産工程の状況と同じで、ほとんどが待ち時間である。前工程が終わらない、すなわち前の会議が終わらずその決定を待っている、あるいは手直しが入る、すなわち議論が差し戻しになって詰めの作業の手直しに時間がかかるといったことである。そして、次の工程に進んでいいかどうかの決定待ちに多くの時間が浪費されていた生産現場同様に、意思決定プロセスでも次の会議にかけていいかどうか、部長に話していいかどうかなどの決定がなかなか下りずに待っている。こうした何の付加価値も生まない時間が、1週間、2週間という単位で流れていくのである。

　たとえば、幹事会メンバーの日程が合わずに会議日程がどんどん先送りされる、あるいは次回の常務会は議題が多すぎて入れてもらえない等々……、意思決定のスピードを遅らせる要因は次から次へと生まれてくる。スピード経営を標榜したところで、このような現状にメスを入れずして、掛け声だけでスピードアップはできるものではない。80年代のアメリカ企業が、自分たちが2か月かかって納品しているものを、日本企業が1週間で納品するのを見てびっくり仰天し、現場に「スピードアップ！」の檄を飛ばしたが、檄を飛ばすだけでは時間はまったく縮まらなかったのと同様で、意思決定プロセスもこのように実際にプロセス・チャートを描き、各プロセスの工数を出し、ボトルネックがどこなのかを洗い出さない限り、掛け声だけでは速くならない。

　日本企業においては、まさに「3分の3の法則」が経営トップの意思決定のプロセスにおいて起こっているのである。生産現場で見出されたタイムベース

競争の効果を表す４つの法則は、数値の多少の違いはあっても、その意味するところはどれも経営意思決定プロセスにもあてはまる。現場ではタイムベース競争が進んでいるが、企業経営の根幹をなす戦略的意思決定の部分には、時間の概念がしっかりと定着していない。残念ながら、これが日本企業の姿である。

◉──根回しのメカニズム

ところで、そもそも根回しとは何だろうか。なぜそれほど時間がかかるのだろうか。

根回しの工数は「深さ」と「数」の掛け算になっている。「深さ」には、「詳細度」「絞り込み度」「口止め度」といった要素がある（**図表７−14参照**）。「詳細度」とは、何かものごとを決めるときにどれだけ細かく詰めないと決められないかという要件である。方針さえ決めればその具体化は各部門に任せるのが理想だが、細かい具体案や細かい数字まで詰めないと方針すら決まらないという本末転倒型も見受けられる。

「絞り込み度」というのは、選択可能なシナリオやオプションについて、早い

図表 7-14 ｜ 根回しの構造

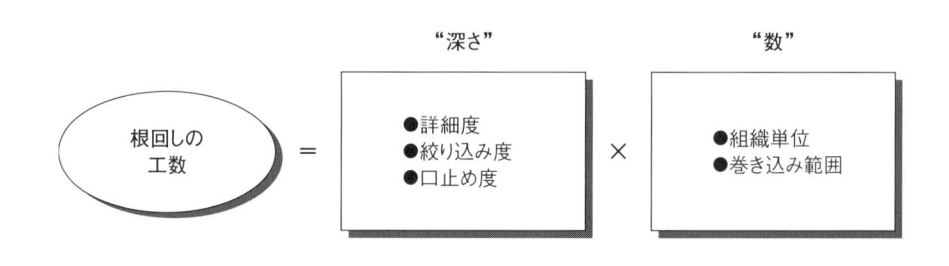

根回しの工数 ＝ "深さ"（●詳細度 ●絞り込み度 ●口止め度）× "数"（●組織単位 ●巻き込み範囲）

段階から徹底的に絞り込まないと議論が進まない場合の、どこまで絞り込むかという要件である。予測がつかないことも、1つの案に絞り込まなければならないとしたら、これには相当の時間がかかることとなる。

「口止め度」は、異論や質問をどれだけ止めなければならないかという要件である。経営会議が終わって常務がご機嫌顔で帰って来て、「いや、今日の会議は成功だったよ。質問も出なかったし、みんな賛成してくれた」と話したというのは、よく聞く話である。しかし、本来経営会議で何も質問が出ず議論も行われなかったとしたら、経営幹部はどこで検討し納得しているのか。根回しで、反対しないでください、質問もしないでくださいと口止めをしている場合、このような経営会議もありうるわけだ。こうした口止めをどこまで徹底するかによっても、この根回しの深さは決まってくる。

一方、「数」というのは、根回しをする範囲がどれぐらい広いか、その組織の構成単位がどれぐらいあるかということと、どれだけ巻き込むかによって決まってくる。これら「深さ」と「数」の掛け算で、根回しの工数が決まってくるのである。

● ── 意思決定にも工程の定義と目標が必要

しかし、根回しがいくらうまくできるようになっても、意思決定のスピードは決して速くならない。では、何をしなければならないのか。トップの意思決定スピードで競争優位に立つためのポイントは3つある。

- まずは現状を知る
- 「報告」・「議論」・「決定」を分ける
- プロジェクト・チーム型会議をする

第1に、現状を知ることである。前述のとおり、意思決定プロセスの分析はまったく行われていないのが現状である。まずは現状分析を徹底してやって、どこに問題点があって、何を改善すれば何が変わるのかということをきちんと知ることが重要である。現場のTQC同様に、役員のTQCが求められているのである。

実際、日本企業の経営幹部は、自分の時間が何にどう使われているか、ほとんど知らないのではないだろうか。そうなると、この決定になぜ時間がかかっているのか、どこがボトルネックなのかを把握することはとうてい不可能である。一方、生産現場では、なぜこのプロセスには2週間かかるのか、2週間を1週間にするにはどうしたらいいのか、さらに3日に短縮するにはどうするか……、時間短縮の方法を日夜探求し続けている。そして、どこでコストが発生するのか、工程上のボトルネックはどこにあるのかを、完璧に把握している。現場でそうした改善ができるのは、ひとえに彼らが現状を知り尽くしているからである。経営トップにも、自分たちの時間がいつ何にどれだけ使われているかの現状を常に把握しながらOODAサイクルを回すという時間競争力がまず必要である。

　現状を知れば、ボトルネックはすぐに見えてくるはずである。ボトルネック解析をすると、重要な意思決定になればなるほど会議の重要性も高まり、役員の時間調整がボトルネックになってくるケースが多い。その場合、意思決定に参画する全役員の時間資源の使い方を徹底的に解析して、1人ひとりが合理化を断行しない限り「日程調整待ち」というボトルネックは解消できない。

　時間分析を行った後、役員が自らの時間をいかに有効に使うかは、彼らの意思にかかってくる。通常、経営トップ層のスケジュールは秘書が入れる場合が多いが、部長あるいは課長格の秘書の判断は、そもそもトップの判断とは相当の距離があるはずである。そうしたことを考慮せず、すべて秘書にスケジュール管理を任せ切りにしてしまっていたとしたら、ある意味でトップの時間価値への無思慮の表れだといえる。経営トップの時間はその会社にとってもきわめて重要な競争要因である。タイムベース経営では、トップは自分の時間を自らの判断で活用する強い意思を持たなければならない。

　役員の時間分析を行う一方で、意思決定プロセスの個々の工程に定義と目標を付与することが必要である。この意思決定は、何を目標にして、いつまでにそれを達成するのかを明確に定義するのだ。このようなことは、生産工程の改善では当然のように行われてきたことだが、これからは意思決定にも工程管理の思想や工期という発想がいよいよ求められ、そのことに気づきいち早く意思決定の工程短縮を実行できた企業が、タイムベース競争の真の勝者となってい

くであろう。

● ──意思決定のクオリティを上げる3要因

　意思決定の工程を明確に定義するには、まず会議の位置づけをはっきりとさせることである。会議の機能を分けて、この会議は「報告」する会議なのか、「議論」する会議なのか、「決定」する会議なのかによって、出席者の顔ぶれ、議題のあげ方、資料のつくり方、あるいは時間のとり方を的確にコントロールすべきである。

　よくある例で、15人ぐらい出席している常務会で、時間が2時間しかないのに、案件が10個ぐらいあげられることがある。12分で1案件を15人の常務が議論するというのは、どう考えても現実的には不可能である。

　「報告」のための会議であれば、結論とその理由を告げることが目的なので、多くの出席者に効率的に報告できることが望ましい。資料やプレゼンテーションの仕方も、報告する側のアウトプットを、できる限りわかりやすく全員が理解できるようにすることに力が注がれるべきである。

　「議論」のための会議は、まずは論点を明確に示すことが重要である。議論する会議は、主宰者にとってはアウトプットよりむしろインプットをもらう場なので、論点をめぐる各部門の対立点がどこにあるのか、シナリオの見方の分岐点がどの辺にあるかを探るべく、刺激するような意見を投げたり、飛んだ発想で発言することも必要だ。答えや結論を出すことよりも、むしろ議論を通して互いの現状認識を共有することが重要である。

　一方、「決定」のための会議は、最終的に答えを決めなければならないので、選択肢が必要である。議題のあげ方としてよくある過ちは、「Aという投資案件があるが、投資していいでしょうか」という問いかけである。これは、決定のための会議においては間違いである。正しくは、Aという投資案件について、いま行える意思決定として考えうる選択肢と、それぞれの条件を提示することである。

　このように会議の位置づけを明確にすることで、意思決定の工程のムダはかなり排除されるはずである。

　意思決定のスピード化において、会議の位置づけとともに考えなければなら

ないのは、いかに意思決定のクオリティ（質）を上げるかである。プロセスを短縮したことで品質が下がってしまったのでは意味がない。日本の製造業は時間短縮と同時に品質向上を成し遂げたからこそ、世界的な競争優位に立つことができたのであり、意思決定のタイムベース競争でもムダな時間をなくしながら同時に意思決定のクオリティを上げていかなければならない。

意思決定のクオリティを上げるための3大要因は、「情報」「時間」「メンバー」である。この3つの条件を、そのときどきの状況に合わせてきちんと管理していけば、より短期間で、より高度な意思決定を行うことが可能となる。第1の「情報」とは会議で配布される資料などで、この情報のレベルを上げることで事前の根回しは必要なくなる。よく見受けられる例としては、議論のための会議でも決定するための会議でも、同じフォーマットの資料が配られていることである。事前に十分根回しをしているから、資料などどうでもよいと考えているのだとしたら、大きな間違いである。会議を円滑に進め内容を充実させるために、経営トップおよび担当部署が準備することは、入念な根回しではなく、そこにどのような情報を持ち込むかを事前に考え抜くことである。

第2の「時間」とは、それぞれの意思決定にはどれくらいの時間をかけるべきかを、最初に決めることである。合理的な目標を定め、だらだらと無意味に時間が流れることに歯止めをかけなければならない。そして、最も重要なのが第3の「メンバー」である。だれがこの意思決定に関わるかを、突き詰めて吟味しなければならない。このとき、メンバーの選定は役職やポジションによって決めるのではなく、案件ごとに現実的な見識を持ち判断能力を有する人を選ばなければならない。

意思決定は、真に見識と判断力のあるメンバーが、凝縮された時間のなかで、練り上げられた情報を元に行うことが重要だ。この3要因のどれが欠けてもクオリティの高い意思決定はできない。経営トップは常にすべてに目配りをして、最高のパフォーマンスを目指すことが求められる。

● ── プロジェクト型会議の提唱

意思決定において時間短縮と品質向上を同時に実現するために、プロジェクト型会議を提唱したい。

プロジェクト型会議とは、社長が意思決定するにあたり、自分が最高の意思決定をするにはだれに参画してもらうのがよいかを考え抜き、役職を超えて最良のメンバーを招集して会議を持つやり方である。意思決定のタイムベース競争においては、定常的な役割や地位によって会議のメンバーを決めるのではなく、案件によってだれが出るか、その都度メンバーを変えていくような施策をとるべきである。

　英知を結集しなければならない戦略的意思決定においては、どのメンバーで議論するのが一番いい構成なのかを、案件ごとに別々に考えるべきである。これがプロジェクト型会議の基本的な考え方である。常務会にしても、オペレーショナルな意思決定と、戦略的な意思決定とは分けて議論する必要がある。

　さて、プロジェクト型会議でメンバーを選定する際に注意しなければならないのは、メンバー選定の条件である。どのような条件や理由によってメンバーが選ばれたかを明確にしておかないと、外された人あるいは外されたと感じる人の反感を招きかねない。タイムベース競争の基本に立ち戻れば、その基準は、俎上にのぼっている議題の意思決定に対して付加価値のつけられる人である。言い換えれば、メンバーシップの基準を従来の「権限」から「付加価値」に変えるということだ。そして、次々と迫られる経営上の意思決定について、付加価値基準のメンバーを素早く選定できる企業ほど、タイムベース競争力の強い企業となっていく。

　さらに、その「付加価値」の基準が社長の独断専行にならないようにするには、社外の委員会を活用したり、社外取締役のチェック機能を使うなど、ガバナンスの仕組みをうまく設けることだ。そもそも企業活動における執行と監督の分離というのは、執行組織の暴走を防ぐために、切り離したところに監督組織を設定しようという施策であるのだから、社内の執行組織は監督組織の良識を信じて突き進むべきである。

　世界最大のガラスメーカー、旭硝子は、2002年にグローバルカンパニー制を導入し、主力3事業のうち建築用板ガラスと自動車ガラスの2事業のトップに、それぞれベルギー人とアメリカ人のプレジデントを据えた。経営の意思決定を遂行するメンバーシップを一気に国際化したのである。また、執行と監督を分離した企業統治に乗り出した。

意思決定の迅速化のためには、現場に近い人、精通している人が意思決定を行うのがベストである。ますますグローバル化するガラス事業においては、もはや経営陣のメンバーシップが日本人だけというのでは対応できない。それぞれの事業にとって、スピードが一番重要な局面に身を置いている人を、意思決定の責任者にしたのである。

　一方、最近のゲーム会社などでは、意思決定のメンバーの若年化が急速に進んでいる。開発部隊のトップはほとんどが30歳代である。ゲーム業界はスピードがすべてである。このような業界では、すでに意思決定メンバーの年次や年齢の枠は取り払われているのである。

　グローバル経営、スピード経営の先端企業では、意思決定のメンバーはますます国際化、若年齢化が進むと考えられる。

● ── 意思決定は時間とともに劣化していく

　今日のように変化の激しい環境のなかでは、意思決定も時間とともに劣化していく。たとえば1か月前に決めたことでも、1か月後には、その意思決定の拠所としての前提が崩れてしまうことはよく起こることだ。そのとき、前提を変えてもう一度議論し直すか、あるいは変化を無視して前回の議論の続きで議論を重ねるか、どちらにしても1か月後の意思決定と前回の意思決定は違ったものとなってくる。

　よく「時間をかけて議論をしましょう」という言い方をするが、その意味は2つある。1つは前述のように徹底的な議論のために時間をたっぷりと取って検討の深さを増そうとすることだ。これは、付加価値の時間が増えるので好ましい時間のかけ方である。もう1つは、すぐに決めずに様子見しようということである。意思決定を促す前提要因に不確実性が非常に多く、いまは意思決定できないから、確実なことが言えるまで待とうという立場である。

　そもそも意思決定とは何かというと、以下の3つのなかから1つを選ぶことである。

1.「GO」
2.「NOT GO」

3．「NOT NOW」

　こう考えると、「様子見」という立場は、実は3番目の「NOT NOW（いまは決めない）」という意思決定をしたことになる。「いまは決めない」ということも意思決定の1つであるので、それを選択すること自体は間違ってはいない。しかし、日本企業の経営意思決定では、いまは決めないことにどのような価値が見出されるかはまったく議論されずに「NOT NOW」が選ばれることが多い。そうした意思決定こそ大きなリスクであることに気づいていないのである。「NOT NOW」のリスクとしては、まず時間の経過とともに条件が悪くなる危険性がある。それから、検討している間に他の選択肢を失う可能性もある。これらのリスクを考えれば、明らかに「GO」か「NOT GO」に決めたほうがいいというケースが、実際には非常に多い。このように「NOT NOW」という意思決定は、きわめて慎重に行われなければならないものであることを常に念頭に置くべきであろう。

　ところが、往々にしてこの「NOT NOW」は、企業のボトムで行われてしまうことが多い。ボトムアップで上がってくる案件にとって、ゲートのところで「NOT NOW」を選択することは、会社がそう意思決定したことと同義である。たしかに、現場あるいは事務レベルの担当者としては、様子見をして案件を上に上げるための情報収集や情勢判断を行いたいのであろうが、そのことが経営の意思決定を遅らせ重大なチャンス喪失となるかもしれない。拙速に物事を決めるのはよくないことだが、「決めない」という意思決定のリスクを過小評価しているとしたら、それは改めなければならない。

●──組織能力で競争優位を築くケイパビリティ・マネジメント

　これまで見てきたように、時間競争力はケイパビリティ（組織能力）を高めなければ強化することはできない。戦略には「WHAT」と「HOW」という2つの要素があるが、タイムベース競争を企業の経営戦略のなかに位置づけると、企業は何をすべきかといった「WHAT」の部分ではなく、むしろ戦略をどのように進めて行くかの「HOW」の部分に焦点を当てたコンセプトといえる。従来、戦略というと外的側面にばかり焦点が当たっていたのだが、時間価値の

図表 7-15 企業革新の外的・内的側面

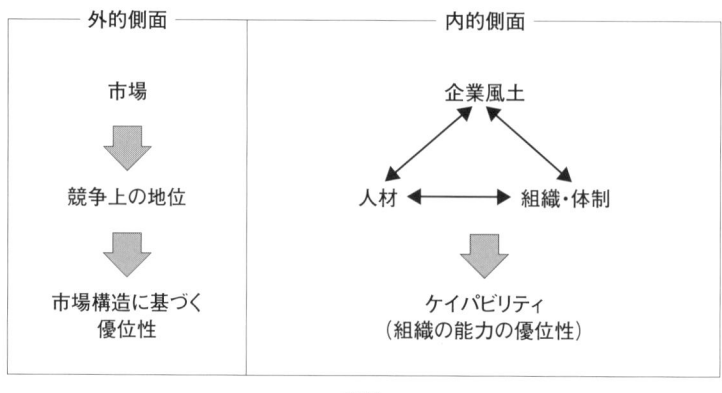

外的側面
市場 → 競争上の地位 → 市場構造に基づく優位性

内的側面
企業風土 ↔ 人材 ↔ 組織・体制 → ケイパビリティ（組織の能力の優位性）

↓ 企業革新

向上という組織の内的側面の重要性に理論的な裏づけと具体的な方法論を与えたという意味で、タイムベース競争の意義は大きい。

　企業の外的側面が重視される戦略とは、市場における自社のポジションやシェアに代表される競争上の地位を把握し、市場構造を見つめながら自社の競争優位を築いていくというやり方である。これに対して、企業の内的側面を重視する戦略とは、企業風土や人材、あるいはそれを支える組織や体制といったケイパビリティを重視する戦略である（図表７－15参照）。

　BCGでは、このような組織の内的側面を強化して、組織能力による競争優位を実現する戦略をケイパビリティ戦略と呼んでいる。ケイパビリティが発揮されるためには、企業のなかにそれらに対応した仕組みや仕掛けが必要である。この関係は花に例えるとわかりやすく、BCGではこれを「ケイパビリティ・フラワー」と呼んでいる。花の部分がいわゆるスキル・ケイパビリティである。企業によって内容は異なり、複数持つことも当然だが、まさにこの部分が結果としての実である。実を支える仕組みや仕掛けが、茎や根の部分になる。ケイパビリティを直接支えるものが茎に相当するプロセス・ケイパビリティであり、

図表 7-16 　ケイパビリティ・フラワー

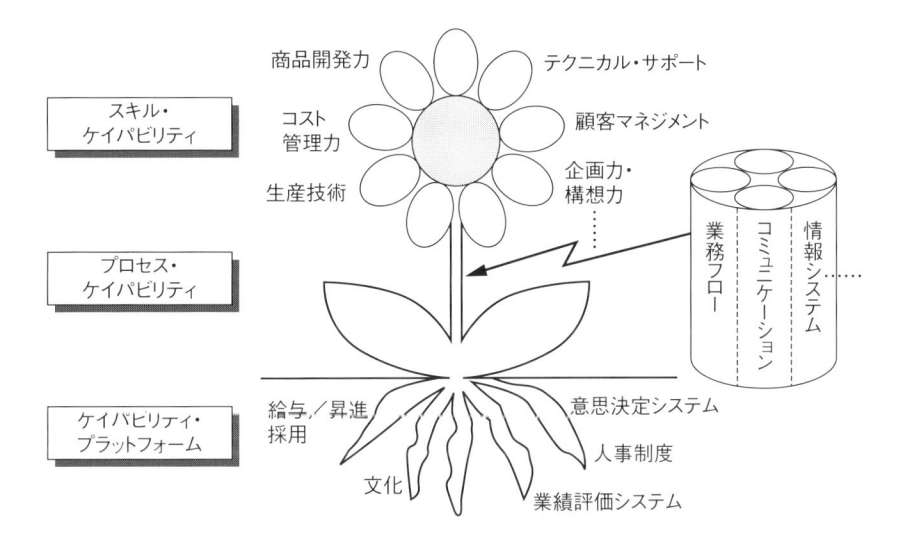

スキル・ケイパビリティ: 商品開発力、コスト管理力、生産技術、テクニカル・サポート、顧客マネジメント、企画力・構想力

プロセス・ケイパビリティ: 業務フロー、コミュニケーション、情報システム

ケイパビリティ・プラットフォーム: 給与／昇進、採用、文化、意思決定システム、人事制度、業績評価システム

間接的に支えるものが根に相当するケイパビリティ・プラットフォームである（**図表7−16参照**）。

　企業が自らの能力軸で勝負するということは、いったんその能力軸で優位性が確保された場合、強みが恒常的に獲得できることを意味する。市場環境が激変し、ある商品が急に売れなくなったりマーケットがなくなってしまったとしても、組織能力に立脚していればその優位性を維持することによって、これらの変化に対応していけるからである。ケイパビリティは企業に単に新しいビジネスチャンスを提供してくれるだけでなく、企業の生命力としての優位性を築き上げるのである。

参考文献

第2章　株主価値：バリューマネジメント
- 御立尚資「『TBR』事業収益を株主価値に直結させる」『DIAMONDハーバード・ビジネス・レビュー』1999年10-11月号
- 相葉宏二著、堀紘一監修『ヴァリューポートフォリオ戦略』プレジデント社、1993年
- 太田直樹「BCG流ストラテジックプランニング手法」『Think! 2003Winter』東洋経済新報社、2003年

第3章　顧客価値：セグメント・ワン
- 内田和成「セグメントワン戦略─パーソナライズド・マーケティングの有効性と展開」『季刊マーケティングジャーナル』1990年9月27日号
- 御立尚資「戦略的セグメンテーション─BCG流ツボ探しの技術」『Think! 2003 Spring』東洋経済新報社、2003年
- 太田直樹「ダイナミック・プライシングの競争優位」『DIAMONDハーバード・ビジネス・レビュー』2001年12月号
- ボストン コンサルティング グループ著・訳『戦略マーケティング』ダイヤモンド社、2000年

第4章　ビジネスモデル：デコンストラクション
- フィリップ・エバンス、トーマス・S・ウースター『ネット資本主義の企業戦略』(ボストン コンサルティング グループ訳)、ダイヤモンド社、1999年
- 内田和成『デコンストラクション経営革命』日本能率協会マネジメントセンター、1998年
- ダイヤモンド・ハーバード・ビジネス編集部編『バリューチェーン解体と再

構築』ダイヤモンド社、1998年
- 内田和成『eエコノミーの企業戦略』PHP研究所、2000年
- フィリップ・B・エヴァンス、トーマス・S・ウースター「ネットワーク経済が迫るバリューチェーン再構築」『DIAMONDハーバード・ビジネス・レビュー』1997年12月-1998年1月号
- 内田和成「バリューチェーンの再構築と業界リーダーの危機」『DIAMONDハーバード・ビジネス・レビュー』1997年12月-1998年1月号
- 御立尚資「デコンストラクション：バリューチェーンの解体と再統合」『DIAMONDハーバード・ビジネス・レビュー』1998年10-11月号
- フィリップ・エバンス、トーマス・S・ウースター「ナビゲーションを制する者がeコマースを制す」『DIAMONDハーバード・ビジネス・レビュー』2000年4-5月号
- 重竹尚基、太田直樹「バリューチェーン再編の戦略的プロセス」『DIAMONDハーバード・ビジネス・レビュー』2001年2月号
- 内田和成「デコンストラクションで勝つ"破壊"と"再創造"の方程式」『週刊ダイヤモンド』1998年3月28日号
- ボストン コンサルティング グループ（内田和成、管野寛、鈴木貴博、椿進、徳田亮、森澤篤）「特集・デコンストラクション革命」『週刊ダイヤモンド』1998年9月19日号

第5章　事業ポートフォリオ：PPM

- ジェームズ・C・アベグレン、ボストン コンサルティング グループ編著『ポートフォリオ戦略』プレジデント社、1977年
- 相葉宏二著、グロービス・マネジメント・インスティテュート編『MBA経営戦略』ダイヤモンド社、1999年
- 内田和成「求心力と遠心力、バランス大事　グループ全体の企業価値増大めざせ」『日経ビジネス』1999年5月17日号
- 重竹尚基「企業を変革する抜本策　グループ価値最大化に効果」『日経ビジネス』2000年1月10日号
- 重竹尚基「取締役会改革で会社が変わる3つのポイント」『DIAMONDハー

バード・ビジネス・レビュー』2002年4月号

第6章　コスト優位：エクスペリアンス・カーブ
- ボストン コンサルティング グループ著、ジェームズ・C・アベグレン監修『企業成長の論理　エクスペリアンス・カーブへの理解』東洋経済新報社、1970年
- 相葉宏二『プロが教える問題解決と戦略スキル』日経ビジネス人文庫、2003年
- 相葉宏二著、グロービス・マネジメント・インスティテュート編『MBA経営戦略』ダイヤモンド社、1999年
- 加藤広亮「BCG流戦略思考の技術―『5つのレンズ』」『Think! 2002 Autumn』東洋経済新報社、2002年

第7章　時間優位：タイムベース競争
- ジョージ・ストーク・ジュニア、トーマス・ハウト著『タイムベース競争戦略』（中辻万治訳）ダイヤモンド社、1993年
- ボストン コンサルティング グループ著、堀紘一監修『タイムベース競争』プレジデント社、1990年
- ボストン コンサルティング グループ著、堀紘一監修『ケイパビリティ・マネジメント』プレジデント社、1994年
- ボストン コンサルティング グループ著、堀紘一監修『リエンジニアリング推進ハンドブック』ダイヤモンド社、1994年
- ジェームズ・C・アベグレン、ジョージ・ストーク著『カイシャ』（植山周一郎訳）講談社、1986年
- ダイヤモンド・ハーバード・ビジネス編集部編『ベンチマーキングの理論と実践』ダイヤモンド社、1995年
- 水越豊「ベンチマーキングの全プロセス」『DIAMONDハーバード・ビジネス・レビュー』1995年2‐3月号

【著者紹介】

水越 豊（みずこし ゆたか）
ボストン コンサルティング グループ（BCG）　シニア・アドバイザー。新日本製鐵株式会社を経てBCGに入社。BCG日本代表、ハイテク・メディア・通信グループのアジア・パシフィック地区リーダーなどを歴任。通信、ハイテク、製造業、エネルギー、情報システム、エンタテインメント、医療、医薬など幅広い業界における、戦略面、組織面、新規事業構築、デジタルトランスフォーメーションなどに関わる支援経験が豊富。

【ボストン コンサルティング グループ（BCG）】
BCGは、ビジネスや社会のリーダーとともに戦略課題の解決や成長機会の実現に取り組んでいる。1963年に戦略コンサルティングのパイオニアとして米国で創設され、今日では変革の推進、組織力の向上、競争優位性構築、収益改善をはじめクライアントのトランスフォーメーション全般にわたる支援を行う。グローバルで多様性に富むチームが、産業や経営トピックに関する深い専門知識と企業変革を促進する洞察を基に、テクノロジー、デジタルベンチャー、パーパスなどの各領域の専門組織も活用し、クライアントの経営課題に対しソリューションを提供している。日本では、1966年に世界第2の拠点として東京オフィスを、2003年には名古屋に中部・関西オフィスを設立。
https://www.bcg.com/ja-jp/default.aspx

BCG戦略コンセプト
――競争優位の原理――

2003年11月13日　第1刷発行
2022年10月11日　第17刷発行

著　者　水越　豊
©Yutaka Mizukoshi and The Boston Consulting Group

装丁／松 昭教

発行所　ダイヤモンド社
〒150-8409　東京都渋谷区神宮前 6-12-17
編　集　03(5778)7228
販　売　03(5778)7240
https://www.diamond.co.jp/

編集担当／DIAMONDハーバード・ビジネス・レビュー編集部
製作・進行／ダイヤモンド・グラフィック社
印刷／八光印刷（本文）・加藤文明社（カバー）　製本／ブックアート

本書の複写・転載・転訳など著作権に関わる行為は、事前の許諾なき場合、これを禁じます。乱丁・落丁本についてはお取り替えいたします。

ISBN4-478-37444-9　Printed in Japan

Harvard Business Review
DIAMOND ハーバード・ビジネス・レビュー

［世界50カ国以上のビジネス・リーダーが読んでいる］

世界最高峰のビジネススクール、ハーバード・ビジネス・スクールが発行する『Harvard Business Review』と全面提携。「最新の経営戦略」や「実践的なケーススタディ」などグローバル時代の知識と知恵を提供する総合マネジメント誌です

毎月10日発売／定価2100円（本体1909円＋税10%）

本誌ならではの豪華執筆陣 最新論考がいち早く読める

◎マネジャー必読の大家

"競争戦略"から"CSV"へ
マイケル E. ポーター

"イノベーションのジレンマ"の
クレイトン M. クリステンセン

"ブルー・オーシャン戦略"の
W. チャン・キム＋レネ・モボルニュ

"リーダーシップ論"の
ジョン P. コッター

"コア・コンピタンス経営"の
ゲイリー・ハメル

"戦略的マーケティング"の
フィリップ・コトラー

"マーケティングの父"
セオドア・レビット

"プロフェッショナル・マネジャー"の行動原理
ピーター F. ドラッカー

◎いま注目される論者

"リバース・イノベーション"の
ビジャイ・ゴビンダラジャン

"ライフ・シフト"の
リンダ・グラットン

日本独自のコンテンツも注目！

バックナンバー・予約購読等の詳しい情報は
https://dhbr.diamond.jp